Psychologische Tests für Kinderärzte

Psychologische Tests für Kinderärzte

von

Franz Petermann
und Thorsten Macha

HOGREFE
GÖTTINGEN · BERN · WIEN
TORONTO · SEATTLE · OXFORD · PRAG

Prof. Dr. Franz Petermann, geb. 1953. 1972-1975 Studium der Mathematik und Psychologie in Heidelberg. Wissenschaftlicher Assistent an den Universitäten Heidelberg und Bonn. 1977 Promotion. 1980 Habilitation. 1983-1991 Leitung des Psychosozialen Dienstes der Universitäts-Kinderklinik Bonn, gleichzeitig Professor am Psychologischen Institut. Seit 1991 Lehrstuhl für Klinische Psychologie an der Universität Bremen und seit 1996 Direktor des Zentrums für Klinische Psychologie und Rehabilitation.

Dipl.-Psych. Thorsten Macha, geb. 1965. 1996-2000 Studium der Psychologie in Bremen. Seit 2000 als wissenschaftlicher Mitarbeiter am Zentrum für Klinische Psychologie und Rehabilitation der Universität Bremen mit den Arbeitsschwerpunkten Entwicklungs- und Leistungsdiagnostik des Kindesalters.

Bibliografische Information Der Deutschen Bibliothek
Die Deutsche Bibliothek verzeichnet diese Publikation in der Deutschen Nationalbibliografie; detaillierte bibliografische Daten sind im Internet über http://dnb.ddb.de abrufbar

Göttingen • Bern • Wien • Toronto • Seattle • Oxford • Prag
Rohnsweg 25, 37085 Göttingen

http://www.hogrefe.de
Aktuelle Informationen • Weitere Titel zum Thema • Ergänzende Materialien

Umschlaggrafik: © Bildagentur Image Source AG
Satz: Grafik-Design Fischer, 99423 Weimar
Druck: AZ Druck und Datentechnik GmbH, Kempten
Printed in Germany
Auf säurefreiem Papier gedruckt

ISBN 3-8017-1642-2

Vorwort

Psychologische Tests dienen der Diagnosestellung und sollen in komplexen Situationen eine Entscheidung über den Entwicklungszustand und -verlauf eines Kindes begründen. Tests sind damit wertvolle Instrumente, mit denen Fehlerquellen einer nicht testgestützten, meist intuitiven Entscheidung vermieden werden können.

Moderne psychologische Test werden aufwändig erstellt und über Jahre hinweg auf ihre Aussagekraft überprüft. Ohne die statistischen Prozeduren der Testentwicklung zu sehr vertiefen zu wollen, gibt das vorliegende Buch eine knappe Einführung in die Grundlagen der Testpsychologie; einleitend werden dazu einige kinderpsychologische und klinisch-kinderpsychologische Grundbegriffe erläutert.

Unser Buch möchte für den pädiatrischen Bereich zwei Ziele erreichen: Einerseits in die Grundbegriffe der Klinischen Kinder- und Testpsychologie einführen und andererseits als Nachschlagewerk für wesentliche, vorwiegend moderne Testverfahren dienen. Wir haben uns bei der Bestandsaufnahme auf eine gezielte Auswahl von Tests beschränkt. Im Wesentlichen erstreckt sich diese Auswahl auf Entwicklungs- und Leistungstests, die mit Kindern durchführbar sind. Leistungstests kann man dabei in zwei Gruppen untergliedern:
- Entwicklungs- und Intelligenztests und
- spezifische Leistungstests, die Basisleistungen erfassen, die für lebenspraktische Anforderungen sowie den schulischen Erfolg (z. B. Lese-, Rechen- und Schreibleistungen) notwendig sind.

Bei den Leistungstests haben wir aus Platzgründen nur eine begrenzte Auswahl in unser Buch aufnehmen können. Es handelt sich hierbei ausschließlich um deutschsprachige Tests, die in Testverlagen publiziert wurden. In der Regel bezieht sich dies auf Testverfahren,
- die in der Kinderheilkunde sehr verbreitet sind;
- die in den letzten Jahren entwickelt und normiert wurden;
- für die eine nachvollziehbare, praxisnahe Handanweisung vorliegt;
- die besonders innovativ sind und/oder vor kurzem publiziert wurden.

Ergänzend aufgenommen wurde der Scenotest, der nach wie vor einen hohen Stellenwert als Explorationshilfe besitzt.

Besonders haben wir allgemeine und spezielle Entwicklungstests bei unserer Auswahl berücksichtigt. Solche Ansätze haben in den letzten fünf Jahren einen regelrechten Boom erfahren. Allein dieser Bereich ist zurzeit schon schwer zu überschauen.

Bei der Aufbereitung der Testbeschreibungen waren wir bemüht, die Informationen praxisnah zu vermitteln. Hierzu schien es uns wichtig, folgende Aspekte nach einem vorgegebenen Muster aufzubereiten:
- Wie sieht der konzeptuelle Hintergrund des Ansatzes aus? Welche psychologischen Theorien muss man kennen, um das Verfahren bewerten und optimal einsetzen zu können?
- Was ist für die Durchführung wichtig? Welche Fehler treten dabei häufig auf? Was ist bei der Auswertung und Interpretation der erzielten Ergebnisse zu beachten?

- Bei welchen Altersgruppen und Problemfällen darf der Test angewendet werden? Wo ist eine Anwendung zwar möglich, aber die Befunde müssen vorsichtig interpretiert werden? Wo sind ergänzende Informationen (z. B. durch die Befragung der Eltern) einzuholen?
- Wie aussagekräftig sind die erzielten Ergebnisse? Was bedeutet das Ergebnis für die Entwicklungsprognose des Kindes? Ab welchen kritischen Grenzwerten muss eine Therapie eingeleitet werden? Wie vermittelt man dem Kind und den Eltern die Testwerte – vor allem bei auffälligen Befunden?

Psychologische Tests bilden eine wichtige und objektive Entscheidungshilfe in der Klinischen Kinderpsychologie, die häufig das kinderärztliche Urteil unterstützen oder differenzieren kann. Tests werden in der Regel mit großem Aufwand erstellt, überprüft, für bestimmte Altersgruppen normiert und in bestimmten Zeiträumen aktualisiert. Bei all dem Aufwand stellen psychologische Tests jedoch nur eine Datenquelle dar. Die systematische Verhaltensbeobachtung, die körperliche Untersuchung, die umfassende Anamnese und Informationen über die Lebensumstände eines Kindes bzw. einer Familie werden das testpsychologische Urteil oftmals akzentuieren oder relativieren. Will man das Entwicklungspotenzial eines Kindes umfassend erheben und eine Entwicklungsprognose absichern, wird man idealerweise verschiedene Daten- und Informationsquellen zu einem Gesamturteil verknüpfen müssen.

Der letzte Aspekt verdeutlicht, dass eine Urteilsbildung unter Heranziehung (test)psychologischer Informationen vielfach zeitaufwändig sein kann. Dennoch: Viele Verfahren, so genannte Screenings, können, nachdem man sich ausreichend eingearbeitet hat, in wenigen Minuten zu einer fundierten Datenbasis beitragen, die die Urteilssicherheit (z. B. im Rahmen von Vorsorgeuntersuchungen) entscheidend erhöht. Wir möchten vor diesem Hintergrund zu einem gezielten, kritischen aber auch verstärkten Einsatz von psychologischen Entwicklungs- und Leistungstests ermutigen.

Bei der Realisierung dieses Buches konnten wir auf die Erfahrung unserer Mitarbeiterinnen und Mitarbeiter in der Kinderambulanz der Universität Bremen zurückgreifen. Einige unterstützten uns auch bei den Testbeschreibungen; hier sind vor allem Frau Dr. Monika Daseking, Herr Priv.-Doz. Dr. Dietmar Heubrock, Herr Dr. Claus Jacobs, Frau Dipl.-Psych. Julia Lemcke und Frau Dipl.-Psych. Anja Renziehausen zu nennen.

Abschließend möchten wir dem Hogrefe Verlag für die Geduld bei der Produktion unseres Buches danken. Es traten beim Erscheinen des Buches immer wieder Verzögerungen auf, die wir als Autoren zu verantworten haben. Unseren Lesern wünschen wir, dass sich unser Buch in der Praxis als nützlich erweist. Wir freuen uns diesbezüglich auf ihre Rückmeldungen (E-Mail: fpeterm@uni-bremen.de, macha@uni-bremen.de; Hinweis: www.entwicklungsdiagnostik.de).

Bremen, im April 2005 Franz Petermann und Thorsten Macha

Inhaltsverzeichnis

1 Kinderpsychologische Grundlagen 11
1.1 Einführung 11
1.2 Zum Entwicklungsbegriff 12
1.3 Risiko- und Schutzfaktoren der kindlichen Entwicklung 14
1.4 Entwicklung im Kontext der Familie 19
1.5 Spezifika der kinderpsychologischen Diagnostik 21
1.6 Zur Bedeutung von Prognosen 25
1.7 Klinische Kinderneuropsychologie und neuropsychologische Diagnostik 26

2 Psychologische Tests 29
2.1 Begriffsbestimmung: Was verstehen wir unter einem Test? 29
2.2 Testbestandteile: Was gehört zu einem Test? 31
2.3 Aufgaben: Wozu setzt man Tests ein? 33
2.4 Gütekriterien für psychologische Tests 37
2.4.1 Hauptgütekriterien psychologischer Tests 37
2.4.2 Nebengütekriterien psychologischer Tests 42
2.5 Skalen und Verteilungen 43
2.6 Normwerte 47
2.7 Empfehlungen zur Anwendung kinderpsychologischer Tests 53

3 Entwicklungstests 57
3.1 Entwicklungsdiagnostische Screeningverfahren 58
3.1.1 Denver-Entwicklungsskalen (Denver) 58
3.1.2 Erweiterte Vorsorgeuntersuchung (EVU) 62
3.1.3 Neuropsychologisches Entwicklungs-Screening (NES) 67
3.2 Allgemeine Entwicklungstests 72
3.2.1 Entwicklungstest sechs Monate bis sechs Jahre (ET 6-6) 72
3.2.2 Griffiths-Entwicklungsskalen (GES) 76
3.2.3 Münchener Funktionelle Entwicklungsdiagnostik (erstes Lebensjahr; MFED 1) 80
3.2.4 Münchener Funktionelle Entwicklungsdiagnostik (zweites und drittes Lebensjahr; MFED 2-3) 83
3.2.5 Wiener Entwicklungstest (WET) 86
3.2.6 Wie weit ist ein Kind entwickelt? 90
3.3 Schulreifetests 93
3.3.1 Diagnostische Einschätzskalen zur Beurteilung des Entwicklungsstandes und der Schulreife (DES) 93

4 Intelligenztests ... 97
4.1 Allgemeine Intelligenztests ... 98
4.1.1 Bildbasierter Intelligenztest für das Vorschulalter (BIVA) ... 98
4.1.2 Hamburg-Wechsler-Intelligenztest für Kinder III (HAWIK-III) ... 101
4.1.3 Kaufman Assessment Battery for Children (K-ABC) ... 108
4.2 Sprachungebundene Intelligenztests ... 113
4.2.1 Grundintelligenztest Skala 1 (CFT 1) ... 113
4.2.2 Coloured Progressive Matrices (CPM) ... 117
4.2.3 Snijders-Oomen Non-verbaler Intelligenztest (SON-R $2^{1}/_{2}$-7) ... 121
4.2.4 Snijders-Oomen Non-verbaler Intelligenztest (SON-R $5^{1}/_{2}$-17) ... 125

5 Spezifische Entwicklungsbereiche ... 129
5.1 Wahrnehmung ... 130
5.1.1 Frostigs Entwicklungstest der visuellen Wahrnehmung (FEW) ... 130
5.1.2 Prüfung optischer Differenzierungsleistungen (POD) ... 134
5.2 Kognitive Leistungen ... 138
5.2.1 Kreativitätstest für Vorschul- und Schulkinder (KVS-P) ... 138
5.2.2 Ordinalskalen zur sensomotorischen Entwicklung ... 142
5.3 Sprache ... 145
5.3.1 Elternfragebögen für die Früherkennung von Risikokindern (ELFRA) ... 145
5.3.2 Sprachentwicklungstest für zweijährige Kinder (SETK-2) ... 149
5.3.3 Sprachentwicklungstest für drei- bis fünfjährige Kinder (SETK 3-5) ... 153
5.3.4 Sprachscreening für das Vorschulalter (SSV) ... 158
5.4 Motorik ... 161
5.4.1 Diagnostisches Inventar motorischer Basiskomponenten bei lern- und entwicklungsauffälligen Kindern im Grundschulalter (DMB) ... 162
5.4.2 Lincoln-Oseretzky-Skala Kurzform (LOS KF 18) ... 167
5.4.3 Motoriktest für vier- bis sechsjährige Kinder (MOT 4-6) ... 171

6 Umschriebene Leistungsbereiche ... 175
6.1 Screenings ... 176
6.1.1 Abzeichentest für Kinder (ATK) ... 176
6.1.2 Bielefelder Screening zur Früherkennung von Lese-Rechtschreibschwierigkeiten (BISC) ... 180
6.1.3 Basisdiagnostik für umschriebene Entwicklungsstörungen im Vorschulalter (BUEVA) ... 185
6.1.4 Diagnosticum für Cerebralschädigung (DCS) ... 190

6.2 Rechentests 194
6.2.1 Osnabrücker Test zur Zahlbegriffsentwicklung (OTZ) 194
6.2.2 Rechenfertigkeiten- und Zahlenverarbeitungs-Diagnostikum für 2. bis 6. Klassen (RZD 2-6) 197
6.2.3 Testverfahren zur Dyskalkulie (ZAREKI) 202

7 Emotionaler Bereich (Explorationshilfen) 207
7.1 Elternfragebögen zur ergänzenden Entwicklungsbeurteilung bei den kinderärztlichen Vorsorgeuntersuchungen U6 bis U9 (EEE U6-U9) 208
7.2 Scenotest 211

Literatur 215

Anhang 223
Glossar 225
Verzeichnis der Testabkürzungen 234
Sachregister 237

1 Kinderpsychologische Grundlagen

1.1 Einführung

Im Folgenden werden einige wichtige Grundbegriffe der Klinischen Kinderpsychologie und Entwicklungspsychologie des Kindesalters ausgeführt, die den Einsatz und das Verständnis von psychologischen Tests – vor allem im Bereich der psychologischen Entwicklungsdiagnostik – erleichtern. Zentral ist dabei die Frage, welche Merkmale und Fertigkeiten eines Kindes erfasst werden müssen, um den aktuellen Entwicklungs- und Leistungsstand präzise zu beschreiben.

Um eine Aussage über Entwicklungszustände und -verläufe erstellen zu können, benötigt man einen gut begründeten Katalog von altersspezifischen (Test-)Aufgaben. Ein solcher Katalog lässt Aussagen darüber zu, wann in einem Entwicklungsbereich (z. B. der Motorik, der Sprach- oder emotionalen Entwicklung) welche Aufgaben von einem Kind beherrscht werden müssen, um eine normale Entwicklungsabfolge beschreiten zu können. Entsprechende Kataloge stellen vor allem Konzepte und Ergebnisse der Entwicklungspsychologie und Entwicklungsneurologie zur Verfügung. Es liegen weiterhin Belege darüber vor,

- wann ein Kind am leichtesten eine bestimmte Fertigkeit erwerben kann, wobei man diese optionale Aufnahmebereitschaft des Kindes innerhalb eines Entwicklungsabschnittes mit dem Begriff „sensible Phase“ kennzeichnen kann (s. u.) und
- in welcher Abfolge (= Entwicklungssequenz) die meisten Kinder eine Entwicklung durchlaufen; hierbei ist zu beachten, dass einige Kinder Entwicklungsschritte überspringen können und/oder dafür in bestimmten Entwicklungszuständen besonders lange verharren. Trotz einer solchen Variation der Entwicklungsabfolgen können vergleichbare Entwicklungsergebnisse resultieren.

Jede Beschreibung und jede Entwicklungsaussage sollte auf überprüfbaren Vorannahmen basieren – idealerweise auf einem biopsychosozialen Entwicklungsmodell. Solche Modelle verknüpfen biologische, psychische und soziale Faktoren der kindlichen Entwicklung. Diese unterschiedlichen Faktoren weisen komplexe Wechselwirkungen auf, mit denen versucht wird, die normale und abweichende Entwicklung zu beschreiben und zu erklären. Mit solchen Fragestellungen beschäftigt sich seit ungefähr 20 Jahren die interdisziplinär orientierte *Entwicklungspsychopathologie* (Niebank & Petermann, 2002). Selbstverständlich können sich der Einfluss einzelner Faktoren auf die kindliche Entwicklung und das Zusammenwirken der Faktoren im Entwicklungsverlauf verändern.

Für diagnostische Aussagen benötigt man prinzipiell eine Vorstellung darüber,

- welche Faktoren überhaupt und in welchem Umfang die kindliche Entwicklung beeinflussen,
- welche dieser Faktoren die normale Entwicklung fördern und
- welche zu einer Entwicklungsabweichung beitragen.

Das Wissen über normale und abweichende Entwicklungsverläufe sowie über die möglichen Einflussfaktoren und ihr Zusammenwirken ermöglicht eine zukunftsorientierte

Beurteilung von Kindern im Sinne von Entwicklungsprognosen. Letztere stellen wiederum die Basis dafür da, ob und in welchen Bereichen bei einem Kind ein besonderer Förderbedarf besteht.

Diese verschiedenen, hier kurz umrissenen Aspekte sollen im Weiteren näher ausgeführt werden, wobei insbesondere auf den Entwicklungsbegriff, das Konzept der Risiko- und Schutzbedingungen, die Entwicklung eines Kindes im familiären Umfeld und die Spezifika einer kinderpsychologischen Diagnostik eingegangen werden soll; abschließend wird über die relativ junge Disziplin der Kinderneuropsychologie berichtet und es werden die Chancen einer neuropsychologischen Diagnostik illustriert.

1.2 Zum Entwicklungsbegriff

Unter Entwicklung versteht man den komplexen Prozess der Veränderung, Reifung und Ausdifferenzierung eines Individuums im Verlaufe seines Lebens. Der Entwicklung in der Kindheit und Jugend wird meist besondere Aufmerksamkeit geschenkt, da sich in diesen Phasen die bedeutsamsten Veränderungen vollziehen.

Wesentliche Aspekte von Entwicklung, die an dieser Stelle erläutert werden sollen, sind die Bedeutung von sensiblen Phasen, die Rolle von Erfahrungen, erfahrungserwartende und erfahrungsabhängige Prozesse sowie die Auswirkungen unterschiedlicher Entwicklungspfade.

Sensible Phasen

Unter einer sensiblen Phase versteht man einen Entwicklungsabschnitt, in dem bestimmte Lernfortschritte – im Vergleich zu zeitlich vorangehenden oder nachfolgenden Abschnitten – leichter erworben werden können. Erfahrungen, mit denen die Lernfortschritte erzielt werden können, zeigen zu diesem Zeitpunkt ihren maximalen Effekt. Gewisse Fertigkeiten oder Lernfortschritte können nur in einer bestimmten Phase erworben werden und lassen sich im Entwicklungsverlauf zu keinem späteren Zeitpunkt nachholen (z. B. Bindungsfähigkeit, spezifische Sprach- und motorische Fertigkeiten). So stellen das Hören von Sprache und das Kommunizieren mit Bezugspersonen in den ersten Lebensjahren die Voraussetzung dafür dar, dass die Muttersprache schnell erworben wird. Im Erwachsenenalter ist dies nicht mehr möglich.

Kinder sollten während sensibler Phasen mit alterstypischen Anforderungen konfrontiert werden, um von den damit verbundenen Erfahrungen profitieren zu können. Die Form, in der mit den Anforderungen umgegangen wird, entscheidet darüber, ob die resultierenden Effekte als minimal oder stärker ausgeprägt und in ihren Auswirkungen eher positiv oder negativ zu bewerten sind.

Sensible Phasen werden auch als Zeitfenster beschrieben, die sich für eine gewisse Dauer öffnen und wieder schließen. Sind für einen Entwicklungsbereich innerhalb dieser Zeitspanne entsprechende Umweltreize vorhanden, beeinträchtigt eine spätere Deprivation die weitere Entwicklung nicht mehr (Niebank & Petermann, 2002). Das Ausbleiben gezielter Reize innerhalb einer sensiblen Phase hingegen gefährdet die normale Entwicklung, denn der Entwicklungsabschnitt kann nicht wiederholt werden.

Aus bio- bzw. neuropsychologischer Sicht versteht man unter einer sensiblen Phase eine biologische „Voreinstellung", die es begünstigt, aus bestimmten Erfahrungen zu lernen (Niebank & Petermann, 2002). Nach Thatcher (1994) kann eine sensible Phase als Zeitabschnitt definiert werden, in dem die genetisch bedingte Synapsenüberproduktion durch umweltdeterminierte Prozesse gezielt verringert oder stabilisiert wird. Diese Zeitabschnitte sind zwar nicht immer scharf begrenzt, doch nach dem endgültigen Ablauf der Entwicklungsperiode stehen die entsprechenden Synapsen nicht mehr zur Verfügung, mit denen normale Verbindungen aufgebaut werden können. Dieser Prozess stellt die biologische Basis für die zeitliche Begrenzung der sensiblen Phasen dar und erklärt vielfach das Fehlen der Möglichkeit, verpasste Entwicklungsschritte später nachzuholen.

Die Rolle von Erfahrungen

Der Entwicklungsverlauf wird auch außerhalb der sensiblen Phasen in unterschiedlichem Ausmaß von Erfahrungen beeinflusst (Cicchetti & Tucker, 1994). Auf Entwicklungsprozesse, die auf rein biologischen Grundlagen basieren, wirken sich Erfahrungen kaum oder nicht aus (*Reifung*, z. B. Reflexe). Andere Verhaltensweisen entstehen zwar ebenfalls von allein, müssen aber durch Erfahrungen aufrechterhalten werden (Erhaltung, z. B. soziale Orientierung). Erfahrungen können jedoch auch dazu beitragen, dass bestimmte Entwicklungsschritte schneller als üblich vollzogen werden (*Förderung*, z. B. motorische Geschicklichkeit). Schließlich gibt es manche Entwicklungen, die ohne entsprechende Erfahrungen gar nicht auftreten (Auslösung, z. B. Sprechen der ersten Worte).

Erfahrungserwartende und erfahrungsabhängige Prozesse

Erfahrungen können auf der Basis von zwei grundlegend unterschiedlichen Prozessen die Entwicklung beeinflussen: als erfahrungserwartende und erfahrungsabhängige Prozesse (Greenough, 1984). Erfahrungserwartende Prozesse stehen in Zusammenhang mit sensiblen Phasen und beruhen auf einer Überproduktion von Synapsen, die zu einem Zeitpunkt stattfindet, an dem bestimmte Erfahrungen bei allen Individuen wahrscheinlich sind. So beruht zum Beispiel die Entwicklung der Hirnareale, die für die visuelle Verarbeitung zuständig sind, auf der Möglichkeit, in der entsprechenden Entwicklungsphase kurz nach der Geburt visuelle Muster zu sehen. Auf der Basis von erfahrungserwartenden Prozessen werden vor allem Fertigkeiten erlernt.

Erfahrungsabhängige Prozesse hingegen sind von sensiblen Phasen unabhängig. Es handelt sich dabei um die Verarbeitung von Informationen, die durch individuelle Lernprozesse erworben werden. Die benötigten Synapsen werden nicht „vorausschauend", sondern nach Bedarf verändert. Bei erfahrungsabhängigen Prozessen handelt es sich somit um die flexiblere und individuellere Weise, in der Erfahrungen auf die Entwicklung einwirken, während erfahrungserwartende Prozesse sich überwiegend auf universelle Entwicklungsaspekte beziehen.

Entwicklungspfade

Während der Entwicklung eines Menschen laufen einige Veränderungen kontinuierlich, andere diskontinuierlich ab (z. B. in Sprüngen oder mit mehr oder weniger abrupten Richtungswechseln). Biologische Mechanismen, Umwelt- und soziale Faktoren sowie das sich entwickelnde Kind selbst interagieren miteinander und beeinflussen so den Entwicklungsverlauf in komplexer Weise. Entwicklungspfadmodelle beschreiben, wie die Entwicklung eines Individuums in ihrer Gesamtheit verläuft. Dabei sind nach Sroufe (1997) verschiedene Verlaufstypen möglich:
- kontinuierliche Fehlanpassung, was zur Entwicklung einer Störung führt,
- kontinuierliche günstige Entwicklung,
- anfängliche Fehlentwicklung, auf die günstige Veränderungen folgen und
- anfänglich günstige Entwicklung mit nachfolgenden negativen Veränderungen.

Unterschiedliche Ausgangsbedingungen können auf Grund komplexer Prozesse der Selbstorganisation von Individuum und Umwelt zu gleichen Ergebnissen führen (*Äquifinalität*), während auch aus gleichen Ausgangsbedingungen ganz unterschiedliche Verläufe resultieren können (*Multifinalität*; Niebank & Petermann, 2002).

1.3 Risiko- und Schutzfaktoren der kindlichen Entwicklung

In den letzten Jahren bestand die generelle Tendenz der Klinischen Kinderpsychologie darin, in einem möglichst frühen Stadium einer Entwicklungsabweichung mit möglichst geringem Aufwand folgenschweren Fehlentwicklungen vorzubeugen. Dies setzt Kenntnisse über *frühe Risikofaktoren* der kindlichen Entwicklung voraus; relativ gut belegt sind hierbei spezifische Risiken der ersten drei Lebensjahre (vgl. Tab. 1). Abgesehen von den Risikofaktoren wird die kindliche Entwicklung auch durch Schutzfaktoren sowie durch das Ausmaß der Anfälligkeit bzw. Widerstandsfähigkeit des Kindes (Grad der *Vulnerabilität* bzw. *Resilienz*) beeinflusst. In diesem Abschnitt sollen die Begriffe der Risiko- und Schutzfaktoren sowie Vulnerabilität und Resilienz näher erklärt und das Zusammenspiel dieser Faktoren erläutert werden.

Risikofaktoren

Unter Risikofaktoren versteht man Bedingungen, die die Wahrscheinlichkeit für die Entstehung einer Störung erhöhen. Kindbezogene (z. B. biologische Faktoren) und umweltbezogene/psychosoziale Risikofaktoren (z. B. Eltern-Kind-Interaktion, familiäre Faktoren) können unterschieden werden. Viele Risikofaktoren wirken bereits vor der Geburt (z. B. Alkoholkonsum der Mutter während der Schwangerschaft), andere üben während der ersten Lebensjahre ihren Einfluss aus (vgl. Tab. 1).

Tabelle 1: Ausgewählte Risikofaktoren der kindlichen Entwicklung innerhalb der ersten drei Lebensjahre (nach Zeanah, Boris & Larrieu, 1997).

Biologische Faktoren	– Prä-, peri- und postnatale Faktoren (Frühgeburt, Geburtskomplikationen, unterschiedliche Erkrankungen des Säuglings, niedriges Geburtsgewicht etc.) – schwieriges Temperament des Kindes (z. B. sehr unruhig und impulsiv)
Faktoren innerhalb der Eltern-Kind-Interaktion	– Bindungsverhalten (unsicher-vermeidende, unsicher-ambivalente und desorganisierte Bindung) – psychische Störungen der Eltern – Erziehungsverhalten der Eltern (z. B. Uneinigkeit, inkonsequentes oder vorwiegend strafendes Erziehungsverhalten)
Familiäre und soziale Faktoren	– Konflikte der Eltern – Gewalt und Misshandlung innerhalb der Familie – sehr junge Eltern (z. B. Elternschaft vor dem 18. Lebensjahr) – niedriger sozioökonomischer Status

Schutzfaktoren

Schutzfaktoren puffern die schädliche Wirkung von Risikofaktoren ab; in der Regel wird damit der Risikoeffekt gemindert oder völlig beseitigt – fehlen Schutzfaktoren, kommt der Risikoeffekt voll zur Geltung. Diese Sichtweise verdeutlicht, dass Schutzfaktoren besonders wirksam werden, wenn eine Gefährdung der Entwicklung besteht. Aber auch das Nicht-Vorliegen eines Risikofaktors wird häufig als Schutzfaktor gewertet (Niebank & Petermann, 2002). Die umfassendste Übersicht über mögliche Schutzfaktoren stammt von Maston und Reed (2002, vgl. Tab. 2). Die Schutzfaktoren lassen sich gliedern in
- kindbezogene,
- familienbezogene und
- umweltbezogene Faktoren.

Selbstverständlich hängen die Faktoren der Tabelle 2 eng miteinander zusammen. So genügt beispielsweise das Vorhandensein außerfamiliärer Ressourcen noch nicht: Vielmehr muss das Kind über die Fähigkeit verfügen, auf andere zugehen zu können und sich auf diesem Wege aktiv Zuwendung und Unterstützung zu holen.

Vulnerabilität

Mit dem Begriff der Vulnerabilität wird das Ausmaß der Empfindlichkeit oder Anfälligkeit eines Kindes für die Wirkung von Entwicklungsrisiken bezeichnet. Hoch vulnerable Kinder werden schon auf relativ wenige oder schwache Ausprägungen von Risiko-

Tabelle 2: Schutzfaktoren im Kindes- und Jugendalter nach Maston und Reed (2002, S. 83).

Kindbezogene Faktoren	– unproblematisches Temperament in der frühen Kindheit – positive Bewertung der eigenen Person – effektive Selbstkontrolle über emotionale Erregung und eigene Impulse – kognitive Fertigkeiten (u. a. Problemlösefertigkeiten, Konzentrationsfähigkeit) – besondere Begabungen, die persönlich und von der Umwelt geschätzt werden – interpersonelles Vertrauen – positive Lebenseinstellung (Vorstellungen vom Sinn des Lebens) – Sinn für Humor – Beliebtheit bei anderen (z. B. Gleichaltrigen)
Familienbezogene Faktoren	– enge Beziehung zu den Eltern oder betreuenden Personen – autoritativer Erziehungsstil (= emotionale Wärme, elterliche Verantwortung/Aufsicht, klare Erwartungen) – positives Familienklima mit wenig Uneinigkeit zwischen den Eltern – gut organisiertes häusliches Umfeld – hohes Bildungsniveau der Eltern – Engagement der Eltern für die Ausbildung ihrer Kinder – günstige ökonomische Bedingungen
Umfeldbezogene Faktoren	– enge Beziehung zu kompetenten, prosozialen und unterstützenden Erwachsenen – Kontakte zu Gleichaltrigen, die sich prosozial verhalten und soziale Regeln befolgen – Schulen von hoher Qualität – hohes Ausmaß an öffentlicher Sicherheit – hohe Standards im Gesundheitswesen – hohe Qualität der sozialen Krisen- und Notfalldienste

faktoren mit der Ausbildung von Störungen oder Abweichungen reagieren (Niebank & Petermann, 2002). Bestimmte Persönlichkeitseigenschaften können dazu beitragen, dass Menschen besonders vulnerabel sind. Dazu gehört zum Beispiel eine Kombination aus hohem Neurotizismus verbunden mit geringer Gewissenhaftigkeit und geringer sozialer Verträglichkeit. Solche Muster werden häufig bei Kindern beobachtet, die misshandelt worden sind (Rogosch & Cicchetti, 2004).

Eine Besonderheit des Vulnerabilitätsbegriffs besteht darin, dass es sich dabei nicht um eine konstante Eigenschaft handelt. Vielmehr durchläuft ein Kind im Verlauf seiner Entwicklung verschiedene Phasen erhöhter Vulnerabilität. Dabei handelt es sich insbesondere um einschneidende Entwicklungsübergänge (z. B. Einschulung, Pubertät), die durch vielfältige Belastungen gekennzeichnet sind.

Resilienz

Resilienz stellt das positive Gegenstück der Vulnerabilität dar. Unter Resilienz wird die Fähigkeit verstanden, sich von „negativen Folgen früherer Erfahrungen schnell zu erholen“ (Niebank & Petermann, 2002, S. 83). Gemeint ist damit die *Widerstandsfähigkeit* eines Kindes gegen die negativen Auswirkungen von Risikofaktoren (Holtmann & Schmidt, 2004). Resilienz beruht zum Teil auf biologischen Prädispositionen (Curtis & Cicchetti, 2003; Holtmann, Poustka & Schmidt, 2004). Sie ist jedoch nicht als solche angeboren, sondern muss vom Kind in einer aktiven Auseinandersetzung mit der Umwelt erworben werden. Zu den Qualitäten, die im Rahmen der Interaktion mit der sozialen Umwelt entwickelt werden, gehören unter anderem soziale Fertigkeiten und Selbstachtung (Niebank & Petermann, 2002). Durch Studien konnten weitere Faktoren ermittelt werden, die bei Hochrisikokindern mit Resilienz verbunden sind:

- ausgeglichenes Temperament in der Kindheit,
- hohe Intelligenz,
- gute Problemlösefertigkeiten,
- enges Verhältnis zu mindestens einem Elternteil,
- starke eigene Interessen,
- ein vertrauter Erwachsener außerhalb der Familie und
- eine stark ausgeprägte Fähigkeit zur aktiven Umweltgestaltung (z. B. auf andere zugehen können).

Ebenso wie die Vulnerabilität stellt die Resilienz keine stabile Eigenschaft dar, sondern sie kann sich im Laufe der Entwicklung verändern (Cohler, Stott & Musick, 1995). Daraus folgt, dass auch resilient scheinende Kinder Unterstützung und Förderung benötigen, um ihre Widerstandskraft zu bewahren. Durch präventive Maßnahmen, beispielsweise entwicklungsorientierte Beratung der Eltern, ist es möglich, Resilienzfaktoren gezielt zu fördern (Daniel & Wassel, 2002; Ziegenhain, Derksen & Dreisörner, 2004).

Zusammenwirken verschiedener Entwicklungsbedingungen

Risikofaktoren treten nur selten isoliert auf (Niebank & Petermann, 2002). Die neuere Forschung beschäftigt sich daher nicht mehr mit der Identifikation einzelner Entwicklungsrisiken, sondern untersucht die Konstellation verschiedener Risiko- und Schutzfaktoren sowie die Mechanismen, die zwischen diesen Faktoren vermitteln. Das individuelle Risiko für das Entstehen einer Störung kann nur auf der Grundlage der aktuellen Konstellation aller entwicklungsförderlichen und -hemmenden Faktoren bestimmt werden (Petermann, 2002; Weindrich, Jennen-Steinmetz, Rellum, Laucht & Schmidt, 2005).

Gemeinsam auftretende Risikofaktoren verstärken sich gegenseitig in ihrer Wirkung. Besonders schädlich wirkt sich zum Beispiel eine Doppelbelastung aus biologischen und psychosozialen Risikofaktoren aus, da sich die entwicklungsbeeinträchtigenden Effekte potenzieren, wie Ettrich, Prothmann, Krumbiegel und Ettrich (2002) belegt haben. Diese Autoren verglichen den Entwicklungsstand von Kindern, die unter Risikobedingungen (Schadstoffbelastung der Umwelt, somatische und psychische Entwicklungsparameter) aufwuchsen, mit dem Entwicklungsstand gering belasteter Kinder. Zwischen einer zunehmenden Risikobelastung und dem Grad der Beeinträchtigung der kindlichen Entwicklung konnte ein sehr starker Zusammenhang festgestellt werden. Das wichtigste Ergebnis der Studie ist jedoch darin zu sehen, dass für die beobachteten Entwicklungsverzögerungen in der Risikogruppe nicht ein bestimmter Faktor verantwortlich war, sondern das Zusammenwirken mehrerer Risikofaktoren zugleich (Ettrich et al., 2002).

Es herrscht allerdings weitgehend Übereinstimmung darüber, dass in den meisten Fällen psychosoziale Risiken die Entwicklung eines Kindes stärker beeinflussen als biologische. Psychosoziale Risikofaktoren können sich auch auf biologische Variablen auswirken (Evans, 2003); so können vor allem familienbezogene Schutzfaktoren die Auswirkungen vieler biologischer Risiken in frühen Entwicklungsabschnitten abmildern (vgl. Bradley et al., 1994, s. a. Tab. 2). Bei bestimmten neurologischen Erkrankungen (z. B. progrediente Erkrankungen, Folgen von Hirnschädigungen) beeinflussen jedoch die biologischen Faktoren massiv die Entwicklung eines Kindes.

Spezifität von Risiko- und Schutzfaktoren

Risiko- und Schutzfaktoren wirken jedoch nicht auf alle Kinder in der gleichen Weise. Insbesondere das Alter und das Geschlecht der Kinder moderieren den Einfluss entwicklungsrelevanter Faktoren.

Viele Schutzfaktoren sind beispielsweise *altersspezifisch* ausgeprägt, wie schon Werner (1993) in der Kauai-Längsschnittstudie belegen konnte (vgl. Tab. 3). Bei der Bewertung der Schutzfaktoren müssen die konkreten Risikobedingungen der Kinder betrachtet werden. So besitzen für Schulkinder mit depressiven Müttern folgende Schutzfaktoren eine große Bedeutung: positives Selbstkonzept, Schulerfolg, soziale Kompetenz und eine positive Einstellung zur Mutter (Werner, 1993).

Bei manchen Schutz- und Risikofaktoren konnte man *geschlechtsspezifische* Effekte feststellen. Das bedeutet, dass ein Risikofaktor sich bei Mädchen als risikoerhöhend erweisen kann, der für Jungen keine Bedeutung hat und umgekehrt (z. B. Waligora, 2003). Risikofaktoren für die Entwicklung von Jungen bestehen insbesondere in neurokognitiven Beeinträchtigungen, bei Mädchen hingegen sind emotionale Probleme bedeutsamer (Rutter, Caspi & Moffitt, 2003).

Selbstverständlich sind auch Schutzfaktoren geschlechtsspezifisch ausgeprägt. Für Mädchen stellen insbesondere Eigenschaften wie ein günstiges Temperament und eine hohe Selbstachtung wichtige Schutzfaktoren dar, während Jungen mehr von der Unterstützung und Anleitung anderer Menschen (Familienangehörige, Lehrer) profitieren (Niebank & Petermann, 2002).

Tabelle 3: Altersspezifische Ausprägung von Schutzfaktoren nach Werner (1993).

Altersgruppe	Beispiele für Schutzfaktoren
Säuglingsalter	– positive Aufmerksamkeit von Familienmitgliedern/Freunden – positives Temperament des Kindes – kaum kindbedingter Elternstress
Kleinkindalter	– eigenständige Suche nach neuen Erfahrungen – positive soziale Orientierung – größere Fortschritte in der - Kommunikation - Motorik und - Selbstständigkeitsentwicklung
Grundschulalter	– gutes Auskommen mit Mitschülern – gutes Sprach- und Lesevermögen – optimale Nutzung eigener Fertigkeiten – viele Interessen und Realisieren von vielfältigen Aktivitäten und Hobbys

1.4 Entwicklung im Kontext der Familie

Familiäre Faktoren und Erziehungsverhalten

Familiäre Faktoren und das elterliche Erziehungsverhalten können sowohl in positiver wie negativer Weise zur Entwicklung des Kindes beitragen. Ein unterstützendes, aber nicht überbehütendes Erziehungsverhalten, das den Kindern sowohl Wärme und Zuwendung als auch klare Richtlinien und Orientierung bietet, kann bei Kindern soziale Kompetenz, Selbstständigkeit und Leistungsbereitschaft fördern. Generell gelten eine höhere Bildung der Eltern sowie günstige sozioökonomische Bedingungen als förderlich für die kindliche Entwicklung (Maston & Reed, 2002; vgl. Tab. 2).

Zu den familiären Faktoren, die sich als negativ für die kindliche Entwicklung erwiesen haben, zählen unter anderem Eheprobleme der Eltern, Kriminalität der Eltern und ein geringer sozialer Status (Rutter, 1987, 1989). Als weiterer besonders relevanter familiärer Faktor ist eine depressive Erkrankung der Mutter zu erwähnen (Cicchetti, Rogosch & Toth, 1998), was häufig in einem unsicheren Bindungsverhalten der Kleinkinder resultiert.

Familiäre Faktoren erweisen sich über die Zeit hinweg häufig als sehr stabil, wobei sowohl Erb- als auch Lernfaktoren dafür verantwortlich sein können. Bei Aggressivität beispielsweise handelt es sich um ein Verhalten, das über Generationen hinweg von den Eltern an ihre Kinder weitergegeben werden kann (z. B. Conger, Neppl, Kim & Scaramella, 2003; Hops, Davis, Leve & Sheeber, 2003; Thornberry, Freeman-Gallant, Lizotte, Krohn & Smith, 2003).

Aggressives und depressives Verhalten gehen in den meisten Fällen mit einem ungünstigen Familienklima und einem problematischen Erziehungsverhalten einher. Diese psychologischen Faktoren interagieren mit den folgenden – eher objektiven – familiären Risikofaktoren:
- Armut,
- einem niedrigen sozioökonomischen Status,
- einer frühen Mutterschaft und/oder dem Tatbestand, dass die Mutter allein erziehend ist,
- die Eltern getrennt und/oder geschieden sind,
- Alkohol- und Substanzmissbrauch und/oder
- Kriminalität seitens der Eltern besteht.

Einzelne Risikofaktoren lassen für sich genommen noch kaum eine Aussage über die Entwicklung des Kindes zu. Allerdings begünstigt die Summation und Interaktion verschiedener Risiken ein Multiproblem-Milieu mit einem hohen Risiko für kindliche Fehlentwicklungen.

Auswirkungen von Armut auf die kindliche Entwicklung

Eine erste Modellvorstellung, die sowohl psychosoziale Risiko- als auch psychosoziale Schutzfaktoren komplexer miteinander verknüpft, legten Aber, Jones und Cohen (2000) vor; diese Autoren versuchen damit, vor allem die Bedingungen der Entwicklung im Kleinkindalter zu systematisieren. In ihrem Modell wird davon ausgegangen, dass ungünstige sozioökonomische Bedingungen (Armut) über verschiedene Zwischenschritte (z. B. Stressbelastung der Eltern) zu einem ungünstigen Erziehungsverhalten und in der Folge zu emotionalen sowie Leistungsstörungen auf der Seite des Kindes führen. Die Autoren diskutieren auch familien- und sozialpolitische Maßnahmen, um frühe familiäre Risiken auszugleichen.

Das Modell geht von drei möglichen Effekten der Armut aus:
- gehäuftes Auftreten von kritischen Lebensereignissen und familiärem Stress,
- Umweltbelastungen (z. B. Gifte, Lärm), Traumata (z. B. durch Unfälle, Missbrauch, Gewalt), Fehlernährung sowie
- unzureichende häusliche Pflege und Förderung.

Ungünstige Startbedingungen (vgl. Abb. 1, links) führen über eine unzureichende Feinfühligkeit der Eltern gegenüber ihrem Kind, der Zurückweisung des Kindes, einer inkonsistenten Erziehung, eingeschränkten und/oder negativen Lernerfahrungen zu einer
- ungünstigen sozial-emotionalen Entwicklung,
- geringen Lernbereitschaft und (langfristig) zu
- schlechten Schulleistungen.

Es kann festgehalten werden, dass die Kenntnis von Risiko- und Schutzfaktoren eine wesentliche Bedingung darstellt, um Aussagen über kindliche Entwicklungsmöglichkeiten treffen zu können. Im Folgenden soll näher dargestellt werden, wie man mit kinderpsychologischen Diagnoseverfahren zu Entwicklungsaussagen gelangt.

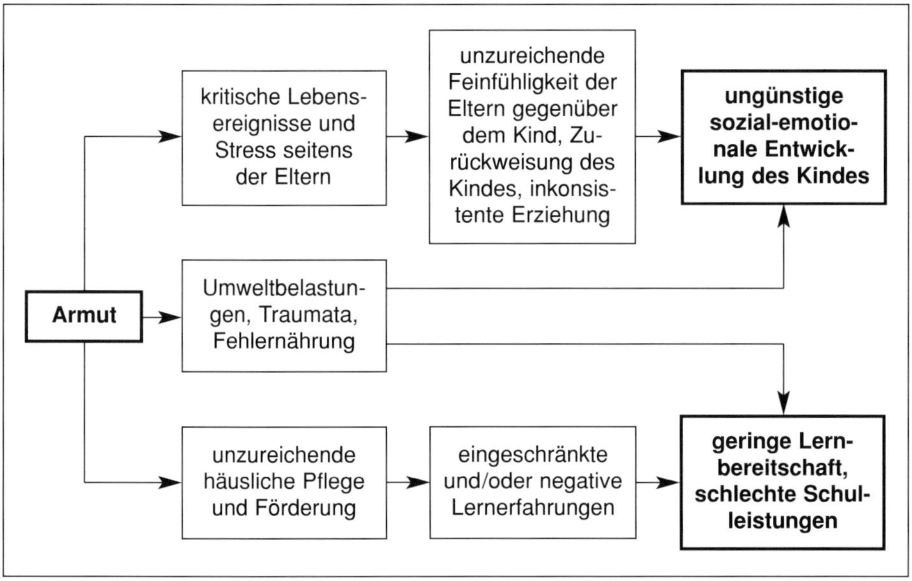

Abbildung 1: Armut: Einfluss auf die psychische Gesundheit und Entwicklung von Kleinkindern (nach Aber et al., 2000, S. 124).

1.5 Spezifika der kinderpsychologischen Diagnostik

Zentrale Aspekte der kinderpsychologischen Diagnostik beziehen sich auf folgende Bereiche:
- die Altersspezifität von Diagnosen,
- die Schritte des diagnostischen Prozesses,
- die Merkmale von Screeningverfahren sowie
- die Erstellung einer Entwicklungs- und Leistungsprognose.

Altersspezifität von Diagnosen

Eine wesentliche Schwierigkeit der Diagnostik im Kindesalter besteht darin, dass sich kindliches Verhalten im Laufe der Entwicklung verändert und äußerlich gleiches Verhalten unterschiedliche Bedeutungen haben kann (z. B. einen Hinweis auf eine Störung darstellen kann oder nicht), während ganz unterschiedliches Verhalten in verschiedenen Altersstufen auf die gleiche Ursache hinweisen kann (vgl. Tab. 4).

Der Diagnostiker steht daher stets vor der Herausforderung, beobachtete Reaktionen und Verhaltensweisen auf den Entwicklungsstand des Kindes zu beziehen und ein Urteil darüber zu treffen, ob das Verhalten entwicklungsangemessen ist oder als Zeichen für eine Störung oder Abweichung gewertet werden sollte.

Tabelle 4: Beispiele für normales und negatives Sozialverhalten (nach Petermann, 2002, S. 17).

Altersstufe	Normales Verhalten	Problematisches Verhalten	Psychische Störung
Kleinkindalter (bis 2 Jahre)	Kind kommt Anforderungen nach und lässt sich helfen	Kind verweigert Anforderungen; kann jedoch von Erwachsenen beeinflusst werden	Kind verweigert sich völlig
Frühe Kindheit (3.–5. Lebensjahr)	Kind ist eigenständig, ohne Anforderungen abzulehnen	Kind ärgert andere absichtlich	Kind ist häufig wütend und beleidigt andere
Kindheit (6.–12. Lebensjahr)	Kind behauptet angemessen seinen Standpunkt	Kind streitet häufig	Prügelt sich häufig mit anderen Kindern
Jugendalter (ab 13 Jahre)	Kind ist im Konfliktfall kooperationsbereit und kompromissfähig	Versucht unangemessen, sich Vorteile zu verschaffen	Erpresst andere

Bei der Anwendung psychologischer Tests ist es weiterhin von zentraler Bedeutung, nicht nur den aktuellen Entwicklungsstand, sondern auch das Entwicklungspotenzial – also die zukünftigen Entwicklungsmöglichkeiten – abzuschätzen. Durch diese Notwendigkeit lässt sich das Anliegen der kinderpsychologischen Diagnostik in besonderer Weise kennzeichnen (Rosner, 1999).

Schritte des diagnostischen Prozesses

Die Anwendung psychologischer Tests orientiert sich an einem systematischen, regelgeleiteten diagnostischen Vorgehen. Dieses idealtypische Vorgehen kann man durch den diagnostischen Prozess – also Schritte der Datensammlung und Datenbewertung – beschreiben.

In der kinderärztlichen Praxis wird man häufig mit Alltagsbeobachtungen der Eltern und Verdachtsdiagnosen konfrontiert, die grob im Rahmen einer Breitbanddiagnostik (Screening) überprüft werden können. Verdachtsmomente sollten erst dann zu einer differenzierten Diagnosestellung und damit zu einer wissenschaftlich begründeten Feststellung des Förderbedarfs führen, wenn sie durch ein Screening bestätigt worden sind (vgl. Abb. 2). Aus der Sammlung verschiedenartiger Daten (systematische Beobachtungen, Anamnese der Eltern, Entwicklungsdiagnostik, Leistungs-/Intelligenzdiagnostik) resultieren begründete Entscheidungen. Auf Grund solcher Informationen kann ein

Förderplan erstellt werden. Alle diagnostischen Schritte und Entscheidungen müssen genau dokumentiert und für Dritte (Kostenträger, außenstehende Experten) nachvollziehbar sein.

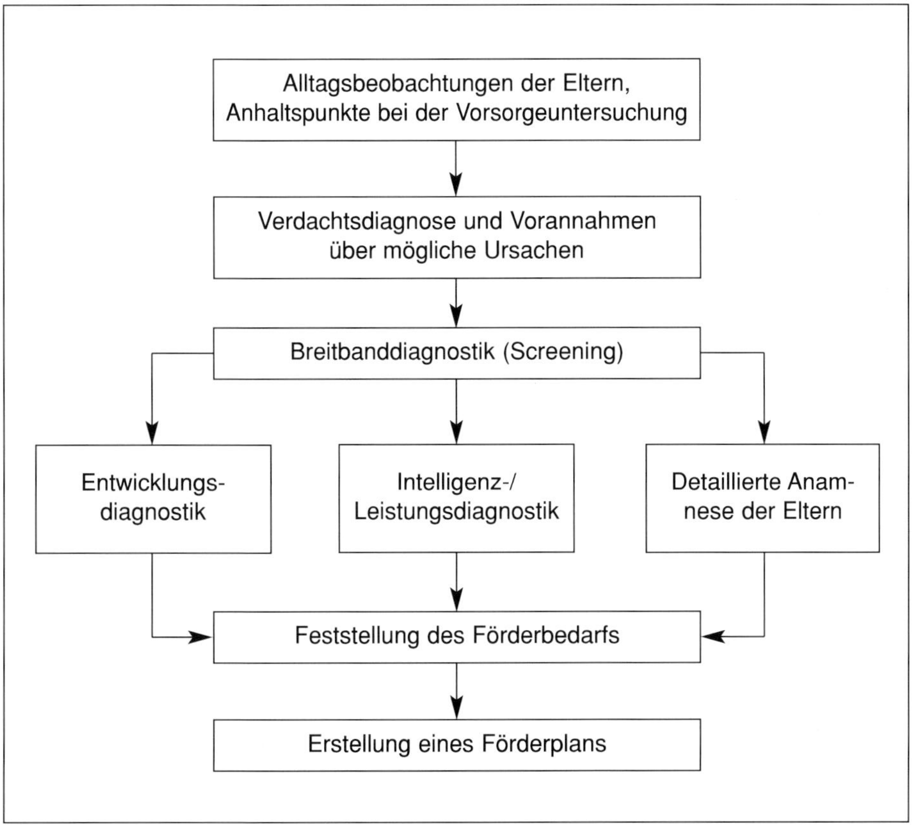

Abbildung 2: Schritte des diagnostischen Prozesses in der kinderärztlichen Praxis.

Screeningverfahren

Die Auswahl eines für eine Fragestellung geeigneten diagnostischen Verfahrens stellt keine einfache Aufgabe dar. Um einen ersten Überblick über die Problemlage des Kindes zu gewinnen, bieten sich Screeningverfahren an (Petermann & Macha, 2003a, 2005). Als erster Schritt des diagnostischen Prozesses soll mit ihnen in ökonomischer Weise ein zentraler, meist weit gefasster Entwicklungs- und/oder Leistungsbereich eines Kindes erhoben werden. Es soll abgeklärt werden, ob eine weiterführende Diagnostik nötig ist, um damit den spezifischen Förderbedarf eines Kindes zu bestimmen. Für die kinderärztliche Praxis eignen sich insbesondere Screenings, die sich am Zeitmuster der Vorsorgeuntersuchungen orientieren, zum Beispiel:

- *Elternfragebogen* wie der EEE U6-U9* und
- *Screeningverfahren* wie das NES.

In der Regel handelt es sich bei Screeningverfahren um kurze psychologische Tests, die entweder mit dem Kind schnell durchgeführt werden können (z. B. NES) oder bei denen die entsprechenden Informationen durch die Befragung der Eltern gewonnen werden (z. B. EEE U6-U9).

Erstellung einer Entwicklungs- und Leistungsprognose

Mit psychologischen Tests gelingt eine objektive, das heißt für Dritte nachvollziehbare Datensammlung. Ein Test kann damit Aussagen über einen umfassenden (vorher definierten) Merkmalsbereich oder ein eng umschriebenes Merkmal treffen. Die für solche Aussagen notwendigen Informationen werden unter standardisierten Bedingungen erhoben, nach vorgegebenen Kriterien nachvollziehbar bewertet und zu einer Empfehlung zusammengefasst (= Interpretation; vgl. Abb. 3). Dabei erfordert die Anwendung von kinderpsychologischen Tests umfassende Vorkenntnisse, auf die in Kapitel 2 dieses Buches detailliert eingegangen wird.

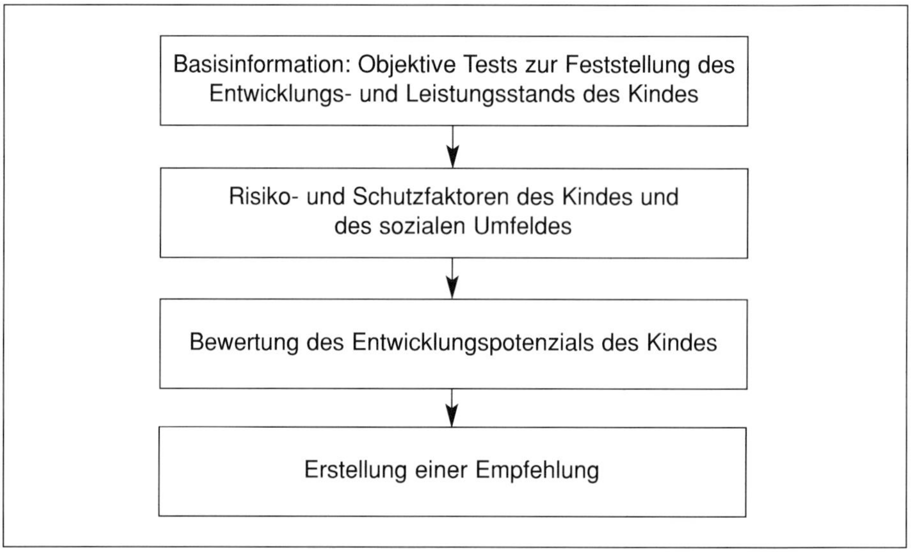

Abbildung 3: Minimale Voraussetzungen zur Erstellung einer Entwicklungs- und Leistungsprognose.

* Die in den folgenden Texten genannten Verfahren werden in den folgenden Kapiteln dieses Buches ausführlich und praxisbezogen erläutert. Die Testabkürzungen werden in einem Testverzeichnis im Anhang dieses Buches (vgl. S. 234 f.) erläutert.

Psychologische Tests bilden die entscheidende Grundlage dafür, bei Kindern Entwicklungs- und Lernvoraussetzungen objektiv zu bewerten. Aus den Testwerten (z. B. dem Profil der Ergebnisse eines Entwicklungstests oder der Anzahl der gelösten Aufgaben eines Intelligenztests) lassen sich

- anhand der Normwerte (Normtabelle) die Altersangemessenheit der Entwicklung abschätzen und
- Prognosen über die weitere Entwicklung erstellen.

1.6 Zur Bedeutung von Prognosen

Da in der kindlichen Entwicklung immer verschiedene Faktoren in ihrer Kombination wirken und zudem ihre Wirkung vom Entwicklungsstand des Kindes abhängt, ist die Erstellung von Entwicklungsprognosen schwierig. Vielfach gelingt es nur, für bestimmte Entwicklungsabschnitte (Entwicklungsperioden) das wahrscheinliche Entwicklungsergebnis bzw. den vermuteten Entwicklungsausgang anzugeben. Dennoch gehört die Erstellung von Prognosen zu den wichtigsten Aufgaben der Klinischen Kinderpsychologie.

Um die Rolle der Diagnostik für die Erstellung von Prognosen über die kindliche Entwicklung zu klären, muss man sich zunächst einmal vergegenwärtigen, welchen Zielen solche Prognosen dienen können. Prognosen sind gerade im Kindes- und Jugendalter von höchster Bedeutung, um etwa

- die Eltern hinsichtlich möglicher Entwicklungs- und Erziehungsziele zu beraten,
- Aussagen über die zukünftige schulische und berufliche Leistungsfähigkeit eines Kindes zu treffen,
- zu entscheiden, ob ein Kind mit festgestellten Entwicklungsabweichungen besondere Fördermaßnahmen benötigt.

Prognosen ermöglichen also die langfristig angelegte Förderung eines Kindes in unterschiedlichen Lebensbereichen. Insgesamt stellt eine sorgfältige kinderpsychologische Diagnostik eine wichtige Voraussetzung dafür dar, um begründete und verlässliche Vorhersagen über die weitere kindliche Entwicklung machen zu können.

Die Ergebnisse eines psychologischen Tests allein erlauben jedoch noch nicht die Erstellung einer Prognose. Eine Entwicklungsprognose erfolgt in Kenntnis der individuellen Lernvoraussetzungen des Kindes, der Förderpotenziale des Umfeldes (Kindergarten/Schule, Elternhaus) und weiterer Merkmale des Kindes, zum Beispiel seiner Motivation oder Anstrengungsbereitschaft und seiner körperlichen und psychischen Robustheit. Risiko- und Schutzfaktoren sind als Kontextbedingungen im Rahmen der Erstellung einer Entwicklungsprognose immer zu berücksichtigen. Bei der Erstellung von Prognosen handelt es sich somit um einen komplexen Vorgang, der die Beteiligung vieler Personen und den Einbezug verschiedener Informationsquellen voraussetzt. Die kinderpsychologische Diagnostik liefert hierfür einen wesentlichen Beitrag.

1.7 Klinische Kinderneuropsychologie und neuropsychologische Diagnostik

Die Klinische Kinderneuropsychologie stellt einen interdisziplinären Ansatz dar, der zwischen Entwicklungsneurologie und Klinischer Kinderpsychologie vermittelt. Neuropsychologische Störungen und Abweichungen werden mithilfe der spezifischen Methoden der neuropsychologischen Diagnostik erfasst. Auf Grund der besonders großen Bedeutung neuropsychologischer Risikofaktoren für die Erklärung und Vorhersage der kindlichen Entwicklung soll dieses Anwendungsfeld an dieser Stelle gesondert gewürdigt werden.

Entwicklungsneuropsychologie und Kinderneuropsychologie

Die Entwicklungsneuropsychologie orientiert sich im Sinne einer Grundlagendisziplin, bezogen auf das Kindes- und Jugendalter, an Reifungs- und Lernvoraussetzungen basaler und höherer kognitiver Funktionen und somit an wesentlichen neurobiologischen Grundlagen der normalen kognitiven Entwicklung. Dazu gehören die Entwicklungsverläufe von Wahrnehmungsfunktionen, von Gedächtnisleistungen, von expressiver und rezeptiver Sprache und insbesondere auch von Aufmerksamkeitsfunktionen und höheren *exekutiven Funktionen.*

Die Kinderneuropsychologie befasst sich mit den Auswirkungen von Hirnschädigungen sowohl auf die kognitive als auch auf die psychische und soziale Entwicklung. Dabei bietet sie neue Ansätze in der Betrachtung von abweichenden Entwicklungsverläufen. So leisten neuropsychologische Befunde zunehmend auch einen fundamentalen Beitrag zur Diagnostik kinder- und jugendpsychiatrischer Erkrankungen und tiefgreifender Entwicklungsstörungen. Zudem liefert die Kinderneuropsychologie Erklärungsmodelle für die neurobiologischen Ursachen von schulbezogenen Lern- und Leistungsstörungen und bietet gleichzeitig gezielte Therapieansätze und -verfahren an.

Neuropsychologische Diagnostik

Da prä-, peri- und postnatale biologische Komplikationen zu den wichtigsten Risikofaktoren für die frühkindliche Entwicklung zählen (Heimann, Heubrock & Petermann, 2005; s. a. Tab. 1), ist bei schwerwiegenden oder sonst unerklärlichen Leistungsstörungen eines Kindes in manchen Fällen eine spezielle neuropsychologische Diagnostik angezeigt (Heubrock & Petermann, 2003). Die Kinderneuropsychologie bietet ein großes Spektrum neuer Diagnosestrategien an, mit denen es gelingt, Entwicklungs- und Leistungsdefizite neu zu bewerten. Hierbei ist es nötig, neuropsychologisch beschreibbare Funktionsstörungen in den Bereichen

- Motorik,
- Wahrnehmung (visuell und auditiv),
- Aufmerksamkeit/Vigilanz,
- Gedächtnis,

- Sprache und
- exekutive Funktionen

näher zu bestimmen (vgl. Heubrock & Petermann, 2000). Es ist zu erwarten, dass die neuropsychologische Diagnostik in der Klinischen Kinderpsychologie und Pädiatrie zukünftig eine noch bedeutendere Rolle einnehmen wird.

2 Psychologische Tests

2.1 Begriffsbestimmung: Was verstehen wir unter einem Test?

Der Begriff „Test“ wird in der Psychologie in mehreren Bedeutungen verwendet. In unserem Zusammenhang bezeichnet der Begriff das Bestreben, mit einem Werkzeug (Instrument) systematisch Informationen zu sammeln. Tests sind also im Idealfall Instrumente, die dem Kinderpsychologen und Kinderarzt bei der Erfassung und Beschreibung der Eigenschaften von Kindern gute Dienste leisten. Minimal sollten Tests deshalb folgende Forderung erfüllen:

Die Durchführung eines psychologischen Tests sollte in Bezug auf eine diagnostische Fragestellung denjenigen Informationsgewinn übersteigen, der innerhalb des gleichen Zeitraums bei einer bloßen Inaugenscheinnahme des Kindes zu erwarten wäre.

Psychologische Tests sollten einigen weiteren Anforderungen entsprechen. Die wichtigsten Anforderungen werden im Weiteren ausgeführt.

Tests müssen wissenschaftlichen Kriterien genügen

Dies bezieht sich sowohl auf seine inhaltlichen Grundlagen (*Was* soll gemessen werden und *wie* soll es gemessen werden?) als auch auf Exaktheit bei seiner Konstruktion. Die so selbstverständlich anmutende Forderung nach Wissenschaftlichkeit ist jedoch häufig nur schwierig einzuhalten und noch schwieriger zu überprüfen. Obwohl im Allgemeinen Konsens darüber besteht, wie in der Psychologie ein Test konstruiert werden sollte, um wissenschaftlichen Ansprüchen zu genügen, wird es im Einzelfall auch unter Experten immer wieder unterschiedliche Sichtweisen geben. Eine ganz wesentliche Forderung ist jedoch unstreitig: die *lückenlose Dokumentation* bei der Entwicklung und Erprobung eines Verfahrens. Für den Testentwickler bedeutet das Folgendes: Er sollte in den Gegenstand (das zu erfassende Merkmal) seines Tests (z. B. Intelligenz, Entwicklungsbereiche, depressives Verhalten) theoretisch einführen und eine inhaltliche Begründung geben, warum der Test so misst, wie er misst. Er sollte weiter die einzelnen Stadien der Testentwicklung, die Ermittlung der Vergleichsdaten (Normen), die Ergebnisse relevanter Berechnungen (z. B. zu den Gütekriterien) sowie die Umstände deren Zustandekommens in angemessener Form dokumentieren.

Im Beispiel auf S. 30 ist von den Testautoren zu verlangen, dass sie vollständige Angaben zu den Studien zur Testentwicklung vorlegen. Eine sorgfältige Dokumentation wirkt dann darauf hin, dass unabhängig von den Auffassungen anderer Experten jeder Anwender eine eigene Bewertung des Tests vornehmen kann. Damit bei aller Verschiedenartigkeit von Tests ein gewisser einheitlicher Rahmen gegeben ist, wurden von der APA, der

Beispiel

Ein Motoriktest zitiert eine Studie zur *Beobachterübereinstimmung*. Nach der Einschätzung von Videoaufnahmen (auf der Basis von 10 Kindern) wurde eine Übereinstimmung zwischen verschiedenen Beobachtern von 92 % ermittelt. Dies deutet zunächst auf eine sehr gute Übereinstimmung hin und ist im Hinblick auf die Testgüte somit als eine *gute Objektivität* des Verfahrens interpretierbar.

Etwas vorsichtiger bei der Bewertung müsste man sein, wenn etwa folgende Tatbestände vorliegen:

(a) Die Studie stützt sich auf nur *zwei Beobachter (Beurteiler)*, die zudem aus dem Team der Testautoren gebildet wurden. Auf Grund der geringen Anzahl und auf Grund der mangelnden Repräsentativität der Untersucher (die Testautoren könnten etwa als ausgewiesene Experten gelten, die mit normalen Anwendern nicht vergleichbar sind) tragen die Ergebnisse nur wenig zur Einschätzung der Objektivität des Tests bei.

(b) Die Beobachtung bezieht sich ausschließlich auf die Videobeobachtung körperlich schwer beeinträchtigter Kinder, der Test soll aber praktisch für alle Kinder anwendbar sein. Somit stünde immer noch offen, ob sich bei motorisch unbeeinträchtigten Kindern eine ähnlich hohe Übereinstimmung zwischen Beurteilern ergäbe, oder ob der hohe Übereinstimmungsgrad daraus resultiert, dass die Kinder auf den Videoaufnahmen auf Grund ihrer Erkrankung nur einen kleinen Anteil der Testaufgaben überhaupt bearbeiten und somit nur wenige Aufgaben lösen konnten.

American Psychological Association, in Kooperation mit zwei weiteren amerikanischen Wissenschaftsverbänden Standards für psychologisches Testen formuliert, die auch auf Deutsch publiziert sind (Häcker, Leutner & Amelang, 1998).

Tests müssen routinemäßig anwendbar sein

Als Test bezeichnen wir nur solche Verfahren, die unter gewissen Rahmenbedingungen *handwerksmäßig* (standardisiert) durchgeführt werden können. Diese Voraussetzungen können sich auf äußere Gegebenheiten (z. B. Räumlichkeiten, Materialien, Zeitvorgaben, bestimmte Testpersonen) wie auch auf Eigenschaften des Testanwenders selbst beziehen: Ein in der Durchführung anspruchsvoller Intelligenztest erfordert einen erfahrenen Anwender, während der Mann-Zeichen-Test (Ziler, 2000) in der Durchführung leicht erlernbar und ohne weiteres auch vom Praxisfachpersonal durchführbar ist. Zu fordern ist aber von jedem Test, dass die Anwendung (Durchführung, Auswertung, Interpretation) ausführlich und nachvollziehbar im Testhandbuch beschrieben wird.

Einzelfallaussagen sollten mit Normen verglichen werden

Im Allgemeinen wurde hierzu von den Testentwicklern zunächst eine Gruppe von Menschen mit dem Test untersucht und deren Leistungen dokumentiert. Auf der Grundlage einer solchen *Eichstichprobe* (Normenstichprobe) werden nun individuelle Bewertungen wie durchschnittlich, weit überdurchschnittlich oder auffällig möglich (s. Abb. 9 auf S. 51; zur normorientierten Diagnostik s. Rettler, 1999). Die Bewertung eines Testresultats kann aber auch an *inhaltlichen Kriterien* orientiert sein (= kriteriumsorientierte Diagnostik, s. Schott, 1999). Hierzu zwei Beispiele:

Beispiel

Ein Fahrlehrer möchte seinen Schülern im theoretischen Unterricht die Rechts-vor-links-Regel vermitteln. Im Anschluss an die Theoriestunde verteilt er Prüfbögen mit Aufgaben zur Regelung der Vorfahrt. Löst ein Fahrschüler zum Beispiel 90 % der Aufgaben richtig, so kann eine Bewertung *normorientiert* erfolgen:
- Da die anderen Fahrschüler der Gruppe im Durchschnitt nur 70 % der Aufgaben lösen konnten, schneidet unser Fahrschüler *überdurchschnittlich* ab und ist somit ein *guter Schüler.*

Eine *kriteriumsorientierte* Bewertung kann aber zu einer anderen Aussage führen:
- Um sich sicher im Straßenverkehr zu bewegen, müssen die Vorfahrtsregeln zu 100 % beherrscht werden. Unabhängig von der Tatsache, dass die anderen Fahrschüler noch weniger Aufgaben lösen konnten, hat unser Kandidat das Ausbildungsziel verfehlt.

Beispiel

Klinische Studien haben gezeigt, dass Kinder, die mit 18 Monaten noch nicht frei gehen, ein hohes Risiko für eine im Weiteren auffällige motorische Entwicklung zeigen. Der Zeitpunkt „18 Monate" konnte aus der längsschnittlichen Verfolgung kindlicher Entwicklungsverläufe abgeleitet werden, dabei ist es zunächst unerheblich, dass ein Kind, das erst zu diesem Zeitpunkt zu laufen beginnt, im Altersvergleich natürlich auch „spät dran" ist.

Ein Kind, das erst mit 14 Monaten zu krabbeln beginnt, ist im Verhältnis zum Altersdurchschnitt ebenfalls „spät dran". Dennoch lässt sich allein mit der Tatsache, dass ein Kind erst spät krabbelt, keine ungünstige Prognose begründen, da in etwa jedes siebte, in seiner Entwicklung *motorisch unauffällige* Kind niemals krabbelt! Das Krabbeln oder besser das Ausbleiben des Krabbelstadiums allein ist zu keinem Zeitpunkt ein *Kriterium* für abweichende Entwicklung.

2.2 Testbestandteile: Was gehört zu einem Test?

In der Regel setzt sich ein Test aus den folgenden drei Elementen zusammen:
- *Manual,*
- *Material* sowie
- *Protokollierungs- und Auswertungsbestandteile.*

Zu jedem Test gehört ein *Testmanual* oder Testhandbuch. Hier werden die inhaltlichen Grundlagen des Verfahrens dargestellt, die Konstruktionsschritte dokumentiert und die

Durchführung, Auswertung und Interpretation des Verfahrens detailliert beschrieben sowie die Gütekriterien und Normen referiert. Der Umfang eines Testhandbuchs allein ist zwar noch kein Beleg für die Güte eines Verfahrens, auf der anderen Seite ist jedoch ein gewisser Mindestumfang notwendig. Vielfach finden sich in Tests lediglich ein- bis dreiseitige Handanweisungen, die unmittelbar auf die Durchführung des Verfahrens bezogen sind und dabei sowohl auf eine wissenschaftliche Einführung als auch auf eine methodische (statistische) Diskussion des Verfahrens verzichten. Wenn weiter auch kein Verweis auf eine Publikation in einer Fachzeitschrift erfolgt, sollte man in Bezug auf die Wissenschaftlichkeit des Verfahrens skeptisch sein.

Als *Testmaterial* bezeichnen wir an dieser Stelle solche Unterlagen, die von der zu untersuchenden Person in irgendeiner Form zu bearbeiten sind. Hierbei kann es sich zum Beispiel um Bälle, Springseile, Bausteine, Figuren, Puzzle oder Bilder, aber auch um Arbeitsblätter oder Materialien zum Ausfüllen und Gestalten handeln. Das Material ist von besonderer Bedeutung für den Grad der *Standardisierung* eines Tests: Ist es Bestandteil des Testpakets oder müssen die Materialien selbst beschafft werden? Im zweiten Fall ist immer zu bedenken, dass schon kleine Veränderungen von Materialanordnungen oder -beschaffenheit schwerwiegende Veränderungen der erfassten Leistungen nach sich ziehen können.

Beispiel

Ein Test möchte Gedächtnisleistungen erfassen. Eine Testaufgabe zu visuellen Gedächtnisleistungen im Kindergartenalter besteht aus drei Bildmotiven. Dem Kind werden die drei Motive zehn Sekunden gezeigt, dann sollen genau diese Motive aus einem erweiterten Pool von insgesamt sechs Bildern herausgefunden werden; das Kind soll darauf zeigen und so mitteilen, welche Bilder es bereits zuvor gesehen hat. Die *Motivauswahl* hat dabei einen entscheidenden Einfluss auf die Gedächtnisleistung: die Kombination Hund, Katze, Maus wird aus einem gemeinsamen Pool mit den weiteren Bildkarten Fahrrad, Auto, Flugzeug sicher besser erinnert als die Kombination Flugzeug, Katze, Banane in anschließender gemeinsamer Präsentation mit Fahrrad, Hund und Karotte. Drei Tiere vor dem Hintergrund von drei Transportmitteln zu erinnern ist in der Regel einfacher, als wenn innerhalb des Pools keine Klassenbildung möglich ist und zu jedem Motiv ein ähnliches Gegenstück vorhanden ist.

Soll an dem Verschluss eines Gewürzglases das Handgeschick von Kleinkindern durch das Öffnen und Schließen (Rotationsbewegung) des Deckels überprüft werden, verändern variierende Beschaffenheitsmerkmale verschiedener Gläser wie zum Beispiel Deckeldurchmesser, Gewindesteigung, Spiel zwischen den Teilen oder Reibungswiderstände die Qualität und die Schwierigkeit der motorischen Leistungen. Mit verschiedenen Gläsern erhobene Leistungen sind dann oft nicht mehr vergleichbar.

Die *Protokollierungs- und Auswertungsbestandteile* umfassen schließlich die Protokollblätter (Testbögen oder Testhefte), Auswertungshilfen wie zum Beispiel Schablonen, Messgeräte oder Auswertungssoftware.

2.3 Aufgaben: Wozu setzt man Tests ein?

Mit einem Test können unter standardisierten Bedingungen Informationen gesammelt und regelgeleitet Aussagen formuliert werden. Prinzipiell sind zwei Arten von diagnostischen Aussagen zu unterscheiden:
- *Status-* und
- *Verlaufsaussagen.*

Statusdiagnostik

Mit einer *Status-* oder auch *Querschnittsdiagnose* soll eine Leistung oder eine Eigenschaft *zu einem bestimmten Zeitpunkt* erfasst werden. Je nach konkreter Fragestellung des Diagnostikers können der Statusdiagnostik wiederum verschiedene Strategien zu Grunde liegen. Das Kind wird zu einem Zeitpunkt untersucht und die Ausprägung des erfassten Merkmals wahlweise
- zu den Leistungen einer Grundgesamtheit (Normierungsstichprobe eines Tests) in Beziehung gesetzt und somit eine *relative Aussage* getätigt, zum Beispiel: Michael zeigte in einem Intelligenztest Leistungen, die einem Intelligenzquotienten (IQ) von 103 entsprechen und somit als durchschnittlich zu bewerten sind;
- anhand inhaltlicher Merkmale in eine *kategoriale Aussage* überführt.

Beispiel

Die Eltern eines sechsjährigen Kindes vermuten, dass ihr Kind hoch begabt ist und bitten den Kinderarzt oder Kinderpsychologen um eine Abklärung. Dieser führt einen Intelligenztest durch und gelangt zu folgender Aussage: das Kind zeigte Leistungen, die mit einem Intelligenzquotienten (IQ) von 120 beschrieben werden können. Aus diesem Intelligenzquotienten lassen sich weitere *relative Aussagen* ableiten, die zwangsläufig aus den Gesetzmäßigkeiten resultieren, die der Bestimmung des IQs zu Grunde liegen. So wissen wir zum Beispiel, dass einem IQ von 120 eine Leistung von ca. 1,33 Standardabweichungen oberhalb des Mittelwerts entspricht, was bedeutet, dass über 90 % aller Kinder eine schlechtere Testleistung zeigen würden (s. a. Abb. 9).

Weiter lassen sich folgende *kategoriale Aussagen* formulieren: gemäß dem üblichen Sprachgebrauch ist ein IQ von 120 als *überdurchschnittlich* zu bewerten. Der Grenzwert für eine Hochbegabung wird jedoch im Allgemeinen durch einen IQ von 130 definiert, womit dem Kind zunächst keine Hochbegabung attestiert werden kann.

An diesem Beispiel wird deutlich, dass relative und kategoriale Aussagen häufig nicht ganz unabhängig voneinander getroffen werden können. Viele klinische Entscheidungen wie zum Beispiel die Zuordnung eines Patienten zu einer klinischen Gruppe werden nach der Durchführung eines Screenings unter Zugrundelegung eines *Grenz- oder Cut-off-Werts* getroffen. Liegt ein Testergebnis vor, das jenseits einer gewissen Grenze (Cut-off) liegt, wird der Patient für *auffällig* (z. B. retardiert, aggressiv, sprachauffällig, geistig behindert) befunden, ein Testresultat oberhalb der Grenze gilt als unauffällig. Diese

Grenze ist häufig aus einer zu Grunde liegenden empirischen Verteilung abgeleitet, im Allgemeinen der Testwerteverteilung einer Normierungsstichprobe. Die Grenzwerte von Screeningverfahren orientieren sich dabei häufig entweder an Perzentilwerten oder an Streuungsmaßen, die mehr Informationen der zu Grunde liegenden Verteilung einbeziehen. Hierauf soll genauer eingegangen werden:

- *Perzentilwerte.* In Normentabellen findet man zum Beispiel das 90. oder 95. Perzentil, also die Angabe eines Testrohwerts (Ergebniswerts), der die Grenze markiert, die von 90 % oder 95 % der Personen der Normierungsstichprobe nicht überschritten wurde. Oberhalb dieser Grenze rangierten (maximal) diejenigen 10 % bzw. 5 % Personen der Normierungsstichprobe mit der stärksten Merkmalsausprägung (z. B. der höchsten Ausprägung von Aggressivität). Perzentilwerte schneiden praktisch den äußeren Rand einer Verteilung ab, und zwar unabhängig davon, wie weit dieser äußere Bereich vom Durchschnittsbereich (z. B. dem Mittelwert) entfernt liegt.
- *Differenzierte Streuungsmaße.* Solche Maße berücksichtigen stärker die *Abweichung von der Mitte der Verteilung* (z. B. Mittelwert der Normwerte). Diese Streuungsmaße (z. B. die Standardabweichung) können einerseits Auskunft darüber geben, dass sich ein Ergebniswert am Rand einer Verteilung befindet (z. B. *weit unterdurchschnittlich* ist), bieten aber zusätzlich die Möglichkeit, die Nähe zum *Durchschnittsbereich* einzuschätzen.

Beispiel

Muss eine Person in einem Leistungstest, um *weit überdurchschnittlich* abzuschneiden, sehr viel mehr Testaufgaben lösen (z. B. 17) als dies Personen im Allgemeinen tun (z. B. Durchschnittsbereich 9 bis 11 gelöste Aufgaben), oder reicht bereits eine geringere Abweichung vom Durchschnittswert (z. B. 13 gelöste Aufgaben), um ein weit überdurchschnittliches Ergebnis zu erzielen? Streuungsmaße mit einem Bezug zur Verteilungsmitte liefern somit indirekt auch Informationen über die Differenzierungsfähigkeit des Tests: Verteilt sich der Merkmalsbereich (z. B. Leistungsbereich) auf viele Testwerte (hohe Differenzierung), oder umfasst jeder mögliche Testwert ein breites Leistungsspektrum (geringe Differenzierung)?

Qualitative, scheinbar kategoriale Statusaussagen haben also häufig eine statistische Grundlage, auch wenn die Festlegung der Grenzen oft pragmatischen Erwägungen folgt: Warum die Grenze für Auffälligkeit gerade am 95. Perzentil verläuft, erschließt sich häufig aus den Angaben des Testhandbuchs nicht. Warum eine Entscheidung in der Form getroffen wurde, kann man meistens aus der *Verteilung* der Normdaten entnehmen, die sich dem Statistiker zwar oft indirekt aus den Normentabellen erschließt, den meisten Anwendern aber verborgen bleibt.

Verlaufsdiagnostik

Verlaufsdiagnosen wollen Aussagen über Stabilitäten und Veränderungen im Zeitverlauf treffen. Besonders im Kindesalter müssen bei Verlaufsmessungen aber einige Punkte bedacht werden: Ist Stabilität oder sind Veränderungen zu erwarten? Steht mir ein Erhebungsinstrument zur Verfügung, das sich für den längsschnittlichen Einsatz eignet?

Um einen Verlauf überhaupt abbilden zu können, müssen Daten zu minimal zwei Erhebungszeitpunkten erfasst werden. In jeder kinderärztlichen Praxis werden routinemäßig Körpergröße, Körpergewicht im Verhältnis zur Körpergröße sowie dem Kopfumfang im Rahmen der Vorsorgeuntersuchungen protokolliert. Natürlich wird für ein normales Wachstum erwartet, dass die Körpergröße und der Kopfumfang kontinuierlich zunehmen, aber dies erfolgt nicht in allen Entwicklungsabschnitten in gleicher Weise (in der gleichen Geschwindigkeit). Zur Bewertung der Messergebnisse stehen für jeden Erhebungszeitpunkt querschnittliche Vergleichsdaten (verschiedene Perzentilwerte) zur Verfügung, so dass plötzliche (auf die letzte Messung bezogene) und kontinuierliche (mit der Zeit allmählich zunehmende) Wachstumsstörungen erkennbar werden.

Kontinuierliche Veränderungen über die Zeit sind auch für Leistungen und Fertigkeiten zu erwarten, die im Rahmen einer Entwicklungsdiagnostik erfasst werden. Auch hier können relative, auf den Alterszeitpunkt bezogene Aussagen aus Altersnormen abgeleitet werden: Es werden die Testleistungen eines Kindes mit den Leistungen Gleichaltriger einer Normstichprobe verglichen. Eine besondere Schwierigkeit besteht jedoch darin, einen solchen Status wirklich *entwicklungsbezogen* zu interpretieren. Zwar fassen wir den Ergebniswert eines Entwicklungstests häufig retrospektiv als den zwischenzeitlichen Entwicklungsausgang oder prospektiv als die Ausgangsbedingungen für die zukünftige Entwicklung auf. Streng genommen sind solche Interpretationen jedoch spekulativ, solange nicht in Längsschnittstudien die Gültigkeit der *Verlaufsaussage* gestützt werden konnte.

Largo und von Siebenthal (1997, S. 202) weisen darauf hin, dass trotz jahrzehntelanger Bemühungen bei der Konstruktion von Entwicklungstests deren prädiktiver Wert in vielen Fällen sehr gering ist. So ist für normalentwickelte Kinder – also für Kinder, die Leistungen im Durchschnittsbereich zeigen – nur ein sehr schwacher Zusammenhang zwischen Entwicklungsquotienten in den ersten Lebensjahren und zum Beispiel dem Intelligenzquotienten im Schulalter feststellbar. Anders verhält es sich bei Extremgruppen: Liegen bei einem Kind am Ende des ersten Lebensjahres bereits deutliche Entwicklungsverzögerungen vor, wird es diese mit hoher Wahrscheinlichkeit auch im Schulalter aufweisen.

Auch die Testung zu mehreren Zeitpunkten ist anfällig für Fehlereinflüsse:

- Vor allem bei einer zeitnahen Testwiederholung sind *Lern-* oder *Übungseffekte* zu erwarten. Diese können daraus resultieren, dass ein Kind zum Beispiel die *Ergebnisse* der Aufgaben eines Intelligenztests erinnert und allein schon deshalb bei der zweiten Erhebung eine bessere Testleistung erzielt. Nach Möglichkeit sollte also eine *Parallelversion* des Tests bei einer wiederholten Erhebung Verwendung finden. Aber auch in diesem Fall können Übungseffekte wirksam werden, die allein schon aus der Kenntnis des *Aufgabentyps* resultieren. Diese wiederum können für bestimmte Zeitabstände und bezogen auf bestimmte Stichproben durch den Testentwickler untersucht und somit bei der Auswertung kontrolliert werden. Lienert und Raatz (1998, S. 297) gehen jedoch davon aus, dass nur bei kurzfristiger Wiederholung ein bedeutsamer Wiederholungsgewinn zu verzeichnen ist, ohne dabei „kurzfristig" zu präzisieren. Im Allgemeinen werden *sechs Monate Abstand* zwischen zwei Testzeitpunkten als hinreichend betrachtet, um Lerneffekte weitgehend auszuschalten.

- Weiter ist bei einem wiederholten Testeinsatz zu verschiedenen Zeitpunkten die Validität (Angemessenheit) des Verfahrens für die verschiedenen Alterszeitpunkte sicherzustellen. Dies kann für das Kindesalter von besonderer Bedeutung sein. Testaufgaben, deren Lösung bei jüngeren Kindern kreative Denkleistungen erfordern, können unter Umständen von älteren Kindern durch Erfahrung und Routine gelöst werden. Somit messen also die gleichen Aufgaben unter Umständen zu verschiedenen Alterszeitpunkten Leistungen, die auf unterschiedliche Art erbracht wurden und bilden dann etwas anderes als eine möglicherweise diagnostisch anvisierte Entwicklungsreihe ab: Statt zeitgebundener qualitativer Veränderungen wird lediglich ein Leistungszuwachs erfasst.
- Ein weiteres Problem bei der längsschnittlichen Untersuchung liegt vor, wenn das getestete Kind zu den verschiedenen Erhebungszeitpunkten jeweils an Normen beurteilt wird, die nicht von ein und derselben Altersgruppe (Kohorte) stammen. Es ist üblich, dass zum Beispiel die Normen für verschiedene Altersgruppen eines Intelligenztests zeitgleich an Kindern verschiedenen Alters erhoben werden. Somit liegen dann verschiedene *querschnittlich* erhobene Normen vor, die nicht ohne weiteres zu Entwicklungsreihen kombiniert werden dürfen. Hierzu ein Beispiel:

Beispiel

Dieter wurde 1950 geboren. Als Kind spielte er viel auf dem Bürgersteig vor der Haustür. Zu seinen bevorzugten Spielzeugen gehörten mit drei Jahren ein Steckenpferd, mit vier Jahren ein Holzroller und mit fünf Jahren Rollschuhe.

Kevin wurde 1990 geboren. Auch er spielte viel auf der Straße. Seine bevorzugten Spielzeuge waren mit drei Jahren ein Rutscheauto (Bobbycar), mit vier Jahren ein Tretauto (Kettcar) und mit fünf Jahren ein Fahrrad mit Stützrädern.

Dieter nahm im Jahr 1955 an der Normierung eines Motoriktests teil, den auch Kevin in den Jahren 1992 bis 1995 jährlich einmal absolvierte. Dabei wurden für Kevin unter Orientierung an den Normen von 1955 nur unterdurchschnittliche Leistungen im Bereich solcher Fertigkeiten gemessen, die durch Gleichgewichtskontrolle beeinflusst sind. Weiter vergrößerte sich Kevins Abstand vom Altersdurchschnitt mit zunehmendem Alter, also von Testung zu Testung, immer weiter. In einem aktuellen Motoriktest (Normierung 1992) zeigte Kevin aber Leistungen, die sogar im oberen Durchschnittsbereich angesiedelt sind.

Bei der Interpretation dieser zunächst widersprüchlichen Ergebnisse ist zu berücksichtigen, dass Dieter und Kevin in Bezug auf ihr Spielzeug unterschiedlichen Entwicklungsbedingungen ausgesetzt waren. Die Spielgewohnheiten und das eher typische Spielzeug der Kinder aus der Kohorte von Dieter war der Entwicklung der Gleichgewichtskontrolle viel förderlicher als heutige Spielgewohnheiten und als es das eher heute verbreitete Spielzeug von Kevin ist. Somit waren die durchschnittlichen motorischen Leistungen der Kinder in den 50er Jahren zu jedem Alterszeitpunkt besser als heute. Die verschiedenen Kohorten zeigten aber auch *andere Entwicklungsverläufe:* die Differenz der motorischen Leistungen zwischen den Kindern aus Dieters Kohorte und den Kindern aus Kevins Kohorte wächst mit zunehmendem Alter.

Solche Effekte können auch bei zeitlich näher zusammenliegenden Kohorten auftreten. Im Allgemeinen werden sie aber bei der zeitlich parallelen (auf mehrere Querschnitte zurückgehenden) Normierung verschiedener Altersgruppen eines Tests nicht kontrolliert.

2.4 Gütekriterien für psychologische Tests

Um eine wissenschaftliche Diskussion darüber führen zu können, wie gut ein Test ist, benötigt man allgemein akzeptierte Kennwerte von Testverfahren, anhand derer sich jeder Test untersuchen und einschätzen lässt. Hier lässt sich zunächst eine Unterscheidung der *Hauptgütekriterien* von den *Nebengütekriterien* vornehmen. Die Hauptgütekriterien beziehen sich auf die

- Objektivität,
- Reliabilität und
- Validität;

die wichtigsten Nebengütekriterien sind die

- Testfairness,
- Ökonomie,
- Verfügbarkeit von Normen und
- Nützlichkeit

eines Tests. Es bestehen Konventionen darüber, in welcher Form und in welchem Ausmaß die Testgütekriterien untersucht und diese Angaben dann im Testhandbuch auch dokumentiert sein sollten. Als maßgeblich in diesen Belangen können für den deutschen Sprachraum die „Standards für pädagogisches und psychologisches Testen" (Häcker, Leutner & Amelang, 1998) angesehen werden. Die Möglichkeiten, die Gütekriterien eines Verfahrens zu bestimmen, sind stark abhängig vom Aufbau und von den Eigenschaften eines Tests. Nicht jeder Test ist in der gleichen Art der Überprüfung der Gütekriterien überhaupt zugänglich.

2.4.1 Hauptgütekriterien psychologischer Tests

Die drei Hauptgütekriterien eines Tests stehen in einer Beziehung zueinander. Ein guter Test sollte zwar alle drei Hauptgütekriterien erfüllen, ihre *Überprüfung* empfiehlt sich jedoch in einer bestimmten Reihenfolge. Zwischen den Hauptgütekriterien besteht folgende Beziehung: Objektivität bildet eine notwendige, wenn auch nicht hinreichende Voraussetzung für die Reliabilität; Reliabilität ist eine notwendige, wenn auch nicht hinreichende Voraussetzung für die Validität. Ein Test, der nicht objektiv ist, kann nicht reliabel und nicht valide sein. Und einem Test, der zwar objektiv, nicht aber reliabel ist, kann ebenso ohne weitere Überprüfung die Validität abgesprochen werden. Genau so ist es auch möglich, dass ein Test ein Merkmal zwar sehr objektiv und sehr reliabel, aber nicht valide erfasst.

Objektivität

Die Objektivität eines Tests gibt an, inwieweit das Ergebnis eines Tests unabhängig davon ist, wer den Test durchführt. Im Idealfall sollte jeder Testanwender mit einem bestimmten Testverfahren bei ein und derselben Testperson zum identischen Ergebnis kommen. Das Ausmaß der Objektivität eines Tests lässt sich zahlenmäßig anhand von Übereinstimmungsmaßen ausdrücken. Üblicherweise wird diese Übereinstimmung so erfasst, dass verschiedene Diagnostiker eine bestimmte Anzahl von Personen mit einem bestimmten Test untersuchen und die Art der Testdurchführung sowie die erhobenen Befunde auf Zusammenhänge überprüft werden. Hierzu eignen sich in erster Linie Korrelationsmaße. Auf diese Weise kann die Ähnlichkeit zwischen den einzelnen Befunden der verschiedenen Diagnostiker als statistischer Zusammenhang (mit einem Wertebereich von 0 = keine Übereinstimmung bis 1 = vollkommene Übereinstimmung*) ausgedrückt werden; oft wird die Übereinstimmung auch in Prozentangaben referiert (z. B. eine Korrelation von .88 entspricht einer Übereinstimmung von 88 %). Dies bedeutet jedoch nicht unbedingt, dass 88 % aller Diagnostiker zu dem gleichen Endergebnis kommen, sondern häufig eher, dass über die Gesamtheit aller mit der kompletten Testanwendung verbundenen *Entscheidungen* von verschiedenen Diagnostikern überwiegend (in 88 % der Fälle) ähnliche Entscheidungen getroffen werden.

Es lassen sich drei Aspekte der Objektivität unterscheiden: Durchführungs-, Auswertungs- und Interpretationsobjektivität. Die *Durchführungsobjektivität* bezieht sich auf die Unabhängigkeit der Testdurchführung von Besonderheiten, die der Diagnostiker in die Testsituation einbringt und die die Testleistung beeinflussen. Auf eine hohe Durchführungsobjektivität lässt sich dadurch hinwirken, dass die Testsituation so weit wie möglich standardisiert wird. Dies bezieht sich unter Umständen bereits auf die Räumlichkeiten oder das Mobiliar, ganz besonders aber auf verwendete Materialien und auf die Instruktionen. Dabei ist tendenziell die soziale Interaktion zwischen dem Diagnostiker und dem Kind auf ein Minimum zu reduzieren, auch wenn eine natürliche Form des Umgangs zwischen Arzt und Patient gleichwohl unbedingt wünschenswert ist. In der Regel wird eine ungünstige Interaktion (wie z. B. ungünstige Reaktionen auf richtige und falsche Testleistungen) zu unerwünschten Nebenwirkungen führen, zum Beispiel die Testmotivation ungünstig beeinflussen und somit die ermittelten Ergebnisse verzerren.

Die *Auswertungsobjektivität* bezieht sich zunächst auf die Überführung einer erbrachten Leistung oder eines beobachteten Verhaltens in eine Ergebniskategorie (z. B. „richtig“ vs. „falsch“, „gelöst“ vs. „nicht gelöst“, „vorhanden“ oder „nicht vorhanden“) sowie im Anschluss daran auf die Zuordnung zu Werten (z. B. Punktwerte, Summenwerte oder weiter transformierte Ergebniswerte). Um die Auswertungsobjektivität sicher zu stellen, muss die Auswertung *regelgeleitet* erfolgen. Eine hohe Auswertungsobjektivität wird erreicht, wenn eindeutige Zuordnungen von Leistungen oder Verhaltensweisen vorgenommen werden können. Dies ist in der Regel der Fall, wenn die Testaufgaben so konstruiert sind, dass das zu erfassende Verhalten (die Leistung) einfach zu beobachten ist und eine präzise Zuordnung der Leistungen zu einfachen Antwortkategorien (z. B. richtig oder falsch)

* Statistische Zusammenhänge von –1 (vollständig gegenläufige „Übereinstimmung“) sind zwar theoretisch möglich, kommen aber praktisch nicht vor.

vorgenommen werden kann. Je weniger standardisiert die Antwortmöglichkeiten (z. B. freie Antwortformulierung oder projektive Tests) vorgegeben sind, das heißt je größer der Beurteilungsspielraum des Auswerters gehalten ist, desto größer ist die Wahrscheinlichkeit einer unzureichenden Übereinstimmung verschiedener Diagnostiker.

Die *Interpretationsobjektivität* bezieht sich auf die Unabhängigkeit der Befundformulierung vom Diagnostiker. Sie ist praktisch dann vollkommen gegeben, wenn gleiche Ergebnisse auch immer zu gleichen Schlüssen führen. Ein Test ist dann vollkommen objektiv, wenn ein Normenvergleich vorgenommen werden kann, der Bewertungen an einer Testwertskala und somit eindeutige Aussagen wie „unauffällig", „weit unterdurchschnittlich" oder auch daraus abgeleitet „klinisch auffällig" ermöglicht. Wenn die Aussage über die untersuchte Person nicht eindeutig erfolgen kann, weil bereits die Menge und Unterschiedlichkeit der möglichen Lösungen keine scharf abgegrenzten Befundkategorien zulässt, verringert dies zwangsläufig die Objektivität. In solchen Fällen kann eine möglichst umfangreiche und detaillierte Anleitung zur Interpretation (im Testhandbuch) diesem Objektivitätsverlust entgegen wirken.

Reliabilität

Die Reliabilität (Zuverlässigkeit) eines Tests gibt seine Messgenauigkeit an, unabhängig davon, ob er auch tatsächlich das misst, was er zu messen vorgibt. Die Reliabilität beschreibt also das Ausmaß, in dem das Testergebnis frei von Messfehlern ist. Ein Test ist dann vollkommen reliabel, wenn das Ergebnis die untersuchte Eigenschaft der Person genau und fehlerfrei beschreibt. Prinzipiell sind verschiedene Aspekte von Reliabilität überprüfbar – auch wenn nicht alle diese Aspekte bei jedem Test untersucht werden können. In aller Regel werden die Aspekte der Reliabilität durch Koeffizienten ausgedrückt, die üblicherweise einen Wertebereich zwischen 0 und 1 aufweisen, wobei hohe Werte auf eine große Messgenauigkeit deuten. Dabei ist zu beachten, dass den verschiedenen Reliabilitätsaspekten bei verschiedenen Tests unterschiedliche Bedeutung zukommen kann.

Die *Retest-Reliabilität* oder auch Testwiederholungsgenauigkeit ermittelt man über die wiederholte Testung einer Person mit dem gleichen Test. Es wird die Übereinstimmung der Ergebnisse ermittelt und als Korrelation ausgedrückt. Die Überprüfung der Retest-Reliabilität setzt (besonders bei Leistungstests) einen hinreichend großen zeitlichen Abstand zwischen den beiden Testzeitpunkten voraus, da ansonsten Lerneffekte eintreten können: Bereits einmal bearbeitete Aufgaben oder Aufgabenteile werden unter Umständen erkannt, die bei der ersten Testung erworbenen Lösungsstrategien sind noch präsent oder im noch ungünstigeren Fall werden Aufgabenlösungen erinnert. Um für Leistungstests ab dem Kindergartenalter den Einfluss von Lerneffekten bei der Reliabilitätsprüfung hinreichend gering zu halten, sollten die Testzeitpunkte zumindest drei, besser sechs Monate auseinander liegen. Weiter ist jedoch darauf zu achten, dass das erfasste Merkmal über die Zeit hinreichend stabil ausgeprägt ist, der Test also zu beiden Messzeitpunkten auch das Gleiche messen sollte. Besonders im Kindesalter ist von vielfältigen Veränderungen auszugehen, und zwar sowohl in Bezug auf den *quantitativen Leistungszuwachs* im Entwicklungsverlauf als auch in Bezug auf *qualitative Veränderungen* hinsichtlich der Art und Weise der Durchführung einer Testaufgabe: Die gleiche Leistung wird zu verschiedenen Alterszeitpunkten unter Umständen entwicklungsbedingt auf eine andere Art und Weise erbracht. Solche Veränderungen in der Zeit können zum Beispiel auf Interventionen zurück gehen.

Die *Paralleltest-Reliabilität* wird über die Testung einer Personenstichprobe mit zwei streng vergleichbaren, aber verschiedenen Testversionen (Paralleltests) erhoben und die Übereinstimmung der Ergebnisse dann als Korrelation ausgedrückt. Nur für sehr wenige Testverfahren liegen jedoch tatsächlich Parallelversionen vor. Lern- und Gedächtniseffekte können allerdings auch auftreten, wenn die Parallelversionen eines Tests nur ähnlich sind.

Eine weitere Möglichkeit, die Messgenauigkeit zu bestimmen, ergibt sich aus der Berechnung der *internen Konsistenz*. Die interne Konsistenz drückt das Ausmaß aus, in dem die einzelnen *Testteile* auch wirklich das Gleiche messen. Ein erster Weg zur Gewinnung eines Konsistenzmaßes besteht in der Bestimmung der *Testhalbierungs-Reliabilität* (auch Splithalf-Reliabilität, Äquivalenz). Es werden Testergebnisse an einer Stichprobe erhoben und die Aufgaben nach inhaltlichen Kriterien in zwei möglichst gleiche *Testhälften* zerlegt. Überprüft wird, inwieweit die Ergebnisse der Personen in jeder der beiden Testhälften übereinstimmen. In Bezug auf eine weiter gehende *Konsistenzanalyse* ist es möglich, den Test nacheinander in alle überhaupt möglichen Testhälften zu zerlegen und die gemittelte Reliabilität über alle möglichen Testhalbierungen zu bestimmen.

Ein anderer Weg der Konsistenzanalyse besteht in der Zerlegung des Tests in seine „kleinsten" Teile, also seine einzelnen Aufgaben, und es wird dann jede Aufgabe praktisch wie ein Paralleltest behandelt und die gemittelte Korrelation zwischen den einzelnen Testaufgaben bestimmt. Besonders in Bezug auf heterogene Tests ist zu beachten, dass prinzipiell keine sehr hohe Konsistenz zu erwarten ist. Ein Test, der in einer gewissen Bandbreite die Aspekte eines komplexen Merkmals (z. B. Hyperaktivität) erfassen möchte, wird hierfür auf Aufgaben zurückgreifen, die zwar *ähnliche, aber auch hinreichend unterschiedliche* Aspekte erfassen (z. B. aufmerksamkeitsbezogene, motorikbezogene sowie impulsivitätsbezogene Aufgaben). In solchen Fällen kann die interne Konsistenz dem Anwender durchaus ein Gespür für die Messgenauigkeit vermitteln, jedoch muss in solchen Fällen die Höhe eines Konsistenzmaßes vorsichtig interpretiert werden.

Ein Maß, das unmittelbar zur Reliabilität in Beziehung steht, ist der *Standardmessfehler*. Der Standardmessfehler drückt den Anteil an der Streuung der Testwerte aus, der auf mangelnde Reliabilität zurückzuführen ist. Je größer der Standardmessfehler eines Tests ausfällt, desto geringer ist seine Messgenauigkeit. Um dem Anwender ein Orientierungsmaß an die Hand zu geben, werden häufig für bestimmte Testwerte *Vertrauensintervalle* (Konfidenzintervalle) angegeben. Hierzu ein Beispiel: Ein Kind erreicht auf einer Intelligenzskala einen Punktwert (Testwert) von 17, das Testhandbuch weist zu diesem Testwert von 17 ein 95 %-Vertrauensintervall aus, das den Wertebereich von 15 bis 19 Punkten umfasst. In Bezug auf die Genauigkeit des Ergebnisses lässt sich somit sagen: Bei 17 erreichten Punkten liegt die tatsächliche Fähigkeit des Kindes mit einer Wahrscheinlichkeit von 95 % irgendwo im Wertebereich von 15 bis 19 Punkten, mit einer Wahrscheinlichkeit von 5 % liegt die tatsächliche Fähigkeit des Kindes jedoch außerhalb dieses Bereichs.

Validität

Die Validität (Gültigkeit) eines Tests gibt an, ob dieser auch tatsächlich das misst, was er zu messen beabsichtigt. Dazu muss er natürlich objektiv und genau sein, aber das allein ist noch nicht ausreichend: Ein Intelligenztest sollte zum Beispiel nicht schwerpunktmäßig Konzentrationsfähigkeit oder Testangst erfassen. Ähnlich wie bei der Reliabilität kann nicht im eigentlichen Sinne von „der" Validität eines Tests gesprochen werden, denn kein Test ist in jeder Situation und bezogen auf alle möglichen Fragestellungen gleich valide. Ein Intelligenztest mag zum Beispiel innerhalb gewisser Grenzen *prognostische Aussagen* erlauben, zum Beispiel dahin gehend, dass unter bestimmten Bedingungen ein Jahr nach einer Testung mit hoher Wahrscheinlichkeit eine Schwankung des IQ-Werts von maximal zehn Punkten zu erwarten ist. Dies aber muss längst nicht in jedem Fall zutreffend sein. Vielleicht bezieht sich diese Aussage lediglich auf unauffällige Kinder (z. B. IQ zwischen 85 und 115), deren Lebensumstände sich in diesem Zeitraum nicht ändern. Für Kinder mit einer leichten geistigen Behinderung kann aber vielleicht auf Grund der geringeren Messgenauigkeit des Verfahrens in diesem Leistungsbereich eine solch präzise Voraussage nicht vorgenommen werden.

Ein wesentlicher Aspekt der Verfahrensgültigkeit ist die *inhaltliche Validität* (Augenscheinvalidität, logische Validität). Ein Test ist dann inhaltlich valide, wenn er das zu erfassende Merkmal präzise erfasst und im Idealfall selbst das optimale Kriterium darstellt. Ein klinisch orientierter Lese-Rechtschreib-Test für Zweitklässler zum Beispiel sollte demnach eine Lese- sowie eine Schreibprobe beinhalten, die in ihren Inhalten und ihren Schwierigkeiten nach gängigen Lehrplänen ausgerichtet sind und idealerweise solche Buchstaben-, Laut- und Wortkombinationen enthalten, die sensitiv für bekannte Formen von Lese- und Rechtschreibstörungen sind. Die inhaltliche Validität wird einem Test über das Expertenurteil zugebilligt und beruht somit auf subjektiven Einschätzungen, die nicht numerisch bestimmt werden sollten.

Die *Konstruktvalidität* gibt an, ob und inwieweit mit einem Test abgeleitete Hypothesen bestätigt werden können. Um Konstruktvalidität zu bestimmen, müssen Fragestellungen formuliert und empirisch überprüft werden. Wenn zum Beispiel von ängstlichen Kindern bekannt ist, dass sie Tendenzen zu sozialer Unsicherheit, sozialem Rückzug und verringertem Selbstwertgefühl zeigen und situationsgebunden eine erhöhte Ausschüttung von Stresshormonen aufweisen, so müsste die Konstruktvalidierung eines Angstfragebogens für Kinder genau diese Aspekte abklären: Es ist zu prüfen, ob die Kinder, die in diesem Fragebogen einen hohen Testwert erreicht haben und somit als ängstlich einzustufen sind, tatsächlich auch sozial zurückgezogen leben und ein geringes Selbstwertgefühl zeigen und ob sich Stresshormone vermehrt nachweisen lassen. Diese oft sehr spezifischen Validitätsaspekte eines Tests können häufig anhand von Studien überprüft und in statistischen Zusammenhängen dargestellt werden. Üblicherweise wird dabei die *konvergente Validität* (es bestehen Zusammenhänge mit Außenmerkmalen, die auch zu erwarten sind) von der *diskriminanten Validität* (es bestehen *keine* Zusammenhänge mit Außenmerkmalen, mit denen auch *keine Zusammenhänge zu erwarten* sind) unterschieden: Identifiziert beispielsweise ein Test zur Erkennung von Aufmerksamkeitsbeeinträchtigungen und Hyperaktivität auch tatsächlich Kinder mit verringerter Aufmerksamkeitsdauer, unstrukturierter Handlungsweise, motorischer Unruhe und Impulsivität (konvergente Validität) und werden gleichzeitig Kinder mit zum Beispiel angstbezogener Symptomatik mit diesem Test erwartungskonform *nicht identifiziert* (diskriminante Validität)? Es ist dabei nicht möglich, „die" Konstruktvalidität mit einer Maßzahl auszudrücken.

Die *Kriteriumsvalidität* oder auch kriterienbezogene Validität richtet sich auf die Übereinstimmung der Ergebnisse eines Tests mit korrespondierenden Merkmalen. Um die kriterienbezogene Validität eines Motoriktests zu überprüfen, könnten zum Beispiel als ein *Außenkriterium* die Ergebnisse eines anderen Motoriktests erhoben und die Korrelation zwischen den verschiedenen Testergebnissen ermittelt werden. Andere denkbare Außenkriterien für die motorische Leistung könnten zum Beispiel die aktuelle Schulnote im Sportunterricht (Übereinstimmungsvalidität) oder die Schulnote im folgenden Schuljahr sein (prädiktive Validität).

Vielfach ist jedoch kein angemessenes Außenkriterium bestimmbar oder es liegen zwar konzeptnahe Außenkriterien vor, mit denen aber kein sehr hoher statistischer Zusammenhang zu erwarten ist. Ein Beispiel dazu:

Beispiel

Ein neuer Intelligenztest erfasst die Intelligenzleistung auf der Grundlage eines hochaktuellen Intelligenzkonzepts und stellt somit nach inhaltlichen Gesichtspunkten (inhaltliche Validität) das zunächst einzige Kriterium für diesen neuen Ansatz dar. Die Testautoren vermuten, dass zu anderen bereits etablierten Intelligenztests durchaus Überschneidungen zu erwarten sind, jedoch auch bedeutsame Unterschiede bestehen. In diesem Fall würden vielleicht *mittlere Korrelationen* zwischen den Testwerten der verschiedenen Verfahren die Annahmen der Autoren zunächst stützen und als Validitätshinweise ausgelegt werden können.

An diesem Beispiel wird darüber hinaus deutlich, dass die Überprüfung der Konstruktvalidität und der kriterienbezogenen Validität oft nicht strikt voneinander getrennt werden kann.

2.4.2 Nebengütekriterien psychologischer Tests

Während die Hauptgütekriterien für einen Test zentral sind, lassen sich eine Anzahl weiterer Gütekriterien formulieren, denen je nach Art und Anwendungsbereich des Verfahrens eine begrenzte Bedeutung zukommen kann. Die im Folgenden beschriebenen Aspekte werden dabei üblicherweise nicht in Maßzahlen ausgedrückt.

Ein wesentlicher Punkt besteht in der *Testfairness*. Darunter wird verstanden, dass verschiedene Personen unabhängig von ihrer ethnischen oder sozialen Herkunft und unabhängig von nicht-testrelevanten Eigenschaften den Test unter gleichen Bedingungen absolvieren können. Ein wichtiger Aspekt der Testfairness bezieht sich auf seine *Kulturunabhängigkeit*. Ein Intelligenztest, der Testaufgaben mit Bezug auf Personen, Gegenstände oder Gebäude (auf Fotografien) eines bestimmten Kulturkreises (z. B. westliche Hemisphäre) enthält, bietet Personen anderer Herkunft (z. B. Ostasiaten) erschwerte

Bedingungen bei der Bearbeitung. Ein insbesondere im Kindesalter deutlich wirksamer Effekt kann aus der *Sprachgebundenheit* von Tests resultieren, wie sie bei der überwiegenden Mehrzahl der Intelligenz- und Leistungstests gegeben ist. In aller Regel müssen dort verbale Instruktionen aufgenommen und verarbeitet oder aber Testleistungen unter Rückgriff auf Sprachproduktion erbracht werden. So ist bei Kindern, die an isolierten Sprachstörungen leiden (ca. 5 %), und bei zweisprachig aufwachsenden Kindern (in Deutschland mehr als 10 %), eine faire Leistungsdiagnostik nicht gegeben, das heißt, die Intelligenz droht unterschätzt zu werden.

Ein weiterer Aspekt der Testgüte betrifft die *Ökonomie*. Ein Test sollte in kurzer Zeit und mit geringem Aufwand erlernbar, durchführbar und auswertbar sein. Die Durchführungsökonomie ist vor allem bei Gruppentests und Screenings gegeben.

Auch die *Verfügbarkeit von Normen* kann als ein Gütekriterium angesehen werden; dadurch lassen sich individuelle Testergebnisse leicht einordnen. So werden prinzipiell die Ergebnisse verschiedener Tests vergleichbar. Im klinischen Einsatz ist ein Test ohne Normen oft nur sehr eingeschränkt brauchbar. Sehr hilfreich sind neben Gesamtnormen auch Gruppennormen, etwa geschlechtsspezifische Normen oder Normen für bestimmte klinische Gruppen oder Kinder mit Deutsch als Fremdsprache.

Nützlichkeit wird einem Test dann attestiert, wenn ein praktischer Bedarf für das Verfahren besteht. Ein weiterer Aspekt der Nützlichkeit ist dann gegeben, wenn das, was ein Test misst, nicht ebenso gut oder besser (z. B. ökonomischer) mit einem anderen Verfahren erfasst werden kann.

2.5 Skalen und Verteilungen

Eine *Skala* bezeichnet zunächst das einer Messung zu Grunde liegende Bezugssystem. Eine Skala stellt somit Kategorien zur Verfügung, die einer Messung zugeordnet werden können. Skalen finden wir zum Beispiel in Form der Kategorien „männlich" und „weiblich" bei der Erfassung des Geschlechts, in Schuhgrößen als Kategorien zum Ausdruck von Fußgröße oder in Zentimeterwerten als Kategorien zur Längenmessung.

Unter einer *Verteilung* versteht man zunächst die Wiedergabe der *Häufigkeiten* von Messwerten, die sich auf bestimmte Ausprägungen eines Merkmals auf einer Skala beziehen. Hierzu ein Beispiel: Eine Symptomcheckliste zur Aggressivität umfasst acht Symptome. Werden nun 100 Kinder anhand dieser Checkliste beurteilt, so könnte über die Anzahl der Symptome pro Kind eine Gruppenbildung erfolgen (vgl. Abb. 4).

Die Verteilung in Abbildung 4 lässt sich wie folgt beschreiben: Vergleichsweise wenige Kinder zeigen keine Symptome, etwas häufiger treten ein oder zwei Symptome auf, noch etwas häufiger drei Symptome, vier Symptome zeigen sich am häufigsten; im Weiteren nimmt die Häufigkeit mit zunehmender Symptomzahl kontinuierlich ab.

Solche empirischen (aus Beobachtungen gewonnenen) Verteilungen lassen sich in verschiedener Weise statistisch betrachten. Dabei werden häufig auch bestimmte *Annahmen* über die Eigenschaften der Verteilung gemacht, die sich auf die Aussagemöglichkeiten von Normwerten auswirken.

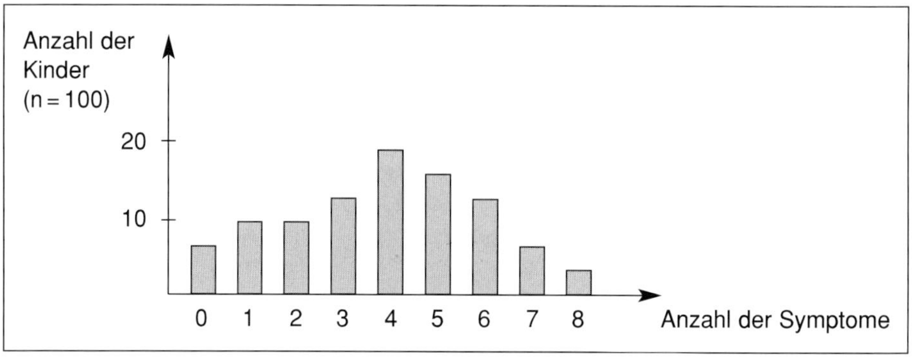

Abbildung 4: Checkliste zur Aggressivität: Empirische Verteilung der Anzahl der Symptome.

Aus dem Beispiel (vgl. Abb. 4) könnte man den Schluss ziehen, dass Aggressivität in der Gesamtbevölkerung nicht gleichmäßig verteilt ist, sondern dass moderate Aggressivität relativ häufig vorkommt, während die Randbereiche (wenig bzw. viel Aggressivität) seltener sind. Sollte diese Beobachtung im besonderen Fall (Stichprobe von 100 Kindern) auf die Allgemeinheit (z. B. alle Kinder in Deutschland) übertragen werden, könnte dies in etwa lauten: Das Merkmal Aggressivität ist innerhalb gewisser Grenzen im Kindesalter kontinuierlich verteilt, das gesamte Spektrum von „wenig aggressiv“ bis „sehr aggressiv“ ist vorhanden, wobei der mittlere Bereich häufiger anzutreffen ist als die Randbereiche. Idealisiert lassen sich diese Annahmen als Kurve darstellen (vgl. Abb. 5).

Ein erster Unterschied zwischen den beiden Abbildungen besteht darin, dass im Fall der theoretischen Verteilung mehr graduelle Unterschiede möglich sind. Anstelle von nur neun möglichen Werten (entsprechend der Anzahl erhobener Symptome) sind hier theoretisch unendlich viele Ausprägungen von Aggressivität denkbar.

Eine theoretische Verteilung nähert sich aber auch häufig gewissen Idealformen an, von denen eine Vielzahl von Eigenschaften bekannt ist. Die Bekannteste unter ihnen ist die *Normalverteilung*, auch Gauß'sche Glockenkurve genannt (s. Abb. 6, s. a. Abb. 9). Viele empirische Verteilungen, so wie sie sich zum Beispiel aus den Normdaten von Tests

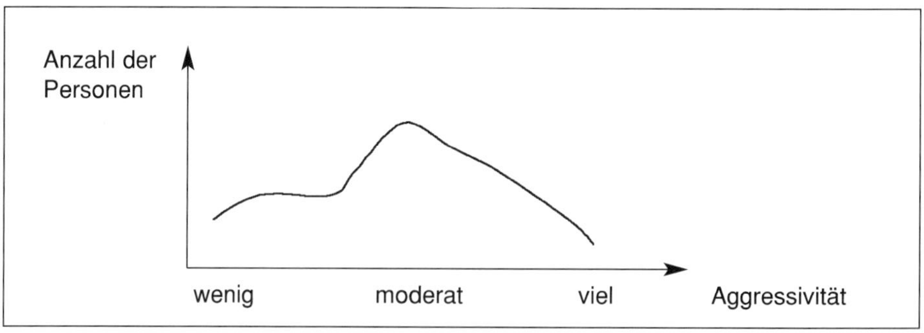

Abbildung 5: Hypothetische Verteilung der Gesamtbevölkerung über das Spektrum der Aggressivität.

ergeben, kommen dieser idealisierten Verteilung recht nahe, so dass die Testautoren implizit von dieser Verteilung ausgehen und mit den Normwerten dann entsprechend argumentieren. Mit statistischen Verfahren lässt sich überprüfen, ob sich eine empirische Verteilung tatsächlich hinreichend der Normalverteilung annähert. Im Rahmen der Dokumentationspflicht von Testautoren ist zu erwarten, dass solche Überprüfungen auch vorgenommen und entsprechend referiert werden. Viele standardisierte Ergebniswerte setzen die Normalverteilung des erfassten Merkmals voraus, so zum Beispiel ein Intelligenzquotient oder ein Entwicklungsquotient.

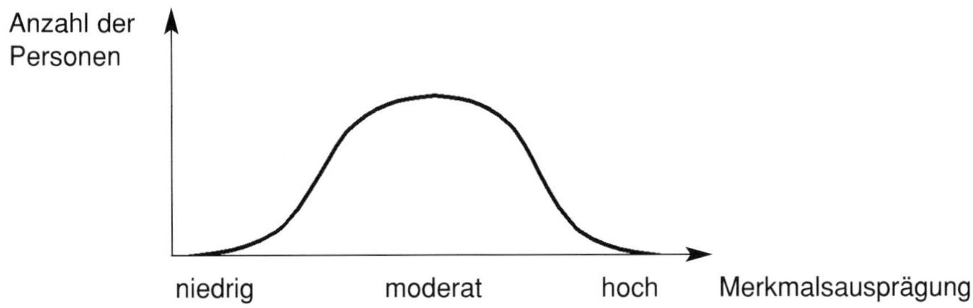

Abbildung 6: Form der Normalverteilungskurve (angenähert).

Um jedoch eine empirische Verteilung (z. B. die Verteilung der Rohwerte bei der Normierung eines Tests) überhaupt in eine Normalverteilung überführen zu dürfen, sind auch bestimmte Eigenschaften der Rohwerte notwendig. Hierzu ein Beispiel:

Beispiel

Ein Kurztest zur Erfassung von Hyperaktivität weist zehn Fragen auf, die mit „ja" oder „nein" beantwortet werden können. Ein „ja" wird dabei immer als Hinweis in Richtung einer hyperkinetischen Störung bewertet. Die Vorschrift zur Auswertung und Interpretation besagt nun: „Addieren Sie die Ja-Antworten, so erhalten Sie einen Punktwert, der das Ausmaß an Hyperaktivität angibt." Dies bedeutet also, dass eine niedrige Punktzahl (wenige Ja-Antworten) auf eine geringer ausgeprägte, viele Punkte auf eine höher ausgeprägte Hyperaktivität deuten. Dies klingt zwar auf den ersten Blick plausibel, setzt aber voraus, dass den Antworten auch in etwa eine ähnliche *Wertigkeit* zukommt. Wenn zum Beispiel fünf Fragen aus dem Test mit „ja" beantwortet werden, so muss das nach der Interpretationsvorschrift grundsätzlich bedeuten, dass dies auf stärker ausgeprägte Hyperaktivität hinweist als wenn nur vier Fragen mit „ja" beantwortet wurden, unabhängig davon, *welche* Fragen dies sind. Dabei ist es aber durchaus denkbar, dass die Fragen unterschiedlich starke Indikatoren für Hyperaktivität darstellen: So mag zum Beispiel *nach inhaltlichen Kriterien* schon die Ja-Beantwortung der Fragen 2 und 8 stärker auf Hyperaktivität deuten als die Ja-Beantwortung der Fragen 4, 5, 7 und 10, auch wenn dies durch die Punktzahl nicht abgebildet wird.

Setzen wir nun einmal voraus, in dem Beispiel sei der Hyperaktivitätstest so sorgfältig konstruiert, dass das beschriebene Problem nicht auftritt, und somit also ein Punktwert „3" im psychologischen Sinn grundsätzlich „mehr als 2", „4" grundsätzlich „mehr als 3" oder „8" grundsätzlich „mehr als 7" ist. In diesem Fall wäre bereits eine Voraussetzung erfüllt, um eine empirische (z. B. Normwerte-)Verteilung in die Standardnormalverteilung zu überführen: Die Punktwerte befinden sich auf dem Niveau einer *Ordinalskala*. Dies bedeutet nichts anderes, als dass zwischen den Punktwerten eine Ordnungsbeziehung besteht, die durch die Zahl ausgedrückt ist: „10" ist mehr als „9", „9" ist mehr als „8" und letztlich „1" ist mehr als „0".

Das Vorliegen einer Ordinalskala bildet eine notwendige Voraussetzung dafür, Normwerte in eine Normalverteilung zu überführen. Hierzu greifen wir noch einmal das obige Beispiel auf.

Beispiel

Es haben drei Kinder den Hyperaktivitätsfragebogen bearbeitet: Alexander hat drei Fragen, Benjamin hat fünf Fragen und Cedrik hat sieben Fragen mit „ja" beantwortet. Gemäß der Auswertungs- und Interpretationsvorschriften weist also Alexander die geringste, Cedrik die höchste Ausprägung von Hyperaktivität auf. Eine Frage, die nun von Interesse sein könnte, lautet wie folgt: „Benjamin hat zwei Punkte mehr erzielt als Alexander, Cedrik wiederum zwei Punkte mehr als Benjamin. Wenn man davon ausgeht, dass Benjamin um das Ausmaß X hyperaktiver ist als Alexander, kann auch davon ausgegangen werden, dass Cedrik um dasselbe Ausmaß X hyperaktiver ist als Benjamin und also dann um das doppelte Ausmaß wie Benjamin, also zwei mal X hyperaktiver als Alexander?"

Auf den ersten Blick wird dies zumindest suggeriert: Da „4" das Doppelte von „2" ist, drohen wir uns schnell von den Gesetzmäßigkeiten der Arithmetik beeinflussen zu lassen. In unserem Beispiel handelt es sich bei den Zahlen nicht um Elemente der Arithmetik, sondern um die *Ergebnisse einer Messung*. Die Skala (Anzahl der Ja-Antworten) mit den möglichen Werten von 0 bis 10 weist zwar bislang bereits ähnliche Eigenschaften auf (je größer der Zahlenwert, desto höher die Ausprägung von Hyperaktivität), aber es kann deshalb noch nicht davon ausgegangen werden, dass die Zahlenwerte ähnlich der Zentimeteranordnung auf einem Lineal auch alle den gleichen Abstand voneinander haben (= Intervallskalenniveau).

Das *Intervallskalenniveau* ist aber Voraussetzung, um bestimmte Transformationen, wie sie vielen Ergebniswerten von Tests zu Grunde liegen, überhaupt durchführen zu dürfen. Vielfach gehen Testautoren davon aus, dass ein Intervallskalenniveau und somit bestimmte metrische Eigenschaften vorliegen. Genau in dieser Entscheidung besteht jedoch häufig eine Unschärfe, und der Anwender sieht sich vor dem Dilemma, den pragmatischen Erwägungen der Testautoren zu folgen. Die Annahme von Intervallskalenniveau ermöglicht es, viele Kennwerte zu berechnen, wie sie üblicherweise in Tests angeboten werden (z. B. Intelligenzquotient, Entwicklungsquotient und andere Formen standardisierter Werte). Eine Übersicht über diese Werte wird in den nächsten Abschnitten gegeben.

Es soll an dieser Stelle noch darauf hingewiesen werden, dass auch Formen von Verteilungen denkbar sind, die sich deutlich von den bislang vorgestellten Beispielen unterscheiden. *Gleichverteilungen* liegen vor, wenn alle Messwerte praktisch gleich häufig vorkommen. Würfelt man nur lange genug mit einem intakten Würfel, so kann man davon ausgehen, dass alle sechs Zahlen in etwa gleich oft gefallen sind. Gleichverteilungen spielen in der empirisch orientierten Klinischen Kinderpsychologie jedoch eine untergeordnete Rolle.

Mehrgipflige Verteilungen liegen vor, wenn mehrfach Werte existieren, die im Vergleich zu benachbarten Werten häufiger zu beobachten waren. Ein Beispiel hierfür liefert Abbildung 7 (s. S. 49). Dort zeigt die grafische Darstellung nicht ein Maximum (Gipfel), sondern zwei. Inwieweit Mehrgipfligkeit tatsächlich durch das Charakteristikum des Merkmals und nicht durch Ungenauigkeiten der Messung hervorgerufen wird, ist besonders dann zu diskutieren, wenn ein oder mehrere Gipfel (wie in unserem Beispiel) keine prägnante Form aufweisen. Bei der Mehrzahl der den Normwerten psychologischer Tests zu Grunde liegenden Verteilungen handelt es sich jedoch um kontinuierliche, eingipflige Verteilungen.

2.6 Normwerte

Ergebniswerte

Viele Testverfahren legen Normwerte zur Beurteilung individueller Befunde vor. Ein in der Testung erzielter *Ergebniswert* wird mit den Normwerten verglichen und interpretiert. Als mögliche Formen von Ergebniswerten müssen zunächst *Rohwerte* von *standardisierten Werten* unterschieden werden.

Rohwerte beziehen sich in aller Regel auf Punktwerte, die sich aus einer Zuordnungsvorschrift des Tests ergeben. Dies kann zum Beispiel die Anzahl richtiger Antworten, die Anzahl gelöster Aufgaben in einem Intelligenztest oder bei mehrkategoriellen Antworten (z. B. bei Persönlichkeitstests mit einer Skala jeweils von 0 [trifft gar nicht zu] bis 5 [trifft stark zu]) ein durch Summation gewonnener Punktwert sein. Rohwerte können herangezogen werden

- in Bezug auf die Erreichung eines *Grenzwerts* (auch Cut-off-Wert genannt),
- als Basis unterschiedlicher *Kategorien* (z. B. unterdurchschnittlich, durchschnittlich, überdurchschnittlich) oder
- als Grundlage weiterer *Umrechnungen* (Transformationen), zum Beispiel in standardisierte Werte.

Standardisierte Werte haben den Vorteil, dass sie einfacher interpretiert werden können.

Im ersten Beispiel auf S. 48 kann man mit den Hintergrundinformationen eindeutig erkennen, dass der Rohwert allein noch keine Basis zur Beurteilung des IQ darstellt. In der psychologischen Testdiagnostik begegnen uns immer wieder bestimmte Ergebniswerte, von denen die wichtigsten in den folgenden Abschnitten beschrieben werden.

Beispiel

Eine Person hat einen kurzen Intelligenztest bearbeitet und sechs von zehn Aufgaben richtig gelöst. Dies suggeriert auf den ersten Blick ein gutes Intelligenzniveau, was jedoch zu vordergründig und falsch sein kann. Denn der Einblick in die Normwerte zeigt uns, dass bei der Normierung des Verfahrens alle Personen zumindest fünf, und sogar die Mehrzahl mindestens sechs der Aufgaben korrekt lösen konnten. Eine Überführung des Rohwerts „6“ in einen standardisierten Wert, wie zum Beispiel den Prozentrangwert von „10“ („90 %“ der Personen der Normierungsstichprobe haben mehr Aufgaben gelöst) oder einen Wert, der noch deutlicher als ein Prozentrangwert auf die *Verteilung* der Normwerte Bezug nimmt, wie zum Beispiel der Intelligenzquotient (es wird ein IQ-Wert von 80 ermittelt), deuten dann auf ein unterdurchschnittliches Ergebnis.

Grenzwerte (Cut-off-Werte)

Häufig werden kurze, einfache Verfahren im Sinne eines Screenings eingesetzt, um eine grobe Klassifizierung vorzunehmen. Im Allgemeinen wird lediglich eine Unterscheidung in zwei Klassen (z. B. auffällig vs. unauffällig) angestrebt. Ein Beispiel dazu:

Beispiel

Ein Fragebogen erhebt Ängstlichkeit anhand von 20 Aussagen (z. B. „Ich traue mich oft nicht, mit anderen Kindern zu sprechen.“), die entweder mit „ja“ (trifft zu) oder mit „nein“ (trifft nicht zu) beantwortet werden sollen. Die Auswertung erfolgt dann folgendermaßen: Für jede Ja-Antwort wird ein Punkt vergeben, für jede Nein-Antwort gibt es null Punkte. Der Rohwert besteht nun aus der *Summe der erzielten Punkte*, der mögliche Wertebereich für den Rohwert erstreckt sich somit von null (keine Frage mit „ja“ beantwortet) bis 20 Punkte (alle Fragen mit „ja“ beantwortet).

Eventuell liegen nun *inhaltlich begründbare* Interpretationen vor: Aus der Kenntnis heraus, dass eine bestimmte Häufung von Angstsymptomen auf das Vorliegen einer Angststörung deutet, wird davon ausgegangen, dass ab zehn Punkten eine Angststörung vorliegt. Vielleicht liegen aber auch empirische Befunde vor. Der Fragebogen wurde zum Beispiel an 1.000 Kindern normiert, und es ergab sich die in Abbildung 7 ausgewiesene Verteilung. Abbildung 7 verdeutlicht, dass bis zu einem Rohwert von zehn Ja-Antworten die Anzahl der Kinder kontinuierlich zunimmt, um danach bis zu einem Rohwert von 14 Punkten wieder abzunehmen. Ab dem Punktwert von 14 nimmt die Zahl jedoch wieder etwas zu, um dann ab einem Punktwert von 15 kontinuierlich zu sinken. In unserem Beispiel argumentieren die Testautoren nun wie folgt: Der zweite Gipfel der Verteilung kennzeichnet ein eigenständiges Störungsbild, das durch eine Ballung angstbezogener Symptome gekennzeichnet ist. Dieses Symptombild hat die Eigenschaft, dass es weitere Symptome nach sich zieht, im Sinne einer „Selbstverfestigung". Somit ist der zweite Gipfel der Verteilung begründet durch die Prägnanz des Störungsbildes, womit ein Grenzwert für eine Angststörung vor dem zweiten Gipfel, somit ab einem Punktwert von 14 festgesetzt wird. In diesem Beispiel erfolgt eine Orientierung an der Verteilung, wobei inhaltliche Überlegungen bei der Festlegung des Grenzwertes mit einbezogen wurden.

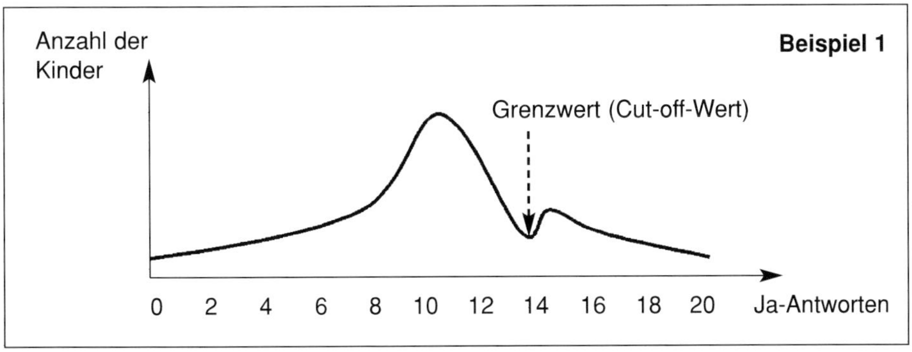

Abbildung 7: Verteilung der Normierungsstichprobe eines Angstfragebogens auf der Basis der Rohwerte (Ja-Antworten).

Bei der Bildung von Grenzwerten kann man sich jedoch auch *ausschließlich* an der Verteilung orientieren. Unterstellen wir, dass sich bei dem Angstfragebogen eine Verteilung ergeben hätte, wie sie Abbildung 8 zeigt.

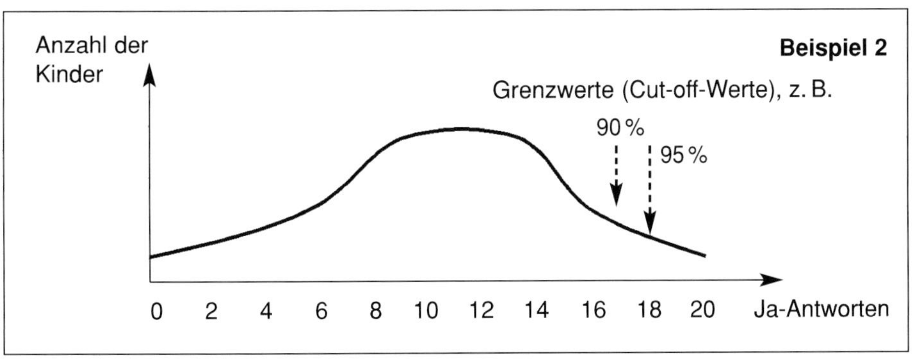

Abbildung 8: Verteilung der Normierungsstichprobe eines Angstfragebogens auf der Basis der Rohwerte (Ja-Antworten).

Aus Abbildung 8 ist zunächst aus der *Form* der Verteilung kein markanter Wert oder Wertebereich abzuleiten, der Ängstlichkeit im klinisch bedeutsamen Sinn kennzeichnen würde. Dennoch lässt sich statistisch argumentieren. Unter der Annahme, dass der Fragebogen tatsächlich in der Lage ist, ein breites Spektrum von Ängstlichkeit (von gar nicht ängstlich bis sehr stark ängstlich) abzubilden, wird folgende Entscheidungsregel formuliert: Ein im klinischen Sinne ängstliches Kind wird sich immer am äußeren Rand des Wertebereichs (viele Ja-Antworten) befinden. Somit wird diejenige Anzahl an Ja-Antworten, jenseits derer die 5 % ängstlichsten Kinder lagen, als *Grenze festgelegt.* In diesem Beispiel liegt die 5 %-Grenze bei 18 Ja-Antworten, die 10 %-Grenze entsprechend bei 17 Ja-Antworten. Auch hier wird man natürlich empirische Erkenntnisse nie völlig außer Acht lassen: Die Tatsache, dass eine klinisch bedeutsame Angstsymptomatik bei etwa 10 % aller Kinder in Deutschland vorliegt, gibt natürlich den Handlungsspielraum bei einer Grenzziehung vor.

Im Idealfall sollen massiv ängstliche Kinder möglichst gut identifiziert werden, ebenso sollten Kinder ohne Angst korrekt erkannt werden. Dabei können unterschiedliche Ziele verfolgt werden. Sollen ängstliche Kinder mit großer Sicherheit auch tatsächlich als auffällig erfasst werden, wird man den Grenzwert eher weit setzen (ca. 10 %), auch wenn bei einem solchen Vorgehen nicht-ängstliche Kinder irrtümlich zunächst als ängstlich eingestuft werden könnten. Dieses Vorgehen wird eher in der klinischen Praxis angewandt, bei so genannten Such- oder Fangtests. Anders würde man vorgehen, wenn man sicherstellen möchte, dass die als ängstlich identifizierten Kinder auch wirklich eine Angststörung aufweisen. In diesem Fall würde man eine engere Grenze ziehen (ca. 5 %), mit dem Risiko, dass einige tatsächlich ängstliche Kinder als nicht-ängstlich befundet werden. Ein solches Vorgehen könnte zum Beispiel sinnvoll sein, wenn besonders stark betroffene Patienten besonders schnell einer Behandlung zugeführt werden sollen.

Das Ausmaß, in dem ein Test auffällige Personen auch tatsächlich auffindet, kennzeichnet seine *Sensitivität.* Gelingt dies in allen Fällen, so ist die Sensitivität eines Verfahrens 1, gelingt dies in keinem Fall, so ist die Sensitivität des Verfahrens 0. Das Ausmaß, in dem klinisch unauffällige Personen auch tatsächlich als klinisch unauffällig erfasst werden, wird durch die *Spezifität* ausgedrückt: Gelingt dies immer, so ist die Spezifität 1, gelingt dies nie, so ist die Spezifität 0.

Innerhalb gewisser Grenzen lässt sich eine dieser beiden Größen vom Testentwickler immer recht groß halten, wenn er den gegenteiligen Fehler riskiert: Um die Sensitivität zu steigern, werden also die Grenzen für Auffälligkeit vergleichsweise eng gesetzt. In unserem Beispiel mit dem Angstfragebogen könnte der Grenzwert bei zum Beispiel 19 Ja-Antworten festgelegt werden, wodurch mit großer Wahrscheinlichkeit alle identifizierten Kinder auch tatsächlich massiv ängstlich sind. Dieses Vorgehen geht jedoch zulasten der Spezifität, da somit gleichfalls sehr viele Kinder als nicht besonders ängstlich eingeschätzt werden, die es dennoch sind. Im Gegensatz dazu läuft eine zu weiche Grenzsetzung (z. B. bei 12 Ja-Antworten) darauf hinaus, dass wohl fast alle unauffällig befundeten Kinder auch tatsächlich unauffällig sind (Spezifität wird hoch), aber eben auch viele der als auffällig Beurteilten (Sensitivität ist gering).

Für eine gute *Differenzierungsfähigkeit* eines Screeningverfahrens benötigt man sowohl eine hohe Sensitivität als auch eine hohe Spezifität, für beide Parameter sind möglichst hohe Werte anzustreben. Auf der Grundlage von allgemeinen Konventionen sollten in der psychologischen Diagnostik sowohl die Sensitivität als auch die Spezifität einen Wert von 0.8 nicht unterschreiten. Liegen solche Kennwerte für die Sensitivität und die Spezifität nicht vor, ist davon auszugehen, dass der Test nicht hinreichend genau das misst, was er messen möchte.

Einige der gebräuchlichsten standardisierten Werte

In der Testpsychologie werden *Standardskalen* verwendet. Mit diesen Standardskalen ist es möglich, die relative Position eines untersuchten Kindes unmittelbar in Bezug auf eine Vergleichsstichprobe kenntlich zu machen. Standardskalen setzen zunächst einen empirisch gewonnenen Bezugsrahmen voraus: Es wurden Daten an einer großen Stichprobe von Kindern erhoben, und mit den vorliegenden Informationen Ergebnisse interpretiert. Alle im Folgenden beschriebenen Skalen setzen den Ergebniswert zunächst zum Mittelwert einer Verteilung (Ist der Ergebniswert größer oder kleiner als der Mittelwert?) und danach zu der ermittelten Streuung (*Um wie viel* ist das Ergebnis größer oder kleiner als der Mittelwert?) in Beziehung. Abbildung 9 zeigt einige der gebräuchlichsten Standardskalen.

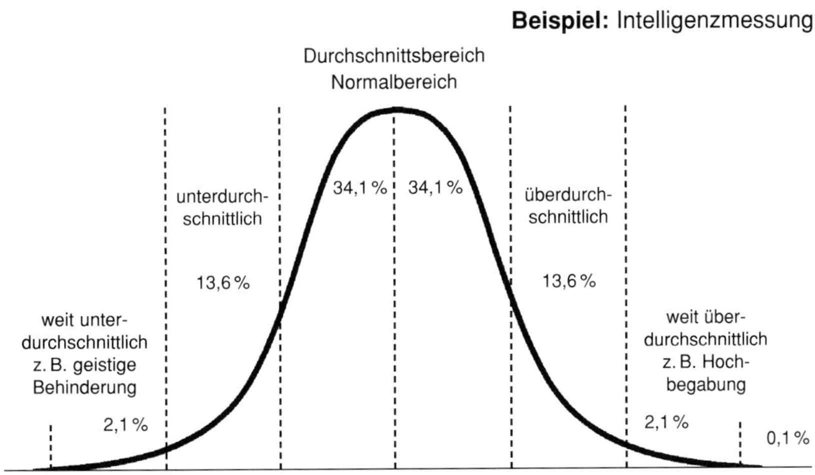

	–3SD	–2SD	–SD	MW	+SD	+2SD	+3SD
Prozentrang	0,1 %	2,2 %	15,8 %	50,0 %	84,2 %	97,8 %	99,9 %
IQ-Skala	55	70	85	100	115	130	145
C-Skala	0	1	3	5	7	9	10
Z-Skala	–3	–2	–1	0	1	2	3
T-Skala	20	30	40	50	60	70	80

Anmerkungen: Die Skalen von oben nach unten: Mittelwert (MW) und Standardabweichungen (SD); Prozentrang; IQ-Skala (Intelligenzquotient); C-Skala (5; 2); Z-Skala (0; 1); T-Skala (50; 10).

Abbildung 9: Einige gebräuchliche Standardskalen.

Die in Abbildung 9 aufgeführten Standardwerte (IQ-Skala, C-Skala, Z-Skala, T-Skala) folgen einer ähnlichen Gesetzmäßigkeit: es wird zunächst der Mittelwert der Verteilung lokalisiert; dieser Stelle der Verteilung wird ein Skalenwert zugeordnet, der Mittelwert wird mit einem Zahlenwert „benannt". Die IQ-Skala ordnet dem Mittelwert der Skala den IQ-Wert „100" zu, die C-Skala entsprechend den C-Wert „5", die Z-Skala den Z-Wert „0" und die T-Skala den T-Wert „50". In einem nächsten Schritt wird nun die Orientierung an der *Streuung* der Verteilung vorgenommen: Es wird der Bereich zwischen dem Mittelwert und der Standardabweichung der Verteilung aufgegriffen und je nach Skala in unterschiedliche Skaleneinheiten unterteilt. Die IQ-Skala zum Beispiel unterteilt den Bereich zwischen Mittelwert und einer Standardabweichung entfernt vom Mittelwert in jeweils 15 Skaleneinheiten. Somit drückt ein IQ-Wert von 85 eine Intelligenzleistung aus, die um *eine* Standardabweichung vom Mittelwert nach unten abweicht, ein IQ-Wert von 70 kennzeichnet eine Abweichung vom Mittelwert um *zwei* Standardabweichungen nach unten. Die C-Skala legt den Abstand der Standardabweichung vom Mittelwert mit zwei Punkten, die Z-Skala mit einem Punkt und die T-Skala mit zehn Punkten fest.

Jede der beschriebenen Skalen ermöglicht es, die *Richtung* und das *Ausmaß* einer Abweichung vom Mittelwert anhand des Skalenwerts zu quantifizieren. Eine gute Orientierungshilfe liefern dabei die Prozentangaben unter der Normalverteilungskurve. Sie geben an, wie groß der Anteil der Personen der Grundgesamtheit (z. B. einer Normierungsstichprobe) ist, die sich im jeweiligen Leistungsbereich befinden. Im Bereich zwischen –1 und +1 Standardabweichung um den Mittelwert befinden sich insgesamt 68,2 % aller Personen, also gut zwei Drittel. Im Bereich zwischen –1 und –2 sowie zwischen +1 und +2 Standardabweichungen vom Mittelwert entfernt befinden sich jeweils 13,6 % aller Personen. Zwischen –2 und –3 sowie +2 und +3 Standardabweichungen finden wir jeweils noch 2,1 % aller Personen, und jenseits der Grenzen von –3 sowie +3 Standardabweichungen nur noch jeweils 0,1 %.

Weiter besteht Übereinkunft darüber, wie eine Leistung in bestimmten Bereichen zu *interpretieren* ist. Der Bereich zwischen –1 und +1 Standardabweichung vom Mittelwert wird üblicherweise als der *Durchschnittsbereich* oder auch *Normalbereich* (~ 68,2 %) bezeichnet, ein IQ-Wert von 92 oder ein T-Wert von 45 sind somit als *durchschnittlich* zu bewerten. Liegt ein Ergebniswert um mehr als eine, aber nicht mehr als zwei Standardabweichungen vom Mittelwert entfernt, spricht man je nach Richtung von einem *unterdurchschnittlichen* oder einem *überdurchschnittlichen* Ergebnis (je 13,6 %). Der unterdurchschnittliche Bereich wird auch häufig als *Risikobereich* aufgefasst. Ein C-Wert von zwei ist somit als unterdurchschnittlich, ein IQ-Wert von 122 als überdurchschnittlich zu bewerten. Abweichungen von mehr als zwei Standardabweichungen vom Mittelwert werden als *weit unterdurchschnittlich* oder als *weit überdurchschnittlich* (je 2,2 %) bezeichnet. In Bezug auf Intelligenzleistungen kennzeichnet zum Beispiel der weit unterdurchschnittliche Bereich dasjenige Leistungsspektrum (IQ < 70), das als *Intelligenzminderung* oder als *geistige Behinderung* bezeichnet wird (vgl. Schmidt, 2002). Der weit überdurchschnittliche Bereich (IQ > 130) kennzeichnet den Bereich, der allgemein mit *Hochbegabung* assoziiert ist.

2.7 Empfehlungen zur Anwendung kinderpsychologischer Tests

Zunächst ist zu gewährleisten, dass Kinder einen Test unter angemessenen äußeren Umständen durchführen können. Dies bezieht sich zum Beispiel auf kindgerechtes Mobiliar (z. B. angemessene Sitzhöhe, die einen Kontakt der Füße mit dem Boden ermöglicht; angemessene Tischhöhe), ausreichende Beleuchtung, aber unter Umständen auch auf weitere Eigenschaften des Untersuchungsraumes. Besonders jüngere Kinder sind häufig leicht ablenkbar, so dass eine ungünstige Raumgestaltung die Konzentration und Motivation eines Kindes erheblich beeinflussen kann. Offene Schränke oder Regale mit darin befindlichen Gegenständen oder Spielzeugen, unter Umständen auch gegenständliche Bilder an den Wänden, das Öffnen und Schließen einer Tür, unnötige Geräuschquellen wie zum Beispiel offene Fenster, ein Telefon, eine tickende Uhr oder etwa eine Kaffeemaschine können die Aufmerksamkeit eines Kindes während der Untersuchung erheblich beeinträchtigen und ein Testergebnis verzerren. Bei standardisierten Tests sind die Vorgaben (Material, Instruktionen, Zeitvorgaben etc.) einzuhalten.

Generell ist eine *freundliche Atmosphäre* herzustellen, insbesondere beim Erstkontakt ist ein ansprechendes Setting zu gewährleisten. Das Kind sollte kurz den Raum erkunden können. Durch ein Vorgespräch mit den Eltern kann das Kind in der Rolle eines passiven Beobachters Vertrauen zum Diagnostiker aufbauen. Die primären Bedürfnisse des Kindes wie Nahrung, trockene Kleidung und Schlaf sollten ausreichend befriedigt sein, bei längeren Testungen sollte dem Kind zumindest etwas zu trinken zur Verfügung stehen. Zur Aufrechterhaltung einer freundlichen Interaktion ist es unbedingt notwendig, dass der Diagnostiker mit dem Testverfahren vertraut ist. Das Nachlesen von Testinstruktionen oder Bewertungsvorschriften während der Testdurchführung unterbricht unnötigerweise den Kontakt zum Kind und gefährdet einen reibungslosen Verlauf.

Besondere Beachtung muss in diesem Zusammenhang auch der Frage nach der *Anwesenheit einer Begleitperson* (eines Elternteils) zukommen. Ein anwesender Elternteil im Raum kann unter Umständen günstig auf die Testmotivation eines Kindes einwirken, es können hierdurch aber auch entscheidende Störeinflüsse gegeben sein. Häufig gelingt es einem Elternteil nicht, sich während der Testdurchführung angemessen passiv zu verhalten; vielfach erfolgen verbale Äußerungen wie „Zu Hause kann er das aber schon!" oder noch deutlicher „Nun gib dir doch mal Mühe, das kannst du doch schon!" Hierdurch kann massiver Leistungsdruck aufgebaut werden, der im Hinblick auf zuverlässige Untersuchungsergebnisse zu vermeiden ist. Häufig erfolgt eine ungünstige Interaktion aber auch nonverbal, etwa durch Körperhaltungen oder Blicke des Elternteils, die für den Diagnostiker vielleicht nur schwierig zu interpretieren sind, vom Kind aber genau verstanden werden.

Grundsätzlich ist zu empfehlen, eine psychologische Testung ohne Begleitpersonen des Kindes vorzunehmen. Gerade jüngere Kinder, aber auch unsicher gebundene oder ängstliche Kinder können es unter Umständen erfordern, dass ein Elternteil während einer Testdurchführung anwesend ist. In diesem Fall können freundliche, aber deutliche

Instruktionen an den Elternteil die Gefahr ungünstiger Einflussnahme zumindest verringern, zum Beispiel ein Hinweis, dass besondere Beobachtungen notiert werden und *im Anschluss an die Testdurchführung* zur Sprache gebracht werden sollen.

Große Bedeutung kommt auch der Interaktion unmittelbar während der Testung zu. Streng genommen dürfte zumindest bei Leistungstests keine Rückmeldung über die Qualität der Lösungen gegeben werden. Wenn richtige Lösungen kontinuierlich gelobt werden, besteht die Gefahr, dass das Ausbleiben des Lobes bei falschen Lösungen die Motivation des Kindes beeinträchtigt; andererseits läuft etwa eine rückmeldungsfreie Protokollierung von Testleistungen durch den Diagnostiker dem Grundsatz einer natürlichen und freundlichen Atmosphäre zuwider. Tendenziell gilt: Sofern es die Durchführungsanweisungen eines Tests nicht ausdrücklich vorsehen, loben Sie das Kind, jedoch nicht für richtige Lösungen, sondern für seine *Mitarbeit*. Auch falsche Antworten können etwa auf folgende Art freundlich und bekräftigend kommentiert werden: „Prima, das haben wir auch geschafft!" Wenn es der zeitliche Rahmen der Untersuchung zulässt und es nicht ausdrücklich den Testinstruktionen zuwider läuft, ist es gelegentlich sinnvoll, vom Kind abgebrochene Aufgaben zusammen mit dem Kind zu Ende zu führen. Häufig reicht eine leichte Hilfestellung, und das Kind kann eine nicht gekonnte (und somit auch so zu protokollierende) Aufgabe doch noch bewältigen, wodurch dann auf den Motivationsverlauf günstig eingewirkt werden kann.

Viele Testinstruktionen sehen vor, das Kind mit höflichen Aufforderungen zur Aufgabenbearbeitung zu animieren: „Schau her, ich habe hier ein Puzzle. *Kannst du* dieses Puzzle zusammensetzen?". „*Möchtest du* es einmal versuchen?". In aller Regel wirken solche Instruktionen herausfordernd und motivierend und sind somit unproblematisch, es kann aber durchaus der Fall eintreten, dass ein Kind diese Instruktionen wörtlich auffasst und eine Oppositionshaltung einnimmt, zum Beispiel: „Nein, *möchte* ich nicht!" Gerade deutlich beeinträchtigte Kinder haben oftmals bereits die Erfahrung machen müssen, dass die Aufgaben, die üblicherweise bei solchen diagnostischen Sitzungen an sie herangetragen werden, sie oftmals überfordern: „Nein, *kann* ich nicht!" In solchen Fällen ist zu empfehlen, von Vorgaben leicht abzuweichen und die Aufforderungen *direktiver* zu formulieren: „Schau her, ich habe hier ein Puzzle, und *du sollst* einmal dieses Puzzle zusammensetzen!" Dies ist durchaus in freundlicher Intonation möglich und erhöht oftmals die Wahrscheinlichkeit einer erfolgreichen Testdurchführung.

Grundsätzlich empfiehlt es sich auch in der Leistungsdiagnostik, den Charakter einer Spielsituation entstehen zu lassen. Dazu ist es nicht notwendig, gleiche Rollenverteilung zwischen Diagnostiker und Kind zu suggerieren. Eine freundliche Festlegung der Rollen, etwa in der Art „Ich möchte heute etwas mit dir spielen, ich bin dabei der *Spielleiter*, und du bist der *Spieler*!" wird von Kindern üblicherweise akzeptiert und beugt der Annahme eines Kindes vor, es läge eine freie Spielsituation vor.

Viele Tests bieten Handlungsspielräume an, um die Untersuchungssituation offener zu gestalten. In diesen Fällen sind folgende Grundsätze zu beachten:

- Kindern gelingt es eher, sich in eine Testsituation einzufinden, wenn zunächst Aufgaben gestellt werden, die kaum Instruktionen und keine Sprachproduktion des Kindes erfordern. Puzzle oder vergleichbare, sich selbst erklärende Materialien und Zei-

chenaufgaben bilden eine gute Grundlage für den Einstieg. Aufgaben, deren Bearbeitung die Formulierung ganzer Sätze (oder auch ausladende Bewegungen) erfordern, sind tendenziell ans Testende zu platzieren.
- Viele Leistungstests (z. B. Entwicklungstests oder neuropsychologische Tests) enthalten einen Motorikanteil, der sich gezielt als „kleine Pause" einsetzen lässt. Nutzen Sie solche Testsequenzen, um dem natürlichen Bewegungsdrang eines Kindes entgegenzukommen. Ein Kind, das bereits über einen längeren Zeitraum große Konzentrationsleistungen erbringen musste und darum bereits Ermüdungserscheinungen zeigt, ist nach einer Bewegungspause häufig noch einmal in der Lage, die Konzentration für eine gewisse Zeit herzustellen und aufrechtzuerhalten.

Häufig wird es nicht möglich sein, einen umfangreichen Test wie einen Entwicklungs- oder Intelligenztest in einer Sitzung zu absolvieren, da viele Kinder keine altersgemäßen Voraussetzungen zum Beispiel bezüglich der Konzentrationsfähigkeit oder des Arbeitstempos aufweisen. Sehen die Durchführungsanweisungen für solche Fälle keine ausdrückliche Regelung vor, empfiehlt sich folgendes Vorgehen: Unterbrechen Sie den Test, sobald deutlich wird, dass das eigentlich zu erfassende Merkmal (z. B. die Intelligenz) für dieses Kind nicht mehr zuverlässig gemessen werden kann. Wenn die Testleistungen eines Kindes zu einem bestimmten Zeitpunkt eher die Konzentrationsfähigkeit als die Intelligenzleistungen wiedergeben, ist eine ausreichende Regenerationsphase, eventuell sogar ein neuer Untersuchungstermin zur Fortsetzung der Testung angezeigt. Stellen Sie sicher, dass dem Kind günstige Bedingungen eingeräumt sind, um *die Leistungen zu erbringen, die tatsächlich erhoben werden sollen.*

3 Entwicklungstests

Im Bereich der Entwicklungsdiagnostik sind grundsätzlich zwei unterschiedliche diagnostische Fragestellungen zu unterscheiden. Im Rahmen von Routineuntersuchungen ist häufig rasch zu klären, *ob* in einem oder in mehreren Bereichen Entwicklungsdefizite auszumachen sind. In diesem Fall empfiehlt sich eine kurze Überprüfung von Minimalvoraussetzungen, wie sie mit einem Entwicklungsscreening vorgenommen werden. Bereits spezifizierte diagnostische Fragestellungen machen dagegen oft eine differenzierte Entwicklungsdiagnostik notwendig.

Entwicklungsdiagnostische Screeningverfahren ermöglichen eine erste Einschätzung – je nach Alter des Kindes – mit einem zeitlichen Aufwand von etwa einer Viertelstunde. Umfangreiche Entwicklungstests erfordern einen beträchtlich höheren zeitlichen Aufwand, liefern im Ergebnis aber differenziertere Informationen in Bezug auf die Defizite und Ressourcen eines Kindes.

3 Entwicklungstests	**Testname**		**Alter**	**Zeitbedarf**		**Seite**
				Durchführung	**Auswertung**	
3.1 Entwicklungsdiagnostische Screeningverfahren	Denver	Denver-Entwicklungsskalen	0;0–6;0 J.	15–25 Min.	ca. 1 Min.	58
	EVU	Erweiterte Vorsorgeuntersuchung	U4–U9	10–20 Min.	ca. 3 Min.	62
	NES	Neuropsychologisches Entwicklungs-Screening	U4–U7	10–15 Min.	ca. 3 Min.	67
3.2 Allgemeine Entwicklungstests	ET 6-6	Entwicklungstest sechs Monate bis sechs Jahre	0;6–5;11 J.	12–60 Min.	5–15 Min.	72
	GES	Griffiths-Entwicklungsskalen	0;1–1;11 J.	30–60 Min.	5 Min.	76
	MFED 1	Münchener Funktionelle Entwicklungsdiagnostik (1. LJ)	0;1–0;11 J.	20–40 Min.	5 Min.	80
	MFED 2-3	Münchener Funktionelle Entwicklungsdiagnostik (2. u. 3. LJ)	1;0–2;11 J.	40–60 Min.	5 Min.	83
	WET	Wiener Entwicklungstest	3;0–5;11 J.	75–90 Min.	ca. 15 Min.	86
		Wie weit ist ein Kind entwickelt?	0;1–3;11 J.	k. A.	ca. 5 Min.	90
3.3 Schulreifetests	DES	Diagnostische Einschätzskalen zur Beurteilung des Entwicklungsstandes und der Schulreife	um den Schulbeginn	ca. 90–120 Min.	mind. 5 Min.	93

3.1 Entwicklungsdiagnostische Screeningverfahren

3.1.1 Denver-Entwicklungsskalen (Denver)

Autor/ Verlag:	Flehmig, I., Schloon, M., Uhde, J. & Bernuth, H. v. (1973) Hamburg: Harburger Spastikerverein							
Alter	**Dauer**		**Normen**	**Standardisierung**		**Gütekriterien**		
0;0–6;0 J.	**Durchführung**	**Auswertung**	**ja**	**Material**	**Durchführung**	**Objektivität**	**Reliabilität**	**Validität**
	15–25 Min.	**ca. 1 Min.**		**teilweise**	**teilweise**	**k. A.**	**k. A.**	**k. A.**
Was wird erfasst?	Grobmotorik, Sprache, Feinmotorik-Adaptation, Sozialkontakt							
Ergebniswerte:	Anzahlen und Kombinationen von bestandenen Aufgaben sowie von Verzögerungen werden als „normal“, „fraglich“ oder „abnorm“ interpretiert.							
Bemerkungen:	Für die Denver-Entwicklungsskalen werden verschiedene Bezeichnungen synonym verwandt: Denver Entwicklungstest, Denver Suchtest, Denver-Test oder einfach Denver-Skalen. Es ist eine Kurzform durchführbar (ca. 10 Min.). Es ist eine computergestützte Form erhältlich.							

Konzeption

Die Denver-Skalen gehen auf den 1967 von Frankenburg und Dodds veröffentlichten Denver Developmental Screening Test zurück und werden von den deutschen Autoren in einer deutschen Standardisierung vorgelegt.

Die Denver-Skalen stellen einen allgemeinen Entwicklungs-Kurztest dar, der nach dem Stufenleiterprinzip (s. Petermann & Macha, 2003a) verfährt. Es sollen die Bereiche
- Grobmotorik,
- Sprache,
- Feinmotorik-Adaptation und
- Sozialkontakt

erfasst werden.

Aufgaben

Für jeden Entwicklungsbereich werden zunehmend schwierigere Aufgaben vorgegeben, bis das Kind jeweils an seine Leistungsgrenzen gelangt. Insgesamt umfassen die Denver-Skalen 105 Aufgaben (Grobmotorik: 31; Sprache: 21; Feinmotorik-Adaptation 30;

Sozialkontakt: 23), die den Altersbereich in etwa homogen abdecken. Die Testaufgaben werden zweikategoriell notiert („gelöst“ bzw. „nicht gelöst“). In etwa die Hälfte der Aufgaben wird über die Elternauskunft erhoben. Dabei wurden aus etablierten Entwicklungs- und Intelligenztests solche Aufgaben ausgewählt, die leicht durchzuführen und klar zu bewerten sind.

Durchführung

Die Materialien für den Denver-Test muss der Untersucher selbst besorgen, sie dürfen wegen der Genauigkeit des Tests in ihrer Form nicht geändert werden. Sie umfassen ein rotes Wollknäuel, eine Klapper, acht Klötzchen in den Farben rot, gelb, grün und blau, ein schmales Gläschen, Rosinen, eine Glocke, einen Tennisball und einen Bleistift.

Die Denver-Skalen sind ausschließlich als Einzeltest durchführbar. Die Durchführungsdauer ist zunächst abhängig vom Alter des Kindes, wobei Säuglinge ihre Aufgabenzusammenstellungen im Normalfall schneller absolvieren als Kinder im Vorschulalter. Auch eine deutliche Diskrepanz zwischen kalendarischem Alter eines Kindes und seinem Entwicklungsstand kann die Testdauer beeinflussen, da unter Umständen das Testeinstiegsniveau korrigiert und neu exploriert werden muss. Im Normalfall sind insgesamt etwa 20 bis 25 Aufgaben je Kind durchzuführen. Zu jeder Testaufgabe findet sich im Handbuch eine kurze Beschreibung, die eine Durchführungsanweisung sowie eine Bewertungsvorgabe umfasst.

Für die Protokollierung wird ein Testblatt zur Verfügung gestellt, auf dem in einem grafischen Schema sämtliche Testaufgaben nach Entwicklungsbereichen und dem Lebensalter angeordnet sind. Entsprechend dem Alter des Kindes (Alterskorrektur bei Frühgeburt) wird eine Alterslinie in das Testblatt eingezeichnet, aus der sich die Aufgaben für den Testeinstieg ableiten lassen. Sie soll auch das Entwicklungsniveau visualisieren. Anhand der Alterslinie wird erkennbar, wie weit ein Kind auf der Stufenleiter jeweils gelangen muss, um für die einzelnen Bereiche eine normale Entwicklung attestiert zu bekommen. Der Testabbruch für einen Bereich erfolgt dann, wenn ein Kind mindestens drei Aufgaben aus diesem Bereich lösen konnte und insgesamt drei (im Allgemeinen schwierigere) Aufgaben aus diesem Bereich nicht mehr bewältigen konnte.

Mögliche Notierungen für die Einzelaufgaben sind B (bestanden), V (Verweigerungen), F (Fehler) und KG (keine Gelegenheit). Die Kürzel werden unmittelbar auf dem Testblatt eingetragen, wodurch das Ergebnis sehr übersichtlich abgelesen werden kann.

Für verschiedene Aspekte der Testdurchführung (Reihenfolge bei der Testung, Umgang mit spezifischen Verhaltensweisen der Kinder) sowie notwendige technische Operationen (z. B. Berechnung des Alters) werden im Testhandbuch Hinweise gegeben.

Die Durchführung der Testkurzform beschreiben Frankenburg, Fandal und Kemper (1986, S. 27 f.). Nach der Altersbestimmung werden nur noch 12 Aufgaben durchgeführt. Werden dabei alle Aufgaben gelöst, gilt das Screening als unverdächtig, liegt eine Verweigerung oder eine Nichtlösung vor, wird die Durchführung des vollständigen Tests empfohlen.

Auswertung

Zu jeder Testaufgabe ist auf dem Testblatt ein Balken eingetragen, der jeweils das 25., 50., 75. und das 90. Perzentil kennzeichnet: Über den Balken lässt sich also ablesen, zu welchem Alterszeitpunkt der entsprechende Prozentsatz an Kindern die Aufgabe lösen kann (zur Normierung s. unten).

Interpretation

Liegt für eine nicht-erfüllte Aufgabe der Zeitpunkt für das 90. Perzentil vor dem Alter des Kindes, so wird dies als Verzögerung bewertet. Je nach der Anzahl und der Lage von Verzögerungen wird das Gesamttestergebnis als normal, abnorm oder fraglich eingestuft. Für den Fall eines abnormen oder fraglichen Ergebnisses empfehlen die Autoren eine erneute Testung nach zwei bis drei Wochen. Sollte es dabei weiterhin zu einer abnormen oder fraglichen Einschätzung der Entwicklung kommen, und sollten die Eltern berichten, dass das Testverhalten dem sonstigen Verhalten des Kindes entspricht, raten die Autoren zu einer genaueren Untersuchung, gegebenenfalls unter Hinzuziehung eines Spezialisten.

Normierung

Rauchfleisch (2001, S. 24) berichtet über das Vorliegen von Normen, die Anfang der 70er Jahre in Hamburg und Düsseldorf an 1.455 Kindern im Alter von zwei Wochen bis sechs Jahren gewonnen wurden.

Gütekriterien

In der deutschen Bearbeitung werden zu den Gütekriterien keine Angaben gemacht. Für den Alterszeitraum bis zum 15. Lebensmonat berichtet Rennen-Allhoff (1990, S. 90 ff.) von einer Studie, bei der durchaus bedeutsame Schwankungen zwischen den Urteilen verschiedener Testanwender hinsichtlich der Anzahl unauffälliger Kinder dokumentiert wurden. So schwankte zum Beispiel für den Alterszeitpunkt „3 Monate“ der Prozentsatz unauffälliger Kinder je nach Testanwender zwischen 67 % und 91 %, für den Alterszeitpunkt 15 Monate wurden zwischen 69 % und 94 % unauffällige Kinder identifiziert. Auf Itemebene berichtet Rennen-Allhoff (1990) zum Alterszeitpunkt „3 Monate“ für etwa ein Drittel aller Aufgaben von Übereinstimmung unter 80 %, für spätere Alterszeitpunkte wurden dann aber befriedigende Übereinstimmungen festgestellt.

Ähnliche Trends konnten in Bezug auf die ermittelten Retest-Reliabilitäten aufgezeigt werden: Für den Alterszeitpunkt „3 Monate“ wiesen mehr als ein Drittel der Aufgaben unbefriedigende Retestwerte auf (Rennen-Allhoff, 1990, S. 96 f.) und mit sieben Monaten waren es immer noch fünf von 25 Aufgaben.

Die Stabilität der Testwerte über das Lebensalter und somit die Vorhersagekraft bewertet Rennen-Allhoff (1990, S. 100) als gering. Besonders aus den Testergebnissen zum Alterszeitpunkt „3 Monate" ließen sich nur sehr unzuverlässige Prognosen ableiten: Die überwiegende Mehrzahl der als abnorm oder fraglich klassifizierten Kinder waren zu späteren Testzeitpunkten unauffällig.

Bedeutsame Zusammenhänge zwischen den Denver-Test-Ergebnissen und zusätzlich erhobenen Außenmerkmalen (z. B. einem Risikoindex oder der Ausbildung der Mutter) konnten in der Studie nicht nachgewiesen werden.

Kritik

Der Denver-Test hat sich nicht zuletzt auf Grund seiner übersichtlichen Protokollierung und Auswertung in den letzten 30 Jahren im deutschen Sprachraum etabliert. Bis heute stellt er eines der Standardinstrumente der allgemeinen Entwicklungsdiagnostik dar. Seine konstruktionsbedingten Schwächen (s. o.) teilt er mit anderen Verfahren. Wie bei vielen anderen Verfahren muss auf Grund des Alters der Normen das Ergebnisprofil besondere vorsichtig interpretiert werden. Obwohl das Verfahren alle Merkmale eines Entwicklungstests aufweist, wollen die Autoren der deutschen Ausgabe die Denver-Skalen allenfalls als Screening verstanden wissen, als einfaches und wenig aufwändiges Verfahren, das massive Entwicklungsstörungen aufzeigt.

Für ein Screening ist der Denver-Test jedoch mit 15 bis 25 Minuten wiederum zu zeitaufwändig, was die Autoren der englischsprachigen Originalversion dazu veranlasste, aus dem DDST Kurzformen zu bilden: 1976 wurde der Denver Prescreening Developmental Questionnaire (PDQ; Frankenburg, v. Doorninck, Liddell & Dick, 1976) veröffentlicht, ein Elternfragebogen, der jedoch nicht in deutscher Sprache vorliegt; 1986 beschreiben Frankenburg, Fandal und Kemper den Denver-Entwicklungsfragebogen (S.30 ff.), ohne dass weitere Angaben zum Ort der Veröffentlichung gemacht werden. 1981 begründeten Frankenburg, Fandal, Sciarillo und Burgess die Auswahl spezieller Aufgaben aus dem Denver-Test für die Kurzform (Short Denver Developmental Screening Test, S-DDST), die sich im klinischen Gebrauch aber nicht durchsetzen konnten.

Sonstige Anmerkungen

Der Denver-Test ist als ein Baustein des Programmsystems „kid 2000" in einer computergestützten Form erhältlich. Die grafische Umsetzung orientiert sich am Originaltestblatt, weiter wurde das gesamte Testhandbuch einschließlich der Abbildungen eingearbeitet. Das Programm nimmt automatisch die Auswertung vor und liefert den Gesamtstatus. Der Vertrieb erfolgt über die Firma Mirage Computer Systems, Aulendorf. Informationen sind über die Website www.mirage-systems.de/kid/kid-home.html (Stand Mai 2005) abrufbar.

3.1.2 Erweiterte Vorsorgeuntersuchung (EVU)

Autor/ Verlag:	Melchers, P., Floß, S., Brandt, I., Eßer, K.-J., Lehmkuhl, G., Rauh, H. & Sticker, E. (2003) Leiden: PITS							
Alter	**Dauer**		**Normen**	**Standardisierung**		**Gütekriterien**		
U4–U9	**Durchführung**	**Auswertung**	ja	**Material**	**Durchführung**	**Objektivität**	**Reliabilität**	**Validität**
	10–20 Min.	**ca. 3 Min.**		ja	ja	ja	ja	ja
Was wird erfasst?	Motorik, Sprache, kognitive Leistungen, Verhaltensbereich							
Ergebniswerte:	Bereichsspezifische Grenzwerte für Summenwerte, Gesamtgrenzwert							
Bemerkungen:	Kurzverfahren mit expliziter Orientierung an den kinderärztlichen Vorsorgeuntersuchungen U4 bis U9							

Konzeption

Die EVU legt eine entwicklungsneurologisch und entwicklungspsychologisch orientierte Ergänzung zu den kinderärztlichen Vorsorgeuntersuchungen U4 bis U9 vor. Hierzu wird für den Zeitraum von der U4 (ab dem 3. Lebensmonat) bis zur U9 (bis zum 64. Lebensmonat) ein einheitliches Screeningkonzept etabliert, das neben der Erfüllung klassischer Gütekriterien auf Einfachheit und Akzeptanz hinwirken möchte.

Als Bezugssystem wird eine dimensionale Einteilung der Entwicklung in Motorik, Sprache, Kognition und sozial-emotionale Entwicklung gewählt. Es werden für die einzelnen Entwicklungsbereiche universelle, notwendige Stadien unauffälliger Entwicklung beschrieben. Ausführlich werden dabei Ansprüche für Entwicklungsscreenings reflektiert.

Aufgaben

Der Testkoffer enthält: Handbuch (DIN A4, 80 Seiten, Spiralbindung); Durchführungsordner zur Testbegleitung (aufgeklappt stehend, ca. 22 x 23 cm, 53 Seiten); je Altersgruppe 25 Protokollformulare und 25 Elternfragebögen; Abreißblöcke mit Verbrauchsmaterialien zur Handmotorik (Zeichenaufgaben); eine Glocke mit Handgriff eine Tasse mit Untertasse aus Kunststoff; ein Löffel mit kindgerechtem Griff; ein Schaumstoffball, ca. 20 cm Durchmesser; ein Spielzeughund, Kunststoff, ca. 4 cm Körperlänge; 10 Holzwürfel, Kantenlänge ca. 3 cm; eine Spielzeugpuppe, ca. 20 cm Höhe, mit Strampler und Mütze bekleidet; ein Spielzeugauto, ca. 5 cm Länge; ein Stofftaschentuch; ein Bilderbuch mit Seiten aus fester Pappe; ein Holzring mit Schnur; ein Linoleumstreifen, ca. 10 x 200 cm; ein Fläschchen mit Zuckerperlen; ein Bleistift.

Es werden für die Zeitpunkte U4 bis U9 alterspezifische Fertigkeitenkataloge zusammengestellt, die in der Untersuchungssituation überprüft werden. Dabei werden ergänzend Informationen mit altersentsprechenden Elternfragebögen erhoben. Die Auswahl der Aufgaben orientierte sich neben inhaltlichen Erwägungen an den Aufgabenschwierigkeiten: Eingang in die EVU fanden solche Aufgaben, die in den anvisierten Altersintervallen Schwierigkeiten von ca. .90 aufweisen.

Durchführung

Die EVU wird als Einzeluntersuchung durchgeführt. Die Durchführungsdauer beträgt nach Angaben der Autoren zwischen zehn Minuten (U4) und maximal 20 Minuten (U9). Sehr ausführliche Informationen zur Beschreibung und Begründung der einzelnen Testaufgaben können dem Handbuch (S. 28–55) entnommen werden. Die praktische Durchführung wird unterstützt durch den Durchführungsordner, der in aufgeklappter Form hochkant aufgestellt werden kann. Somit stehen Informationen zu wesentlichen Details wie Materialien, Instruktionen und Bewertungshilfen unmittelbar bei der Testung zur Verfügung. Der Durchführungsordner enthält weiter einige Abbildungen, die bei der Testung notwendig sind. Die Abbildungen werden durch entsprechendes Überschlagen (Umblättern über die Oberkante des Durchführungsordners) der aktuellen Seite dem Kind direkt und zeitstimmig präsentiert.

Für die Erfassung der Ergebnisse stehen für jeden U-Termin (U4 bis U9) Protokoll- und Auswertungsbögen zur Verfügung, auf denen zu den Testaufgaben jeweils eine zweikategorielle Notierung vorgenommen wird (regelrecht bzw. auffällig).

Auswertung

Die Auswertung ist sehr einfach vorzunehmen und erfordert ungefähr drei Minuten. Für jeden unmittelbar getesteten Bereich wird die Anzahl der regelrechten Reaktionen ausgezählt und diese Summe auf dem Fuß des Protokollbogens in eine Auswertungstafel eingetragen. In einem zweiten Schritt wird aus deren Gesamtsumme dann der Rohwert „Summe Entwicklung“ gebildet, der auf den Gesamtentwicklungsstand abzielt.

Die Elternaussagen werden in den verschiedenen Altersgruppen unterschiedlich behandelt: zu den Zeitpunkten U4 und U5 erfolgt hierzu keine quantitative Auswertung, was die Autoren vor dem Hintergrund inhaltlicher und psychometrischer Überlegungen ausreichend gut begründen. Für die Zeitpunkte U6 bis U9 wird analog zu den getesteten Bereichen der Summenwert ermittelt und in eine Auswertungstafel auf dem Protokollbogen eingetragen. Für die Elternfragebögen betonen die Autoren neben der quantitativen Behandlung besonders deren Bedeutung als Explorationshilfe.

Auf jedem Altersgruppenbogen werden Referenzwerte angeboten, die sich ca. an der 10. Perzentile orientieren, also die unteren 10 % des Leistungsbereichs der Normenstichprobe ausweisen. In den Altersgruppen U4 und U5 liegen diese Werte nur für die „Summe Entwicklung“ vor. Für die Altersgruppen U6 bis U9 werden bereichsspezifische Grenzwerte (Motorik, Sprache, Kognition), ein Grenzwert für den daraus abgeleitete Gesamtwert („Summe Entwicklung“) sowie ein Grenzwert für die Elternaussagen vorgelegt.

Interpretation

Die Interpretation wird durch farbliche Hervorhebungen unterstützt: rot bedeutet in jedem Fall Entwicklungsauffälligkeit, gelb deutet auf messtechnisch bedingte Unentscheidbarkeit, grün bedeutet, dass zurzeit keine Retardierung oder Gefährdung der Entwicklung vorliegt.

Die Autoren weisen an anderer Stelle des Handbuchs explizit darauf hin, dass nicht der Anspruch einer Diagnosestellung besteht, sondern „dass verschiedene Symptomkomplexe, die entwicklungspsychopathologische Auffälligkeiten repräsentieren können, möglichst frühzeitig erfasst werden“ sollen (Melchers et al., 2003, S. 27). Somit ist der mögliche Geltungsbereich dieses Screenings hinreichend deutlich abgegrenzt. Auf spezifische Aspekte der Interpretation (Besonderheiten zu bestimmten Untersuchungszeitpunkten; Einflüsse aus dem Lebensumfeld des Kindes) wird im Handbuch eingegangen.

Normierung

Es werden folgende Normdaten vorgelegt: Aufgabenschwierigkeiten (und deren Standardabweichungen, durch die jedoch kein unmittelbarer Informationsgewinn entsteht) für alle Altersgruppen, weiterhin für jede Altersgruppe die mit den Rohwerten der Entwicklungsbereiche (einschl. EVU-Summe) korrespondierenden Prozentränge.

Die Stichprobenumfänge liegen in den Altersgruppen zwischen 246 und 349, der Gesamtstichprobenumfang beträgt N = 1.743. Die Daten wurden in 25 Kinderarztpraxen erhoben, es liegen Angaben zur regionalen Verteilung, den Berufen der Eltern sowie zur Wohnortgröße vor.

Gütekriterien

Das Screening ist gut standardisiert, die Testmaterialien sind Bestandteil des Testsatzes, die Testung wird mit dem Durchführungsordner präzise angeleitet. Auch die Auswertung ist einfach vorzunehmen, die Zuordnung zu den Kategorien auffällig, unentscheidbar und unauffällig ist eindeutig aus dem Rohwert ableitbar. Somit sind alle Aspekte der Objektivität hinreichend gegeben.

Zur Einschätzung der Reliabilität wird das Konsistenzmaß Cronbachs Alpha für alle Skalen in jeweils allen Altersbereichen vorgelegt und diskutiert. Mit Werten zwischen .37 und .87 weisen die Skalen überwiegend (aber erwartungskonform) geringe bis mittlere Konsistenzen auf. Neben der Testlänge ist dies besonders durch die für ein allgemeines Entwicklungsscreening notwendige inhaltliche Heterogenität der Aufgaben zu begründen. Die Aufgabenschwierigkeiten um .90 verringern die Skalenkonsistenzen.

Dem Verfahren ist inhaltliche Plausibilität zuzubilligen. Es werden übliche Bereiche kindlicher Entwicklung in sachgerechter Weise erfasst, dabei werden messtechnische Standards angemessen berücksichtigt.

Die Konstruktvalidität diskutieren die Autoren zunächst vor dem Hintergrund verschiedener statistischer Zusammenhänge. Die Skaleninterkorrelationen fallen erwartungskonform gering aus, wenn auch meist signifikant. Die Korrelationen der Unterskalen mit dem Gesamtwert (EVU-Summe) sind moderat bis hoch und durchgängig signifikant. Zwischen dem Elternfragebogen und den übrigen Unterskalen (einschließlich EVU-Summe) bestehen keine bedeutsamen Zusammenhänge; die Elternfragen sind dazu zu heterogen zusammengestellt.

Aspekte der kriteriengebundenen Validität wurden an jeweils ca. 30 Kindern (ein Drittel unauffällige Kinder, zwei Drittel Risiko- bzw. deutlich auffällige Kinder) zu den Zeitpunkten U6 und U7 überprüft. Als Außenkriterium wurden zwei differenzierte Entwicklungstests, die Griffiths-Entwicklungsskalen (GES) und die Bayley Scales (Bayley Scales of Infant Development II, 1993) herangezogen. Dabei korrelierte jeweils die EVU-Summe mit den Gesamtentwicklungsquotienten der beiden Tests signifikant zwischen .63 und .69. Die Korrelationen zwischen den Einzelskalen der Verfahren sind gering bis moderat, in ihrer Gesamtheit jedoch erwartungskonform. Auffällig wurde dabei, dass für die U6 und U7 die Motorik den aussagekräftigsten Bereich zur allgemeinen Entwicklungsbeurteilung darstellt, die Bereiche Sprache und Kognition hingegen schwieriger zu interpretierende Informationen liefern.

Anhand einer Teilstichprobe der oben genannten Stichprobe wurde die Sensitivität und die Spezifität überprüft (Außenkriterium: Bayley Scales II), wobei sich mit einer Sensitivität von 1.0 und einer Spezifität von .78 (Angaben korrigiert; vgl. Macha, Proske & Petermann, 2005) die EVU als tendenziell zu schwierig darstellt.

Kritik

Besonders augenfällig ist zunächst die Einschränkung auf die Zeitpunkte der kinderärztlichen Vorsorgeuntersuchungen U4 bis U9. Dies schränkt einerseits die Anwendbarkeit des Verfahrens ein; andererseits sind es nun besonders die U-Untersuchungen, bei denen Risikokinder auffällig werden können. Darüber hinaus erhöht die Beschränkung auf kleine Altersintervalle die Präzision von Normdaten beträchtlich, auch wenn hierzu weitere Ausführungen zur Charakterisierung der Stichprobe wünschenswert gewesen wären: Es handelt sich allem Anschein nach bei der Normierungsstichprobe um Kinder im Rahmen der Vorsorgeuntersuchungen, die bekanntermaßen sich vom Alter her nicht gleichmäßig über die einzelnen U-Intervalle verteilen! Die meisten Kinderärzte bestellen die Kinder gegen Ende des U-Intervalls ein, oft auch etwas darüber hinaus. Der Altersdurchschnitt zum Beispiel der U4-Teilstichprobe dürfte bei knapp 120 Tagen liegen, wobei nur geringe Varianz zu erwarten ist. Somit lägen dann hier eher Normen für einen Zeitpunkt (Ende des 4. Lebensmonat) als für ein Zeitintervall (U4: 3. und 4. Lebensmonat) vor, was der Anwender aber im Handbuch nicht ausreichend deutlich mitgeteilt wird und was für die Praxis bedeutet, dass eine faire Testung zu Beginn der U-Intervalle mit der EVU nicht möglich ist.

Die Angaben zur Reliabilität beschränken sich auf die Ermittlung von Skalenkonsistenzen, die für dieses Screening nicht als besonders aussagekräftig gelten können. Bei dem gegebenen hohen Maß an Objektivität hätte zum Beispiel eine sehr kurzfristig unternommene Zweituntersuchung durch einen zweiten Diagnostiker auch dazu dienen können, die Retest-Reliabilität einzuschätzen.

Die Untersuchung der Sensitivität und Spezifität wurde zunächst nur für einen eingeschränkten Altersbereich (U6 und U7) vorgenommen.

Insgesamt lässt sich zusammenfassen: aus dem deutschen Sprachraum ist kein aktuell normiertes Entwicklungsscreening verfügbar, mit dem ein so großer Altersbereich abgedeckt worden ist. Das Verfahren ist inhaltlich begründbar, handwerklich angemessen umgesetzt und praktikabel. Letztlich bliebe zu wünschen, die Testlänge bei der U8 und U9 (ca. 20 Minuten), die sich auf unauffällige Kinder beziehen dürfte, noch etwas zu reduzieren, um das knappe Zeitbudget in der kinderärztlichen Praxis weiter zu entlasten.

3.1.3 Neuropsychologisches Entwicklungs-Screening (NES)

Autor/ Verlag:	Petermann, F. & Renziehausen, A. (2005) Bern: Huber							
Alter	**Dauer**		**Normen**	**Standardisierung**		**Gütekriterien**		
U4–U7	**Durchführung**	**Auswertung**	**ja**	**Material**	**Durchführung**	**Objektivität**	**Reliabilität**	**Validität**
	10–15 Min.	**ca. 3 Min.**		**ja**	**ja**	**ja**	**ja**	**ja**
Was wird erfasst?	Grob- und Feinmotorik, Wahrnehmung, kognitive Leistungen; je nach Alter Visuomotorik, Explorationsverhalten, Sprache							
Ergebniswerte:	Bereichsspezifische Summenwerte mit jeweils Grenzwerten, Gesamtsummenwert mit Grenzwert							
Bemerkungen:	Kurzverfahren mit neurologischer und neuropsychologischer Orientierung; explizit für die kinderärztlichen Vorsorgeuntersuchungen U4 bis U7 (zusätzlich: 18. Lebensmonat) konzipiert.							

Konzeption

Das NES stellt ein Entwicklungsscreening für Kinder von vier bis 24 Monaten mit aktuellen Normen für die Zeitpunkte U4 bis U7 sowie einem zusätzlichen Zeitpunkt zwischen dem 17. und 19. Lebensmonat dar. Für die U4 bis U7 und den Zeitraum des 17. bis 19. Lebensmonats liegt damit eine altersspezifische Aufgabensammlung vor, mit der Risikokonstellationen der kindlichen Entwicklung differenziert erfasst werden können. Auf diese Weise können situationsbedingte Auffälligkeiten von Kindern während der Vorsorgeuntersuchung von gravierenden Entwicklungsdefiziten unterschieden und somit unnötige Wartezeiten einerseits sowie überflüssige Untersuchungen andererseits vermieden werden.

Das NES stellt dem Kinderarzt, aber auch Frühfördereinrichtungen und Kinderpsychologen und -psychiatern bereits für frühe Alterszeitpunkte ökonomisch durchzuführenden Aufgabenzusammenstellungen zur Verfügung. Dieses Screeningverfahren erlaubt es, vor allem reifungsbedingte Entwicklungsauffälligkeiten zu erfassen und somit frühzeitig eine differenzierende Entwicklungsdiagnostik zu begründen. Die beobachtbaren Stadien der Hirnentwicklung lassen vermuten, dass es optimale Zeiten für den Erwerb bestimmter Fertigkeiten gibt (vgl. Heubrock & Petermann, 2000; Johnson, 2000; Kolb & Frantie, 1997). Während dieser Phase ist die betreffende Region des Nervensystems gewissermaßen vorbereitet auf Lernprozesse. Diese Bereitschaft beruht auf anatomisch lokalisierten und zeitlich begrenzten Perioden rapiden Zellwachstums innerhalb verbundener Hirnregionen. Phasen einer besonders rapiden neuronalen Entwicklung, so genannte Entwicklungsspurts, scheinen mit bekannten Etappen der kindlichen Entwicklung zu korrelieren. Analog zu diesen Entwicklungsspurt wurde für das vorliegende Verfahren der Zeitraum von der Geburt bis zum vollendeten zweiten Lebensjahr in drei Phasen eingeteilt:

- *Elementarphase* (Geburt bis 12. Lebensmonat);
- *Transitionsphase* (um den 12. Lebensmonat);
- *Integrationsphase* (13. bis 24. Lebensmonat).

Dabei werden zu den jeweiligen Zeitpunkten, die in Tabelle 5 aufgeführt sind, verschiedene Entwicklungsbereiche erfasst.

Tabelle 5: Entwicklungsbereiche des NES.

<table>
<tr><th>Lebensmonat</th><th colspan="5">Entwicklungsbereiche</th></tr>
<tr><td>3.–4. (U4)</td><td rowspan="5">Haltungs- und Bewegungssteuerung</td><td rowspan="3" colspan="2">Kognitive Leistungen</td><td rowspan="2">Visuelle Wahrnehmung</td><td rowspan="2">Feinmotorik</td></tr>
<tr><td>6.–7. (U5)</td></tr>
<tr><td>10.–12. (U6)</td><td colspan="2">Explorationsverhalten</td></tr>
<tr><td>17.–19. (*)</td><td rowspan="2">rezeptive Sprache</td><td rowspan="2">expressive Sprache</td><td rowspan="2" colspan="2">Visuomotorik</td></tr>
<tr><td>22.–24. (U7)</td></tr>
</table>

Anmerkungen: Die Angaben in Klammern kennzeichnen die entsprechende Vorsorgeuntersuchung (U-Untersuchung). (*): Das Verfahren bietet zwischen der U6 und der U7 einen zusätzlich möglichen Screening-Zeitpunkt an.

Aufgaben

Es wurde bei der Aufgabenauswahl das Prinzip der essenziellen Grenzsteine (Michaelis & Niemann, 1999) berücksichtigt. Dies sind motorische, perzeptive, kognitive und sprachliche Fähigkeiten, die für eine normale Entwicklung trotz aller Variabilität unabdingbare Voraussetzung sind und die zu einem bestimmten Zeitpunkt von 85 % bis 95 % aller gesunden Kinder erreicht werden. Solche Grenzsteine werden als notwendige Schritte in der Entwicklungsabfolge postuliert, wobei deren Fehlen mit hoher Wahrscheinlichkeit auf einen Entwicklungsrückstand hinweist. Das NES erfasst in jedem Bereich Einzelfertigkeiten, die nach dem Grenzsteinprinzip essenziell für die kindliche Entwicklung in der jeweiligen Altersgruppe sind und prognostische Aussagekraft besitzen. Die einzelnen Bereiche werden dabei mit jeweils drei Aufgaben repräsentiert. Jede Altersgruppe hat ihre spezifische Aufgabenzusammenstellung, da nicht jeder Bereich in allen Entwicklungsabschnitten gleich bedeutsam oder gleich gut diagnostisch überprüfbar ist. Von daher werden keine durchgehenden Subtests über alle Bereiche gebildet. Vielmehr sollen möglichst vielfältige, altersspezifisch relevante Merkmale innerhalb der Bereiche erfasst werden.

Der Testkoffer enthält einen vollstandardisierten Materialsatz sowie eine Schulungs-DVD. Die Aufgaben zur Haltungs- und Bewegungssteuerung umfassen Aspekte der Körperbeweglichkeit, Haltungs- und Kopfkontrolle und des Gleichgewichts (Drehen, Sitzen, Stehen, Fortbewegen). Unter der Entwicklung der Feinmotorik bzw. Visuomotorik soll hier die Herausbildung der Fähigkeit verstanden werden, wahrgenommene Objekte bewusst und gezielt zu ergreifen und zu manipulieren. Spezialfall der Feinmotorik ist die Mundmotorik und damit die Lautbildung als Vorläuferfertigkeit der Sprachentwicklung. Im Bereich der visuellen Wahrnehmung werden die Aufnahme, das Fixieren und das Verfolgen visueller Reize, die binokulare Wahrnehmung und das Tiefensehen überprüft. Die Fertigkeiten zur aktiven Informationsbeschaffung und -aufnahme am Ende des ersten Lebensjahres werden mit den Bereich „Explorationsverhalten" untersucht. Die bisher erworbenen Grundfertigkeiten wie Sehen, Greifen, Objektmanipulation und eigenaktiver motorischer Fortbewegung werden in diesem Alter eingeübt und verfeinert. Die Erfassung des Sprachentwicklungsstandes erfolgt durch Aufgaben wie Objekte zeigen und benennen, Aufforderungen befolgen sowie Wort- und Satzproduktion. Im Bereich der kognitiven Entwicklung werden verschiedene Stadien der Objekterkundung und der Objektpermanenz sowie Aufmerksamkeitszuwendung, Kausalitätsverständnis, Formzuordnung und Wahrnehmung räumlicher Zusammenhänge untersucht.

Durchführung

Das NES wird als Einzeltest durchgeführt. Dazu sind ungefähr zehn Minuten nötig. Material, Durchführung und Bewertungskriterien sind standardisiert und im Handbuch genau beschrieben. Der Diagnostiker wird durch eine zweiseitige Kurzanleitung mit den Aufgabenbeschreibungen für jede Altersgruppe unterstützt. Die Aufgabenreihenfolge im Handbuch findet sich im Protokollbogen und der Kurzanleitung wieder und ist in den einzelnen Altersgruppen nach den entsprechenden Bereichen angeordnet. Als solches stellt sie eine Empfehlung dar, nach der vorgegangen werden kann, aber nicht muss. Gerade bei sehr jungen Kindern ist es sinnvoll, je nach Interesse des Kindes die Testdurchführung flexibel zu gestalten.

Bei der Testung von Säuglingen und Kleinkindern ist die Anwesenheit einer vertrauten Begleitperson unbedingt nötig und erwünscht. Durch ein solches Vorgehen kann man dem Kind eine gewünschte Reaktion häufig auch dann noch entlocken, wenn dies dem Diagnostiker allein nicht gelingt. Auch kann bei Aufgaben, die nicht in der Testsituation realisiert werden können, die Elternauskunft in die Bewertung miteinbezogen werden.

Auswertung

Für jede der fünf Altersgruppen liegen separate Protokollbögen vor. Neben dem Titelblatt mit dem Ergebnisprofil und dem Protokoll für die Testaufgaben können Eintragungen zu anamnestischen Angaben und Verhaltensbeobachtungen während der Testdurchführung vorgenommen werden.

Die Bewertung wird während der Testdurchführung im Protokollbogen eingetragen und erfolgt zweikategoriell (altersgerecht vs. auffällig). Nach der Testdurchführung werden zunächst die Punktwerte pro Entwicklungsbereich addiert und daraus eine Gesamtsumme gebildet. Die so ermittelten Bereichs- und Gesamtsummen können dann auf der Vorderseite in ein Ergebnisprofil eintragen werden. Dies erlaubt ein schnelles Einschätzen der individuellen Testleistung im Vergleich zur Normstichprobe und zeigt außerdem anschaulich, welchen Anteil die jeweiligen Bereiche am Zustandekommen des Gesamttestwertes haben. Die Auswertung nimmt insgesamt ungefähr drei Minuten in Anspruch.

Interpretation

Sowohl die bereichsspezifischen Punktwerte als auch die Gesamtsumme lassen sich dahingehend bewerten, ob die individuelle Leistung eines Kindes unter der 10. Perzentile seiner Altersgruppe liegt (auffällig), sich zwischen der 10. und 25. Perzentile befindet (grenzwertig, näher beobachten) oder oberhalb der 25. Perzentile liegt (unauffällig).

Normierung

Es liegen Normen aus dem Jahr 2004 von insgesamt 677 Kindern aus fünf Regionen Deutschlands vor. Dabei handelt es sich schwerpunktmäßig um anfallende Stichproben aus kinderärztlichen Praxen. Dabei wurden Kinder mit gravierenden Entwicklungsdefiziten sowie Kinder mit akuten Infekten aus der Normstichprobe ausgeschlossen. Es werden Angaben zu verschiedenen klinischen und soziodemografischen Daten gemacht.

Für alle Testaufgaben sind die Schwierigkeiten angegeben. Weiter werden für die bereichsspezifischen Summenwerte und für den Gesamtsummenwert Mittelwerte und Standardabweichungen, Minimum und Maximum, 5., 10., 25., 50., 75., 90. und 95. Perzentil ausgewiesen, womit eine differenzierte Orientierung an der Normverteilung möglich wird. Zusätzlich sind Prozentränge für die bereichsspezifischen Summenwerte und den Gesamtsummenwert zu entnehmen.

Gütekriterien

Die Durchführung und Auswertung sind gut standardisiert, es existieren ein fester Materialsatz und präzise Aufgabenanleitungen. Die Interpretation kann eindeutig vorgenommen werden, die Kategorien „auffällig", „grenzwertig" und „unauffällig" sind direkt von den Rohwerten abzuleiten. Somit ist von hinreichender Objektivität auszugehen.

Eine Teileinschätzung der Reliabilität gelingt über die Konsistenzen (Cronbachs Alpha). Bei dem NES handelt es sich um ein Screening, das mit heterogenen Aufgabenzusammenstellungen innerhalb der einzelnen Entwicklungsbereiche eine schnelle und umfassende Abschätzung von Leistungskomplexen unternimmt. Dementsprechend sind also geringe bis mittlere Konsistenzen zu erwarten, was durch die vorgelegten Werte im Handbuch bestätigt wird.

Zur Konstruktvalidität liegen Nachweise in Form von Skaleninterkorrelationen sowie Korrelationsberechnungen zwischen den einzelnen Bereichen und der Gesamtsumme vor. Dabei weisen die einzelnen Bereiche eine hinreichende Eigenständigkeit auf. Außerdem konnte eine mit dem Alter ansteigende Lösungsfrequenz in allen Bereichen nachgewiesen und damit belegt werden, dass mit dem NES entwicklungsbedingte Prozesse abgebildet werden. Weitere Studien insbesondere zur prognostischen Validität sowie Studien an klinischen Stichproben sind in Vorbereitung.

Kritik

Das NES ist als Kurzverfahren für die ersten beiden Lebensjahre explizit für die kinderärztlichen Vorsorgeuntersuchungen U4 bis U7 erstellt. Für solche Kinder, bei denen eine engmaschigere Entwicklungseinschätzung geboten ist, wird ein zusätzlicher Untersuchungstermin für den Zeitraum um den 18. Lebensmonat angeboten. Diese enge Abfolge der Untersuchungsintervalle ermöglicht präzise Normen, deren Aussagebereich durch die Zusatzangaben zur Stichprobencharakteristik (Klinik, Soziodemografie) hinreichend beschrieben ist. Wie bei anderen Verfahren mit ähnlichen Stichproben ist zu bedenken, dass die Kinder der Normierungsstichprobe entsprechend gängiger Terminvergabepraxis tendenziell eher gegen Ende der U-Intervalle einbestellt wurden, wodurch die Alterswerte eine bestimmte Charakteristik erhalten: somit scheint die Testfairness in Bezug auf Kinder, die zu Beginn der U-Intervalle einbestellt werden, eingeschränkt.

In der Zusammenfassung liegt mit dem NES ein aktuell normiertes und sehr ökonomisches Screening für die ersten beiden Lebensjahre vor, das die Erfordernisse einer effizienten Entwicklungsbeurteilung voll erfüllt. Für die Zukunft bleibt dabei die Aufgabe, die prognostische Validität durch zusätzliche empirische Belege weiter zu stützen.

Die dem Testsatz beiliegende Schulungs-DVD ist separat als Schulungsvideo erhältlich (aus der Reihe Teleforum Kinderarzt). Es ist als Themenkassette 1/2004 unter dem Titel „Neuropsychologisches Entwicklungs-Screening (NES)“ erschienen. Die Bezugsadresse lautet: Hansisches Verlagskontor, Mengstr. 16, 23552 Lübeck.

3.2 Allgemeine Entwicklungstests

3.2.1 Entwicklungstest sechs Monate bis sechs Jahre (ET 6-6)

Autor/ Verlag:	Petermann, F., Stein, I. A. & Macha, T. (2004a) (2., veränd. Aufl.) Frankfurt/M.: Harcourt Test Services							
Alter	**Dauer**		**Normen**	**Standardisierung**		**Gütekriterien**		
	Durchführung	**Auswertung**		**Material**	**Durchführung**	**Objektivität**	**Reliabilität**	**Validität**
0;6–5;11 J.	**12–60 Min.**	**5–15 Min.**	**ja**	**ja**	**ja**	**ja**	**k. A.**	**ja**
Was wird erfasst?	Körpermotorik, Handmotorik, kognitive Entwicklung (Gedächtnis, Handlungsstrategien, Kategorisieren, Körperbewusstsein), Sprache (rezeptiv und expressiv), Sozialentwicklung, emotionale Entwicklung, Nachzeichnen							
Ergebniswerte:	Erstellung eines *Entwicklungsprofils:* Skalenspezifische Werte können vor dem jeweiligen Mittelwert und der Standardabweichung der entsprechenden Altersgruppe interpretiert werden. Es werden verschiedene Verteilungskennwerte (Lage- und Streuungsmaße, Perzentilwerte, Minima und Maxima, auch geschlechtsspezifisch) zu den einzelnen Erfassungsbereichen bereitgestellt.							
Bemerkungen:	Zum ET 6-6 ist ein Schulungsvideo erhältlich.							

Konzeption

Der ET 6-6 stellt dem Anwender ein Inventar kriteriumsorientierter Diagnostik mit Altersnormen zur Verfügung. Die Autoren diskutieren ein Modell, das die Variabilität normaler kindlicher Entwicklung berücksichtigt und Stabilität und Störbarkeit veranschaulicht. Die Aufgabenzusammenstellung orientiert sich am Grenzsteinprinzip (Michaelis & Niemann, 1999), das entwicklungsneurologisch Basisfertigkeiten begründet, die für die weitere ungestörte Entwicklung als essenziell angesehen werden. Überprüft werden im Altersbereich von sechs Monaten bis sechs Jahre:

- Körpermotorik,
- Handmotorik,
- kognitive Entwicklung,
- Sprachentwicklung,
- Sozialentwicklung und
- emotionale Entwicklung

Je nach Alter des Kindes werden einige dieser Entwicklungsbereiche weiter untergliedert (kognitive Entwicklung: Gedächtnis, Handlungsstrategien, Kategorisieren, Körperbewusstsein; Sprachentwicklung: rezeptiv, expressiv). Ab dem vierten Lebensjahr wird zusätzlich der Subtest Nachzeichnen durchgeführt. Für insgesamt 12 Altersgruppen sind alterspezifische Aufgabenzusammenstellungen vorgenommen worden. Das Verfahren umfasst insgesamt 113 Testaufgaben und 67 Elternfragen, von denen je nach Alter des Kindes insgesamt bis zu ca. 70 zur Anwendung kommen. Dabei sind es schwerpunktmäßig die Sozialentwicklung und die emotionale Entwicklung, die über die Elternauskunft erhoben werden.

Aufgaben

Der Test ist vollstandardisiert, die Materialien sind Bestandteil des Testkoffers: Schaumstoffball (Durchmesser 20 cm), Quietschball aus Gummi (etwa Tennisballgröße), Linoleumstreifen (10 x 200 cm), zusammensteckbarer Formenblock (Holz, vierteilig), Schildkrötengrundplatte zur Aufnahme der drei Schildkrötenpanzer (Puzzle unterschiedlicher Schwierigkeit), 9 Holzkugeln in unterschiedlichen Größen und Lackierungen, 10 große Würfel (verschiedenfarbig, Kantenlänge 3 cm), 10 kleine Würfel (verschiedenfarbig, Kantenlänge 1 cm), Mama-Schlange (Stoff, mit eingenähten Holzformen), Baby-Schlange (Stoff, mit entnehmbaren Holzformen), Wachsstifte, Bleistift, Glas mit Schraubverschluss, Geräuschememory (verschieden gefüllte Filmdosen), 20 Bildkarten (rote Serie: 5 Tiere, 5 Lebensmittel, 5 Kleidungsstücke, 5 Transportmittel), 8 Bildkarten (grüne Serie: 4 funktionsverbundene Paare), 5 Bildkarten (gelbe Serie: 3 Vögel, 2 Vierbeiner), 5 Bildkarten (blaue Serie: 5 Menschen), 4 Bildkarten (violette Serie: Bildergeschichte). Neben dem Testhandbuch ist eine separate Durchführungshilfe beigelegt, aus der die nötigen Informationen zu Materialien, Instruktionen und Bewertungskriterien in besonderer Zusammenstellung für die jeweiligen Altersbereiche unmittelbar während der Testung ersichtlich sind. Die Testaufgaben werden bis auf wenige Ausnahmen zweikategoriell (erfüllt bzw. nicht erfüllt) notiert.

Durchführung

Der ET 6-6 wird als Einzeltest durchgeführt. Die Durchführungsdauer variiert je nach Alter zwischen ca. 12 Minuten (Säuglinge) bis ca. 60 Minuten (Vorschulalter) für unauffällige Kinder. Es wird ein Altersgruppentest ausgewählt und die dort ausgewiesene Aufgabenzusammenstellung komplett absolviert. Die Notierung erfolgt für die Testaufgaben und die Elternfragen zweikategoriell (gelöst bzw. nicht gelöst), beim „Zahlen nachsprechen" wird die Länge der längsten reproduzierten Zahlenreihe notiert. Die Reihenfolgen der Testaufgaben auf den Protokollbögen sind auf Praktikabilität ausgelegt und berücksichtigen wichtige Erfordernisse der Testung im Kindesalter. Es liegt diesen Reihungen jedoch Empfehlungscharakter zu Grunde, sie können im Einzelfall zur Sicherstellung einer möglichst vollständigen Testung unter günstigen Bedingungen variiert werden.

Auswertung

Zunächst wird für jeden Entwicklungsbereich die Anzahl gelöster Aufgaben ermittelt. Im nächsten Auswertungsschritt wird daraus jeweils ein Testwert gebildet, der den prozentualen Anteil gelöster Aufgaben wiedergibt und in eine Profilvorlage übertragen wird.

Das Profil ermöglicht für jeden Entwicklungsbereich die Orientierung an altersspezifischen Mittelwerten und Standardabweichungen. Die Ermittlung der Testwerte nimmt etwa fünf Minuten in Anspruch. Eine vertiefende, kriterienbezogene Auswertung anhand von Einzelfertigkeiten kann auf dem Protokollbogen unter Zuhilfenahme der Aufgabenschwierigkeiten erfolgen.

Für die Auswertung des Subtests Nachzeichnen wird jede Zeichnung des Kindes anhand erfüllter Merkmale bewertet, jede Zeichnung kann mit maximal fünf Punkten bewertet werden. Es werden altersgruppenspezifische Mittelwerte und Standardabweichungen für die Einzelaufgaben sowie die Gesamtpunktwerte des Subtests Nachzeichnen angeboten. Die Auswertungsdauer für den Nachzeichentest beträgt in etwa zehn Minuten.

Interpretation

Es werden für die bereichsspezifischen Testwerte Bewertungen wie „unauffällig“, „überdurchschnittlich“ und „unterdurchschnittlich“ sowie „weit überdurchschnittlich“ und „weit unterdurchschnittlich“ angegeben. Für vertiefende Interpretationen sind zahlreiche Hinweise formuliert.

Normierung

Der Test wurde im Jahr 1999 in drei Regionen in Deutschland an 950 Kindern normiert. Es werden verschiedene klinische und soziodemografische Angaben zur Stichprobe referiert. Die wichtigsten Normwerte liegen bereits unmittelbar auf den Protokollbögen vor und stehen somit bei der Interpretation eines Entwicklungsprofils ohne Umweg zur Verfügung. Für eine vertiefende Beurteilung legt das Handbuch differenzierte Normwerte vor: unterschiedliche Lage- und Streuungsmaße für alle Entwicklungsbereiche und Altersgruppen, geschlechtsspezifisch oder bezogen auf die Gesamtstichproben.

Gütekriterien

Die Durchführung erfolgt mit standardisierten Materialien und ist gut instruiert, die Auswertung erfolgt regelgeleitet und führt zu eindeutigen Testwerten, für die Instruktionen sind Beurteilungskategorien angegeben. Somit ist die Objektivität sicher gestellt. Zur Reliabilität werden keine Angaben gemacht.

Zur Einschätzung der Validität werden verschiedene Studien referiert, die erwartungskonform ausfallen und somit die kriteriengebundene Validität sowie die Konstruktvalidität stützen. Der ET 6-6 kann zwischen frühgeborenen und unauffälligen Säuglingen unterscheiden, womit ein Beitrag zur Differenzierungsfähigkeit des Verfahrens in den jungen Altersgruppen geleistet wurde; die Ergebnisse stehen im Einklang mit einer früheren Studie, in der die Differenzierungsfähigkeit des ET 6-6 in Bezug auf Frühgeborene und unauffällige Kinder für die gesamte Altersspanne nachgewiesen wurde. In Bezug auf die Konstrukt- als auch die Kriteriumsvalidität werden die Entwicklungsdimensionen des ET 6-6 mit den Untertests und Summenwerten der K-ABC auf Zusammenhänge überprüft, wobei die Ergebnisse durchweg plausibel ausfallen. In einer vergleichenden Studie mit WET konnte gezeigt werden, dass der ET 6-6 sehr günstig auf die Testmotivation der Kinder einwirkt und somit die Leistungsüberprüfung gültig vorgenommen werden kann. Eine Studie mit verhaltensauffälligen Kindern (externalisierende Störungen) konnte zeigen, dass der ET 6-6 Unterschiede verschiedener Symptombilder sowie Unterschiede zu unauffälligen Kindern abbilden kann.

Kritik

Durch den Inventarcharakter ist die Überprüfung der Reliabilität nicht sinnvoll vorzunehmen. Die Entwicklungsbereiche werden nicht durch homogene Skalen repräsentiert, womit ein Konsistenzmaß wenig aussagekräftig wäre.

Mit der zweiten Auflage sind zahlreiche Veränderungen vorgenommen worden, die die Anwenderfreudlichkeit erhöhen: die Aufgabenreduktion in einzelnen Altersgruppen wirkt günstig auf die Testökonomie und die Testmotivation der Kinder, die präzisierten Angaben zur Auswertung und Interpretation erleichtern die Befundformulierung und der zusätzliche Durchführungshilfe erhöht die Einarbeitung sowie die Praktikabilität des Verfahrens während der Untersuchung.

Zum ET 6-6 ist ein Schulungsvideo erhältlich (aus der Reihe Teleforum Kinderarzt). Es ist als Themenkassette 1/2001 mit dem Titel „Entwicklungsdiagnostik vom Säuglingsalter bis zur Schulreife: der ET 6-6; Durchführung im Vorschulalter“ erschienen. Die Bezugsadresse lautet: Hansisches Verlagskontor, Mengstr. 16, 23552 Lübeck.

3.2.2 Griffiths-Entwicklungsskalen (GES)

Autor/ Verlag:	Brandt, I. & Sticker, E. J. (2001) (2., überarb. u. erw. Aufl.) Göttingen: Beltz Test							
Alter	**Dauer**		**Normen**	**Standardisierung**		**Gütekriterien**		
0;1–1;11 J.	**Durchführung**	**Auswertung**	**ja**	**Material**	**Durchführung**	**Objektivität**	**Reliabilität**	**Validität**
	30–60 Min.	**5 Min.**		**ja**	**ja**	**ja**	**ja**	**ja**
Was wird erfasst?	Motorik, Persönlich-Sozial, Hören und Sprechen, Auge und Hand, Leistungen							
Ergebnis-werte:	Ermittlung von Entwicklungsquotient und Entwicklungsalter (gesamt sowie bereichsspezifisch)							
Bemer-kungen:	Zu den Griffiths-Entwicklungsskalen sind zwei Schulungsvideos (1. LJ., 2. LJ.) erhältlich.							

Konzeption

Das vorliegende Verfahren geht auf eine Urversion aus dem Jahre 1954 (Griffiths) zurück, das standardisiert und für den deutschen Sprachraum bearbeitet und normiert wurde. Die deutschen Autorinnen betonen besonders ihre Perspektive auf den Säugling als den Gestalter seiner eigenen Entwicklung. Vertiefend diskutiert wird der Entwicklungsbereich der Handmotorik, der in engem Zusammenhang mit der morphologischen Entwicklung des Großhirns steht. Das hohe Maß an Cortikalisierung der Greiffunktionen interpretieren die Autorinnen dahin gehend, dass sie besonders eng mit allen anderen Entwicklungsbereichen verwoben sind.

Das Verfahren gliedert sich in die fünf Unterskalen Motorik, Persönlich-Sozial, Hören und Sprechen, Auge und Hand sowie Leistungen (intellektuelle Entwicklung im engeren Sinne). Die insgesamt 208 Testaufgaben für den gesamten Altersbereich sind in etwa gleichmäßig auf die Entwicklungsbereiche verteilt. Innerhalb der Entwicklungsbereiche sind die Aufgaben nach ihrer Schwierigkeit angeordnet (Stufenleiter), so dass sich im Testverlauf von einfachen hin zu schwierigeren Aufgaben vorgetastet wird.

Die Autorinnen weisen darauf hin, dass die Griffiths-Entwicklungsskalen zwar keine neurologische Untersuchung ersetzen können, halten es aber in vielen Fällen für möglich, Hinweise auf neurologische Störungen zu gewinnen.

Aufgaben

Insgesamt stehen über alle Unterskalen 208 Testaufgaben zur Verfügung. Die Platzierung einer Aufgabe innerhalb der Stufenleiter ist an dem Zeitpunkt (bezogen auf das Lebensalter) orientiert, zu dem wenigstens 50 % aller Kinder diese Aufgabe lösen können. Hierbei sind die Aufgaben sind so konstruiert, dass sie mit gelöst (+) oder nicht gelöst (–) bewertet werden, Halb- oder Teillösungen werden nicht berücksichtigt.

Der Materialsatz umfasst folgende Gegenstände: Taschenlampe, Papierservietten, eine Handglocke, einen Ring mit angebrachtem Glöckchen, einen runden Holzreif mit Schnur, einen roten Holzstab, acht Holzwürfel (3 cm Kantenlänge), einen Plastiklöffel, eine Stimmgabel, Tasse mit Untertasse (Kunststoff), einen Spiegel, Zuckerpillen (Smarties), eine Stoppuhr, drei verschiedenfarbige Holzkästchen mit Deckel, ein Spielzeugauto, ein Bilderbuch, einen kleinen Gummiball, vier unterschiedliche Formbretter mit einzupassenden Formen (One-circle-board, Two-circle-board, Square-board, Three-hole-board), eine Schachtel mit verschiedenen Spielzeugen, ein Nachziehspielzeug auf Rädern, eine Puppe, farbiger Filz oder Stoff (ca. 30 x 50 cm), zwei Plastikbecher, 20 Bildkarten, ein Spielzeug zum auf- und zuschrauben.

Durchführung

Die Untersuchung ist als Einzeltest durchzuführen. Der Testeinstieg wird vom Alter des Kindes abgeleitet, eine Alterskorrektur bei Frühgeburt ist vorgesehen. Im Bedarfsfall empfehlen die Autoren eine Vorab-Orientierung über den Entwicklungsstand des Kindes an Meilensteinen („Was kann er/sie denn schon?“). Für die tatsächliche Reihenfolge der Aufgaben empfehlen die Autorinnen die Berücksichtigung des Interesses des Kindes und seine Bereitschaft zur Mitarbeit.

Die Durchführung beträgt je nach Alter des Kindes und Verlauf der Untersuchung zwischen 30 und 60 Minuten. Der Test innerhalb einer Skala wird dann beendet, wenn zwei aufeinander folgende Aufgaben nicht gelöst werden.

Auswertung

Grundlage für die quantitative Bewertung bildet die Summe gelöster Aufgaben, nicht die Position der schwierigsten (in der Stufenleiter am höchsten platzierten) Aufgabe. Somit wird der Variabilität normaler Entwicklung Rechnung getragen.

Es stehen insgesamt zehn Aufgaben je Lebensmonat zur Verfügung (zwei je Skala). Für die Ermittlung des Gesamt-Entwicklungsalters werden die Teilsummen gelöster Aufgaben aller Unterskalen zusammengezählt und durch zehn geteilt. Somit ergibt sich ein Wert, der den Entwicklungsstand in Monaten angibt. Auf ähnliche Weise ist die Berechnung bereichsspezifischer (skalenspezifischer) Entwicklungsalter möglich. Die einzelnen Skalenwerte können als Profil interpretiert werden.

Zur Berechnung des *Gesamt-Entwicklungsquotienten* wird das Entwicklungsalter durch das Lebensalter dividiert und mit 100 multipliziert. Bei jüngeren Kindern (unter vier Monaten) ist dabei zusätzlich eine Korrektur notwendig. Für eine weitere Orientierung sind die Aufgabenschwierigkeiten (kumulative Häufigkeiten der Aufgabenlöser) in verschiedenen Lebensmonaten angegeben. Das Handbuch gibt detailliert Hinweise für das Vorgehen, wenn eine oder mehrere Unterskalen (z. B. die Motorikskala bei motorisch schwerstbeeinträchtigten Kindern) ausgelassen werden. Je nach dem, welche Ergebniswerte berechnet werden sollen, nimmt die Auswertung zwischen drei und fünf Minuten in Anspruch.

Interpretation

Es werden keine Hinweise dafür gegeben, in welchem Fall eine Abweichung als noch normal oder bereits als auffällig zu bewerten ist. Es werden jedoch einige Fallbeispiele diskutiert, die dem Anwender ein Gespür für die Aussagemöglichkeiten des Tests vermitteln können.

Normierung

Die Normierung geht auf Kinder der Bonner Longitudinalstudie zurück. Die Kinder wurden zwischen 1967 und 1974 geboren und wurden im ersten Lebensjahr monatlich, später in größeren Intervallen untersucht. Den Schwerpunkt der Normen bilden die Entwicklungsdaten reifgeborener Kinder, wobei die Daten Frühgeborener mit einbezogen wurden, wenn sie sich statistisch nicht signifikant von denen der Reifgeborenen unterschieden. Die Normierungsstichprobe umfasst insgesamt 102 Kinder, davon 58 Reif- und 44 Frühgeborene.

Gütekriterien

Die Testaufgaben sind klar formuliert, die Materialien sind standardisiert, die Auswertung erfolgt regelgeleitet, womit von ausreichender Durchführungs- und Auswertungsobjektivität auszugehen ist.

Die Angaben zur Reliabilität beschränken sich auf Retestkoeffizienten, die sich überwiegend im Bereich geringer bis mittlerer Korrelationen bewegen und von den Autorinnen selbst auch als wenig angemessenes Reliabilitätsmaß bewertet werden.

Zur Einschätzung der Validität existieren keine Ergebnisse. Es wird jedoch von Autorinnen darauf hingewiesen, dass überraschend gute Übereinstimmung zwischen den Ergebnissen Reif- und Frühgeborener bei korrigiertem Alter vorliegt.

Kritik

Die Stufenleiteranordnung ist sehr übersichtlich und wirkt auf hohe Praktikabilität hin. Die Berechnung der Ergebniswerte wie zum Beispiel des Gesamt-Entwicklungsquotienten suggeriert, dass es sich um standardisierte Werte handelt, die Gesetzmäßigkeiten folgen, die zum Beispiel Intelligenzquotienten üblicherweise unterliegen. Dies ist nicht der Fall, der Gesamt-Entwicklungsquotient wird auf dem Weg über das Gesamt-Entwicklungsalter erhoben, das sich wiederum an der Position der Aufgaben in den Stufenleitern orientiert. Diese Positionen gehen auf den Alterszeitpunkt zurück, zu dem 50 % einer großen Gruppe von Kindern die Aufgaben lösen konnten, womit die hohe Variabilität normaler Entwicklung nicht berücksichtigt werden kann und der Aussagebereich streng genommen auf durchschnittliche Kinder eingegrenzt ist. Da über die Struktur der Normdaten (z. B. Verteilungen) im Handbuch wenig mitgeteilt wird und die Annahmen von Normalität und Abweichung nicht hinreichend expliziert werden, ist der tatsächliche Aussagewert eines Entwicklungsalters sowie eines Entwicklungsquotienten auch bei Zuhilfenahme der zahlreichen Tabellen schwierig zu beurteilen.

Zu den GES sind zwei Schulungsvideos erhältlich, die sehr anschaulich in die Testdurchführung einführen. Sie sind in der Reihe Teleforum Kinderarzt mit den Titeln „Griffiths-Entwicklungsskalen (GES) zur Beurteilung der Entwicklung in den ersten beiden Lebensjahren; Untersuchung eines 6 Monate alten Jungen (Robert)“ und „Griffiths-Entwicklungsskalen (GES) zur Beurteilung der Entwicklung in den ersten beiden Lebensjahren; Untersuchung eines 12 Monate alten Mädchens (Jasmin)“ erschienen. Die Bezugsadresse lautet: Hansisches Verlagskontor, Mengstr. 16, 23552 Lübeck.

3.2.3 Münchener Funktionelle Entwicklungsdiagnostik (erstes Lebensjahr; MFED 1)

Autor/ Verlag:	Hellbrügge, T., Lajosi, F., Menara, D., Schamberger, R. & Rautenstrauch, T. (2001) (6., unveränderte Aufl.) Lübeck: Hansisches Verlagskontor							
Alter	**Dauer**		**Normen**	**Standardisierung**		**Gütekriterien**		
	Durchführung	**Auswertung**		**Material**	**Durchführung**	**Objektivität**	**Reliabilität**	**Validität**
0;1–0;11 J.	**20–40 Min.**	**5 Min.**	**nein**	**ja**	**ja**	**ja**	**k. A.**	**k. A.**
Was wird erfasst?	Krabbelalter, Sitzalter, Laufalter, Greifalter, Perzeptionsalter, Sprechalter, Sprachverständnisalter, Sozialalter							
Ergebniswerte:	Ermittlung bereichsspezifischer Entwicklungsalter							
Bemerkungen:	–							

Konzeption

Die Münchner Funktionelle Entwicklungsdiagnostik stützt sich auf das Prinzip der ethologischen Entwicklungsdiagnostik, im Rahmen derer über das Registrieren von Verhaltensweisen psychomotorische Funktionen beschrieben werden sollen. Es werden dabei in der Entwicklungsdiagnostik gängige Funktionsbereiche überprüft, ohne dass eine theoretische Fundierung vorgenommen werden kann. Grundlagen des Verfahrens stellen die „Entwicklungsphysiologischen Tabellen für das Säuglingsalter" von Hellbrügge und Pechstein (1968) dar, die unter Rückgriff auf Daten der Münchener Pädiatrischen Längsschnittstudie überarbeitet wurden.

Aufgaben

Das Verfahren gliedert die Entwicklung des Säuglings in acht Funktionsbereiche auf, innerhalb derer die Testaufgaben nach dem Stufenleiterprinzip angeordnet sind:
- Körperdrehung und Kriechen (Krabbelalter),
- Sitzen (Sitzalter),
- Stehen und Gehen (Laufalter),
- Greifen und Handbeherrschung (Greifalter),
- Sinnesorgane und Spielverhalten (Perzeptionsalter),
- Sprachäußerungen (Sprechalter),

- Sprachverständnis (Sprachverständnisalter) und
- Sozialentwicklung (Sozialalter).

Die einzelnen Aufgaben stehen mit Entwicklungsaltern in Beziehung. Zu jedem Bereich wird jeweils ein spezifisches Entwicklungsalter (in Monaten) ermittelt.

Der leichte Testkoffer enthält neben dem Handbuch (DIN A5, 222 Seiten) und 50 Auswertungsbögen (DIN A4, 1 Seite) sowie 50 Testprofilen (DIN A4, 1 Seite): eine Glocke, eine Rassel, einen Greifring, 12 einfarbige Holzwürfel (3 cm Kantenlänge), zehn einfarbige Plastikscheiben (ca. 2,5 cm Durchmesser) in einer Kunststoffdose mit Schraubverschluss, eine Puppe, ein Hohlwürfel (7,5 cm Kantenlänge) aus Kunststoff, eine Stoffwindel, ein Auto aus Holz an einer Schnur, ein Bogen Seidenpapier (ca. DIN A2).

Durchführung

Das Verfahren ist als Einzeluntersuchung durchzuführen. Die Autoren empfehlen die Anwesenheit einer Bezugsperson des Säuglings, um diese gegebenenfalls in die Untersuchung einzubeziehen. Der Testeinstieg innerhalb der Stufenleitern ist prinzipiell in das Ermessen das Diagnostikers gestellt, nahe liegend ist dabei die Orientierung am Alter des Kindes, dabei sollen die ersten Aufgaben aber zumindest eine Monatsstufe unter dem (korrigierten) chronologischen Alter liegen. Es werden dann schrittweise die Aufgaben so lange weiter durchgeführt, bis keine Aufgaben der höheren Altersstufen mehr gelöst werden können. Die Aufgaben sind so formuliert, dass grundsätzlich eine zweikategorielle Notierung (gelöst bzw. nicht gelöst) erfolgen kann.

Zur Durchführungsdauer sind dem Handbuch keine Angaben zu entnehmen. Je nach Alter des Kindes, der Positionierung des Testeinstiegs und des Testverlaufs sind etwa 20 bis 40 Minuten zu veranschlagen.

Auswertung

Zu jedem Funktionsbereich wird entweder das entsprechende Entwicklungsalter ermittelt oder, bei „streuenden Leistungen" (Handbuch, S. 75), innerhalb des betreffenden Funktionsbereichs der entsprechende Altersbereich gekennzeichnet, innerhalb dessen sich das Entwicklungsalter des Kindes bewegt. Im zweiten Fall werden die entsprechenden Bereiche von der Profildarstellung ausgespart. Ein bereichsspezifisches Entwicklungsalter kennzeichnet dabei den Zeitpunkt, zu dem 90 % der von den Autoren untersuchten Kinder die zugeordnete Aufgabe erfüllt hatten („Mindestnorm", vgl. Handbuch S. 63). Bleibt ein Kind in einem spezifischen Entwicklungsalter hinter dem errechneten chronologischen Alter zurück, wird dies als auffällig angesehen. Die Auswertung erfordert ungefähr fünf Minuten.

Normierung

Als Orientierung dient die Reihenfolge der Aufgaben pro Altersgruppe. Diese Angaben haben sich grob an einer Auswahl von 85 somatisch und psychisch unauffällig befundenen Säuglingen und Kleinkindern orientiert, welche in den Jahren 1971 bis 1974 im Rahmen der Münchener Pädiatrischen Längsschnittstudie untersucht wurden.

Gütekriterien

Die Durchführungsobjektivität ist durch ausreichend präzise Instruktionen (zu einem großen Teil illustriert) gewährleistet, die Auswertung ist einfach vorzunehmen. Es wird von einer Untersuchung berichtet, bei der eine Beurteilerübereinstimmung von 88 % ermittelt wurde. Zur Reliabilität und Validität liegen keine Angaben vor.

Kritik

Durch die Stufenleiteranordnung ist das Verfahren sehr übersichtlich gegliedert. Die Auswertung erfolgt ausschließlich mit Orientierung an dem Alterszeitpunkt, an dem 90 % der Kinder die Aufgaben lösen. Somit suggeriert das Ergebnisprofil einen höheren Entwicklungsstand, als unter Umständen gegeben ist.

3.2.4 Münchener Funktionelle Entwicklungsdiagnostik (zweites und drittes Lebensjahr; MFED 2-3)

Autor/ Verlag:	Hellbrügge, T. (Hrsg.) (1994) (4., korr. u. erw. Aufl.) München: Universität München, Institut für Soziale Pädiatrie und Jugendmedizin							
Alter	**Dauer**		**Normen**	**Standardisierung**		**Gütekriterien**		
1;0–2;11 J.	**Durchführung**	**Auswertung**	**nein**	**Material**	**Durchführung**	**Objektivität**	**Reliabilität**	**Validität**
	40–60 Min.	**5 Min.**		**ja**	**ja**	**ja**	**k. A.**	**k. A.**
Was wird erfasst?	Laufalter, Handgeschicklichkeitsalter, Perzeptionsalter, Sprechalter, Sprachverständnisalter, Sozialalter, Selbstständigkeitsalter							
Ergebniswerte:	Ermittlung bereichsspezifischer Entwicklungsalter							
Bemerkungen:	–							

Konzeption

Dem Handbuch sind keine Darstellungen zu theoretischen Grundlagen des Verfahrens zu entnehmen. Der Herausgeber beruft sich auf die ethologische Entwicklungsdiagnostik, die in Ansätzen im Handbuch zur Münchener Funktionellen Entwicklungsdiagnostik (erstes Lebensjahr) vorgestellt wird.

Aufgaben

Das Verfahren ist nach dem Stufenleiterprinzip angeordnet und überprüft sieben Funktionsbereiche, zu denen jeweils ein spezifisches Entwicklungsalter (in Monaten) ermittelt wird:

- Körperbewegung (Laufalter, 29 Aufgaben),
- Handgeschicklichkeit (Handgeschicklichkeitsalter, 30 Aufgaben),
- Erfassen von Zusammenhängen (Perzeptionsalter, 23 Aufgaben),
- Aktive Sprache (Sprechalter, 29 Aufgaben),
- Sprachverständnis (Sprachverständnisalter, 26 Aufgaben),
- Sozialentwicklung (Sozialalter, 17 Aufgaben) und
- Selbstständigkeit (Selbstständigkeitsalter, 25 Aufgaben).

Der Testkoffer ist deutlich umfangreicher ausgestattet als der für das erste Lebensjahr und enthält neben dem Handbuch (DIN A5, 119 Seiten), zehn Untersuchungsbögen (DIN A4, 7 Seiten) und 13 Testprofilen (DIN A4, 1 Seite) folgende Materialien: 12 Bildkarten,

Ringheft mit Bildern und Satzbeispielen (16 Karten), Bilderbuch (10 Motive, stabile Pappe), Block Briefpapier (weiß, unliniert), fünf schmale Papierstreifen (weiß, ca. 70 cm lang), Formenbrett mit fünf Scheiben und fünf Aussparungen (Holz), Formbox mit vier unterschiedlichen Formen zum Einstecken (Holz), je vier runde Holzscheiben von 11,8 und 5,5 cm Durchmesser, Farbsteckbrett mit unterschiedlich farbigen bzw. unterschiedlich großen Steckelementen (Holz), Ringpyramide (8 Elemente, Holz), vier unterschiedliche Holzformbretter mit jeweils einzupassender Form (großer Kreis, kleiner Kreis, Quadrat, Dreieck; jeweils mit Griff), Fädelschnur mit drei Holzperlen (ca. 3 cm Durchmesser), Holzauto (Länge 14 cm), auf Holzplatte aufgebrachtes Türscharnier (Metall) mit Überfallverschluss und Splint, Nachzieh-Ente (Holz, ca. 15 cm lang), 12 Holzwürfel (Kantenlänge 3 cm, je 3 mal in den Farben rot, gelb, grün, blau), Puppe (ca. 30 cm), Spieldose mit Kurbel (Blech), zwei unterschiedlich schwere Kugeln (je ca. 3 cm Durchmesser, Holz bzw. Kunststoff), zehn flache Kunststoffscheiben (rund, ca. 3 cm Durchmesser: „Flohhüpfer"), Streichholzschachtel mit Streichhölzern (ohne Köpfe), zwei Bleistifte (2B), Bastelschere, Kunststoffflasche mit Schraubverschluss (Durchmesser ca. 3,5 cm), zwei Schaumstoffbälle (ca. 7 bzw. 15 cm Durchmesser), zwei gleiche Kunststoffdosen mit Deckel (Durchmesser ca. 6 cm), vier stapelbare Kunststoffbehälter (ca. 11 x 11 cm, 4 cm hoch), dünner Armreif aus Kunststoff (ca. 7 cm Durchmesser), drei unterschiedlich große Kunststoffbecher (ineinandersteckbar), Knetmasse, Behältnis mit kleinen Perlen (ca. 0,6 cm, „Liebesperlen"), einige Blätter dünnes Durchschlagpapier.

Durchführung

Das Verfahren ist in der Einzeluntersuchung durchzuführen. Für eine reibungslose Testung wird die Gegenwart einer Bezugsperson des Kindes empfohlen, die Eltern sollen bei problematischem Testverlauf in die Untersuchung einbezogen werden und einzelne Aufgaben unter Anleitung durchführen. Die Auswahl der Einstiegsaufgaben und die Reihenfolge der Aufgabenvorgabe im Testverlauf werden in das Ermessen des Anwenders gestellt.

Zu jedem Funktionsbereich sind die Aufgaben der Schwierigkeit nach in einer Rangreihe angeordnet. Die Beurteilung eines Entwicklungsbereichs sollte so lange fortgeführt werden, bis nach einer positiv bewerteten Aufgabe drei aufeinander folgende schwerere Aufgaben vom Kind nicht mehr gelöst werden. Die Protokollierung der Aufgaben erfolgt als gelöst oder nicht gelöst.

Abhängig davon, wie günstig die Untersuchung verläuft, sind etwa 40 bis 60 Minuten für die Durchführung erforderlich.

Auswertung

In Abhängigkeit von der Position der gelösten Aufgaben auf den Stufenleitern werden bereichsspezifische Entwicklungsalter bestimmt. Für solche Fälle, in denen innerhalb einer Stufenleiter mehrfach gelöste und ungelöste Aufgaben aufeinander folgen, sind im Handbuch Entscheidungsregeln zur Berechnung des Entwicklungsalters für häufig anzutreffende Antwortmuster formuliert.

Für die Interpretation empfiehlt das Handbuch (S. 10) bei der Argumentation gegenüber den Eltern die Verwendung eines Entwicklungsalters, das sich an den Alterszeitpunkten orientiert, zu dem 95 % der Kinder die Aufgaben lösen konnten (95. Perzentil). Dabei wird jedoch analog zur Interpretation der MFED 1 eine deutliche Überschätzung des tatsächlichen Entwicklungsstands in Kauf genommen. So empfiehlt das Handbuch im Hinblick auf Therapieplanung denn auch eine Orientierung an den 50. Perzentilen. Die Auswertung erfordert selten mehr als fünf Minuten.

Normierung

Im Handbuch werden Eich-Stichproben erwähnt.

Gütekriterien

Auf die Durchführungsobjektivität wird durch die standardisierten Materialien sowie hinreichend präzise Instruktionen hingewirkt. Redlicherweise berichtet das Handbuch, dass auch bei geschulten Diagnostikern immer wieder Bewertungsprobleme auftreten. Die Auswertung ist einfach und für die meisten Fälle regelgeleitet vorzunehmen. Zur Reliabilität und Validität werden keine Angaben gemacht.

Kritik

Die Münchener Funktionelle Entwicklungsdiagnostik hat sich über nun gut drei Jahrzehnte als ein Standardverfahren zur allgemeinen Entwicklungsdiagnostik in der kinderärztlichen Praxis etabliert. Dies nicht zuletzt auf Grund seiner Übersichtlichkeit, die ein hohes Maß an Praktikabilität gewährleistet, insbesondere in Bezug auf die Auswertung.

Die Struktur des Verfahrens macht eine Überprüfung der Reliabilitätsaspekte methodisch schwierig und tendenziell wenig sinnvoll. Auch die nicht vorgenommene Diskussion der Validität ist als ein schwerwiegender Mangel zu bewerten. Zur Einschätzung der Validität ist der interessierte Anwender darauf angewiesen, einen Eindruck zur kriterienbezogenen Validität sowie zur Konstruktvalidität indirekt über die Vielzahl empirischer Studien zu gewinnen, in denen die MFED als Erhebungsinstrument zum Einsatz kam.

Weitere Kritikpunkte beziehen sich auf die Normierung. Es erscheint unverständlich, warum lediglich *zwei Itemkennwerte* (50. und 95. Perzentil) referiert werden. Differenzierte Normdaten auf der Ebene der Aufgaben und *Bereichswerte* (Laufalter, Handgeschicklichkeitsalter etc.) könnten dem Anwender helfen, Testprofile besser zu interpretieren und Entwicklungsaussagen erheblich zu präzisieren.

Bemerkenswert erscheint darüber hinaus die *Regelmäßigkeit der Aufgabenanordnung:* sowohl in Bezug auf das 50. wie auch das 95. Perzentil sind in allen Erfassungsbereichen und an jeder Stelle innerhalb der Skalen die Aufgaben in derselben Sequenz anzuordnen. Dies erscheint bei der empirisch zu erwartenden Variabilität normaler Entwicklung geradezu erstaunlich: es liegt an keiner Stelle des Entwicklungsprofilbogens eine Überschneidung innerhalb des „V"-Musters vor, was in deutlichem Widerspruch zu hinlänglich bekannten empirischen Gegebenheiten steht.

3.2.5 Wiener Entwicklungstest (WET)

Autor/ Verlag:	Kastner-Koller, U. & Deimann, P. (2002) (2., überarb. u. neu norm. Aufl.) Göttingen: Hogrefe							
Alter	**Dauer**		**Normen**	**Standardisierung**		**Gütekriterien**		
	Durchführung	**Auswertung**		**Material**	**Durchführung**	**Objektivität**	**Reliabilität**	**Validität**
3;0–5;11 J.	**75–90 Min.**	**ca. 15 Min.**	**ja**	**ja**	**ja**	**ja**	**ja**	**ja**
Was wird erfasst?	Motorik, Visuomotorik/visuelle Wahrnehmung, Lernen und Gedächtnis, kognitive Entwicklung und Sprache, sozial-emotionale Entwicklung							
Ergebniswerte:	Es wird ein Entwicklungsprofil erstellt, das auf C-Werten basiert.							
Bemerkungen:	–							

Konzeption

Der Wiener Entwicklungstest (WET) basiert auf der Integration unterschiedlicher entwicklungstheoretischer Ansätze; zu den einzelnen Funktionsbereichen werden kurz einige bestehende Konzepte diskutiert. Die Autorinnen bewerten ihn als ein förderdiagnostisches Verfahren, das einen breit gefächerten Einblick in die bisher realisierte Entwicklung gibt und sich auf die Statusdiagnose von Entwicklungsdefiziten konzentriert. Sie vertreten weiter die Auffassung, dass über den Altersbereich der Drei- bis Sechsjährigen „Entwicklung in den einzelnen Funktionsbereichen relativ kontinuierlich, d. h. ohne auffällige Sprünge … in Richtung zunehmende Kompetenz" (Kastner-Koller & Deimann, 2002, S. 4) verläuft. Dabei sollen zusätzlich individuelle Stärken erfasst und Anknüpfungsmöglichkeiten für Interventionen aufgezeigt werden.

Der WET stellt ein Verfahren dar, das als Testbatterie konzipiert ist. Das Verfahren gliedert sich in fünf Funktionsbereiche, die mit insgesamt 13 Subtests abgebildet werden.

Aufgaben

Einige der Aufgaben sind Adaptationen aus etablierten Entwicklungs- und Intelligenztests (HAWIVA, Bühler-Hetzer-Kleinkindertest, McCarthy Scales of Children's Abilities, Heidelberger Sprachentwicklungstest, CFT 1). Sowohl die Anzahl der Untertests als auch die Aufgabenanzahlen variieren dabei je nach Alter des Kindes und seinen Testleistungen:

- *Motorik:*
  Untertests Turnen (Grobmotorik) und Lernbär (Feinmotorik);
- *Visuomotorik/visuelle Wahrnehmung:*
  Untertests Nachzeichnen (Visuomotorik) und Bilderlotto (Raum-Lage-Wahrnehmung);
- *Lernen und Gedächtnis:*
  Untertests Schatzkästchen (visuell-räumliches Kurz- und Langzeitgedächtnis) und Zahlen merken (phonologische Speicherkapazität);
- *Kognitive Entwicklung:*
  Untertests Muster legen (räumliches Denken, Gestaltreproduktion), bunte Formen (schlussfolgerndes Denken); Gegensätze (sprachliche Analogiebildung) und Quiz (Alltagswissen);
- *Sprache:*
  Untertests Wörter erklären (Begriffsbildung) und Puppenspiel (Verständnis grammatikalischer Strukturen);
- *Sozial-emotionale Entwicklung:*
  Untertest Fotoalbum (Einschätzen mimischer Gefühlsausdrücke), Elternfragebogen (Selbstständigkeit, lebenspraktischer Bereich).

Der Testsatz umfasst den robusten Koffer (rote Kunststoffhartschale), die Handanweisung (DIN A4, 99 Seiten), zehn Protokollbögen (DIN A4, 8 Seiten), zehn Elternfragebögen (DIN A4, 2 Seiten), zehn Arbeitsblätter (DIN A4, 1 Seite) sowie die Auswertungsschablone für den Untertest Nachzeichnen, einen Stoffbären mit verschiedenen Verschlüssen (Druckknopf, Gürtelschnalle, Schleife), einen Gummiball, einen Tennisball, ein Schatzkästchen aus Holz mit 20 Holzschubladen und zweifach vorhandenem Satz darin zu „versteckender" Gegenstände, ein Fotoalbum (verschiedene Bilder mit Menschen, die Emotionen mimisch ausdrücken), zwei Tafelsätze mit jeweils darauf anzuordnenden Legekärtchen, eine Puppenfamilie, ein Satz Mosaiksteine.

Durchführung

Das Verfahren ist als Einzeltest durchzuführen, die Autorinnen gehen für die Durchführung von etwa 90 Minuten für die jüngeren Kinder und von etwa 75 Minuten in den älteren Altersgruppen aus. Neben der eigentlichen Testdurchführung ist von den Eltern der Elternfragebogen auszufüllen.

Auswertung

Die meisten Testaufgaben werden zweikategoriell notiert (richtig bzw. falsch), vier der Untertests erfordern mehrkategorielle Bewertungen. Zur Auswertung des Untertests Nachzeichnen wird eine Schablone zu Hilfe genommen. Zu jedem der Untertests wird zunächst ein Summenwert berechnet, der dann mithilfe der Normentabellen in altersgruppenspezifische C-Werte (Mittelwert: 5; Standardabweichung: 2) umgewandelt wird. Die C-Werte bilden die Grundlage zur Erstellung des Entwicklungsprofils. Zusätzlich wird ein Gesamtentwicklungswert berechnet und die Spannbreite zwischen bestem und schlechtestem Untertestergebnis bestimmt.

Für die Auswertung ist eine Dauer von maximal 15 Minuten zu veranschlagen, wobei der größte Teil in die Auswertung des Untertests Nachzeichnen investiert werden muss.

Interpretation

Zur Interpretation der Testergebnisse geben die Autoren folgende Hinweise: C-Werte im Bereich von 4 bis 6 deuten auf einen normalen Entwicklungsstand, C-Werte von 7 und 8 sprechen für eine gute Entwicklung, C-Werte von 9 und 10 deuten auf einen deutlichen Entwicklungsfortschritt. C-Werte von 2 und 3 weisen auf einen Förderbedarf in der jeweiligen Fähigkeitsdimension hin, ein C-Wert unter 2 ist als massiver Entwicklungsrückstand zu bewerten.

Normierung

Mit der zweiten Auflage liegen aktuelle Normwerte (aus den Jahren 1997–2000) von insgesamt 1.245 Kindern vor, die Stichprobe wurde nach verschiedenen demografischen Merkmalen stratifiziert. Die einzelnen Altersgruppen sind mit 153 bis 186 Kindern besetzt, Jungen und Mädchen sind jeweils in etwa ähnlich gewichtet. Der Gesamtaltersbereich wurde in sechs Altersgruppen unterteilt (Halbjahresschritte), denen jeweils C-Werte für Unterskalen und den Gesamtwert zu entnehmen sind. Zusätzlich wird die Umwandlung des Gesamtentwicklungswertes in Standardwerte sowie die Umrechnung der Differenz zwischen dem besten und schlechtesten Untertestergebnis in Prozentränge ermöglicht.

Gütekriterien

Die objektive Durchführung ist durch eine gute Standardisierung von Testvorgaben gewährleistet. Die Autorinnen weisen auf spezifische Besonderheiten hin, die zum Beispiel aus der eingeschränkten Fähigkeit jüngerer Kinder zur willentlichen Aufmerksamkeitslenkung oder aus der Anwesenheit einer Bezugsperson (Elternteil) resultieren und haben diesbezüglich Hinweise für den Diagnostiker formuliert. Die Auswertung erfolgt regelgeleitet, womit die Auswertungsobjektivität für die Mehrzahl der Untertests als gesichert gelten kann, Einschränkungen sind hier nur für die verbalen Untertests sowie den Untertest Nachzeichnen zu machen. Es werden für die Auswertung dieser Bereiche Beurteilerübereinstimmungen von über .80 referiert.

Es wird eine ausführliche Diskussion der Reliabilität vorgenommen. Die Skalen des WET wurden unter Annahme probabilistischer Modelle konstruiert. Dabei bilden neun der Untertests raschhomogene Skalen über den gesamten Altersbereich mit Reliabilitäten zwischen .71 und .90 für die innere Konsistenz und .75 bis .91 nach der Splithalf-Methode. Für zwei weitere Untertests (Lernbär, Schatzkästchen) wurden auf Grund der geringen Aufgabenanzahl etwas geringere Reliabilitäten ermittelt. Diese Reliabilitätsschätzungen unter Rückgriff auf die Methoden der klassischen Testanalyse stimmen für alle Untertests jeweils gut überein. Insgesamt wurden dabei für sieben Skalen Reliabilitätsmaße unter .80 ermittelt, was die Autorinnen als eine ausreichende Messgenauigkeit interpretieren. In Bezug auf die inhaltliche Validität argumentieren die Autorinnen mit einer theoretisch und empirisch fundierten Herleitung der Skalen und Aufgaben. Es können dabei im Prinzip über alle Untertests steigende Alterstrends dokumentiert werden.

Die Konstruktvalidität konnte faktorenanalytisch gestützt werden; es wurde eine den sechs Funktionsbereichen angenäherte Faktorenstruktur ermittelt. Schwieriger zu interpretieren ist hingegen der geringe Zusammenhang zwischen den Untertests Muster legen und Bunte Formen, ebenso ist auch die geringe Interkorrelation der Untertests zum sozial-emotionalen Bereich bei bestehendem Zusammenhang des Elternfragebogens mit der Handmotorik nicht erwartungskonform.

Zur kriteriengebundenen Validität liegt eine Vergleichsstudie mit Subtests des K-ABC vor. Hier konnten geringe bis mittlere Korrelationen ermittelt werden, was von den Autorinnen im Sinne diskriminanter Validität interpretiert wird. Weiter konnte der WET zu verschiedenen Alterszeitpunkten Minderleistungen von Frühgeborenen mit niedrigem Geburtsgewicht nachweisen. In einer weiteren Studie korrespondierte die Fähigkeit der zeichnerischen Wiedergabe der Inhalte von Kindersendungen am ehesten mit dem Gesamtentwicklungswert und Befunden in den sprachgebundenen kognitiven Tests. Es konnten darüber hinaus syndromspezifische Retardierungen bei Kindern mit Down-Syndrom und bei autistischen Kindern abgebildet werden.

Kritik

Die zweite Auflage des WET stellt ein solide normiertes Diagnostikum zur Verfügung. Über den Altersbereich kommen identische Skalen zum Einsatz, die einen Leistungszuwachs in umschriebenen Bereichen erfassen. Somit sind eher reifungsbezogene Aussagen möglich, qualitative Entwicklungssprünge werden nicht prägnant abgebildet. Dies ist in der konzeptionellen Anlage des Tests begründet; die Autorinnen rechtfertigen dies vor dem Hintergrund des Haupteinsatzgebiets (Förderdiagnostik).

Als kritisch ist im Einzelfall die geringe Anzahl an Leistungsaspekten im Rahmen der kognitiven Entwicklung zu bewerten. Je nach Alter des Kindes sind es letztlich nur drei verschiedene Aufgabentypen, die die gesamte kognitive Entwicklung repräsentieren. Auch finden die in einzelnen Untertests nachgewiesenen signifikanten Leistungsunterschiede zwischen den Geschlechtern keine Berücksichtigung bei der Ermittlung der Ergebniswerte, es werden lediglich Gesamtnormen angeboten.

Die lange Durchführungsdauer besonders bei jüngeren und beeinträchtigten Kindern lässt im Einzelfall erwarten, dass die Motivation und Konzentrationsfähigkeit des Kindes im Testverlauf nachlässt und somit die Zuverlässigkeit der Ergebnisse reduziert wird. Dem kann jedoch dadurch begegnet werden, dass für die Untersuchung von vorne herein mindestens zwei Termine veranschlagt werden.

Mit dem WET lässt sich insgesamt eine gute Beschreibung kindlicher Leistungen in ausgewählten Bereichen vornehmen. Die Auswahl der Bereiche wird aber im Einzelfall als unzureichend repräsentativ für die gesamte Entwicklung des Kindes empfunden werden. Somit empfiehlt sich der Einsatz des WET verstärkt dann, wenn nicht die Frage einer allgemeinen Orientierung im Vordergrund steht, sondern gezielt bereits qualitativ spezifizierte Leistungsbesonderheiten im Rahmen einer Förderplanung quantitativ erfasst werden sollen.

3.2.6 Wie weit ist ein Kind entwickelt?

Autor/ Verlag:	Kiphard, E. J. (2002) (11. Aufl.) Dortmund: verlag modernes lernen							
Alter	**Dauer**		**Normen**	**Standardisierung**		**Gütekriterien**		
0;1–3;11 J.	**Durchführung**	**Auswertung**	**nein**	**Material**	**Durchführung**	**Objektivität**	**Reliabilität**	**Validität**
	k. A.	**ca. 5 Min.**		**nein**	**teilweise**	**k. A.**	**k. A.**	**k. A.**
Was wird erfasst?	Sensomotorik: optische Wahrnehmung, Handgeschick, Körperkontrolle, Sprache, akustische Wahrnehmung; psychosoziale Entwicklung: Sozialkontakt							
Ergebniswerte:	Bereichsspezifische Spätestentwicklungsalter; Entwicklungsprofil							
Bemerkungen:	–							

Konzeption

Die Entwicklungsgitter möchten einer breiten Spanne von Anwendern (Ärzten, Psychologen, Pädagogen, Eltern) die Möglichkeit einräumen, kindliche Entwicklung mit relativ einfachen Mitteln zu beurteilen. Das Verfahren gliedert sich in verschiedene Bereiche:

- *Sensomotorik:*
  - optische Wahrnehmung,
  - Handgeschick,
  - Körperkontrolle,
  - Sprache und
  - akustische Wahrnehmung.
- *Psychosoziale Entwicklung:*
  Sozialkontakt.

Der Autor führt in verständlicher Art und Weise in seine Annahmen zur kindlichen Entwicklung ein. Hierbei wird die normale Entwicklung von der gestörten Entwicklung unterschieden. Die einzelnen Aufgaben sollen nicht nur der Leistungsüberprüfung dienen, sondern können nach der Auffassung des Autors auch als gezieltes Übungsprogramm für entwicklungsrückständige Kinder verstanden werden.

Aufgaben

Jeder Entwicklungsbereich weist insgesamt 48 Aufgaben auf, wobei jede Aufgabe jeweils einem Lebensmonat zugeordnet ist. Die Aneinanderreihungen werden als aufeinander folgende Entwicklungsschritte aufgefasst, wobei die Zuordnung zu den Lebensalterszeitpunkten nach Auffassung des Autors in etwa denjenigen Zeitpunkten entsprechen, zu dem etwa 90 % der Kinder die Aufgaben lösen sollten. Für die einzelnen Aufgaben ist eine Notierung in drei Kategorien (Lösung, Halblösung, Nichtlösung) möglich.

Neben dem Handbuch (119 S.) sind je 25 Bögen zur Erstellung des sensomotorischen und des psychosozialen Entwicklungsgitters im Lieferumfang enthalten. Die Testmaterialien (Alltagsgegenstände wie z. B. Fläschchen, Spiegel, Löffel, Stock; Spielzeuge wie z. B. Klötze, Lottobilder, Steckspiele) müssen zusätzlich vom Anwender beschafft werden.

Durchführung

Das Verfahren wird als Einzeltest durchgeführt. Die Auswahl der Einstiegsaufgaben in den einzelnen Stufenleitern liegt im Ermessen des Anwenders. Ein Abbruch sollte dann erfolgen, wenn innerhalb eines Halbjahresbereichs je Entwicklungsbereich keine Aufgabe mehr gelöst wird.

Der Autor stellt sein Bemühen um die Praktikabilität des Verfahrens über zeitökonomische Erwägungen, weshalb auch keine Angaben zur Durchführungsdauer gemacht werden.

Auswertung

Zu jedem Leistungsbereich wird ein Summenwert gebildet, der sich aus Halblösungen und Lösungen ableitet: zwei Halblösungen werden wie eine Lösung gewertet. Die auf diese Weise ermittelte Summe der gelösten Aufgaben gibt dann das bereichsspezifische Spätestentwicklungsalter, das als eine untere Grenze noch altersgemäßer Entwicklung aufgefasst wird. Liegt demnach das Alter des Kindes über dem Spätestentwicklungsalter, ist dies als Auffälligkeit zu bewerten.

Die grafische Gegenüberstellung der Leistungen in den verschiedenen Entwicklungsbereichen liefert ein Entwicklungsprofil. Für die Auswertung sind etwa fünf Minuten zu veranschlagen.

Interpretation

Der Autor versteht das Spätestentwicklungsalter als Grenze zur Grobauslese von Entwicklungsstörungen und -verzögerungen.

Normierung

Das Verfahren ist nicht normiert.

Gütekriterien

Die Durchführungsobjektivität scheint auf Grund des geringen Standardisierungsgrads fraglich, die Auswertung erfolgt regelgeleitet. Die Interpretationsmöglichkeiten von Summenwerten und Entwicklungsprofilen werden im Handbuch kaum erläutert. Zur Reliabilität und Validität werden keine Angaben gemacht.

Kritik

Das vorliegende Verfahren hat sich in den letzten 30 Jahren als ein Standardverfahren der allgemeinen Entwicklungsdiagnostik im deutschen Sprachraum etabliert. Dies dürfte besonders auf das Bemühen des Autors zurückgehen, einen einfachen Einstieg in die Entwicklungsbeurteilung von Kindern zu ermöglichen.

Das Verfahren ist dabei nicht als Test im strengeren Sinne aufzufassen. Auf wesentliche Grundvoraussetzungen wie eine theoretisch-inhaltliche Fundierung, eine Diskussion der Gütekriterien und eine Normierung wurde hier verzichtet. Insgesamt ist das Verfahren auf Grund seiner methodischen Schwächen und mangelnden Interpretierbarkeit der Testergebnisse nur bedingt zu empfehlen.

3.3 Schulreifetests

3.3.1 Diagnostische Einschätzskalen zur Beurteilung des Entwicklungsstandes und der Schulreife (DES)

Autor/ Verlag:	Barth, K. (2002) (3. Aufl.) München: Reinhardt							
Alter	**Dauer**		**Normen**	**Standardisierung**		**Gütekriterien**		
um den Schulbeginn	**Durchführung**	**Auswertung**	**nein**	**Material**	**Durchführung**	**Objektivität**	**Reliabilität**	**Validität**
	ca. 90–120 Min.	**mind. 5 Min.**		**ja**	**teilweise**	**k. A.**	**k. A.**	**k. A.**
Was wird erfasst?	Insgesamt 28 Leistungen in den Bereichen Wahrnehmung, Motorik, Gedächtnis, kognitive, soziale und emotionale Aspekte							
Ergebniswerte:	Eher qualitative Aussagen innerhalb der Untertests; Profilerstellung							
Bemerkungen:	Eine ausführliche Darstellung theoretischer Überlegungen wird ergänzend von Barth (2000) vorgenommen.							

Konzeption

Die DES legen ein integratives Konzept vor, das aktuelle neuropsychologische Erkenntnisse über grundlegende Funktionen und Basisleistungen mit der Möglichkeit einer frühen Vorhersage schulischer Lernschwierigkeiten kombiniert. Das Verfahren ist dabei nicht im engeren Sinne als Test zu bewerten, sondern als ein vorrangig an qualitativen Aspekten kindlicher Leistungen orientiertes Vorgehen, mit dem in ganzheitlicher Weise die Lernausgangslage eines Kindes beurteilt werden kann. Das Verfahren zielt auf den Altersbereich zwischen dem letzten Kindergartenjahr und dem Beginn des schulischen Erstunterrichts.

Aufgaben

Die DES ist in folgende Bereiche untergliedert:
1. Lateralität (Händigkeit), Präferenzdominanz,
2. Grobmotorik: Gleichgewichtswahrnehmung, Körperkoordination,
3. Feinmotorik: Finger- und Handgeschicklichkeit, visuo-motorische Koordination, Grafomotorik,
4. Augenmotorik (Augenmuskelkontrolle),
5. Auditives Kurzzeitgedächtnis, Rhythmus erfassen,

6. Taktile Wahrnehmung: Berührungs-/Tastwahrnehmung,
7. Kinästhetische Wahrnehmung: Muskel- und Bewegungswahrnehmung,
8. Körperschema, Körperorientierung,
9. Gestalt-Form-Auffassung: visuelles Gedächtnis, visuelles Operieren,
10. Phonologische Bewusstheit: Lautanalyse, Lautsynthese, Silbensegmentierung, Reimpaare erkennen,
11. Mengenerfassung,
12. Phonematische Diskriminationsfähigkeit, Lautdifferenzierung,
13. Optische Differenzierungsfähigkeit, visuelle Aufmerksamkeitsspanne,
14. Visuelle Figur-Grund-Erfassung,
15. Lautbildungsfähigkeit,
16. Visuelles Gedächtnis, Symbolgedächtnis,
17. Sprachgedächtnis, auditive Merkfähigkeit,
18. Handlungsplanung, Sequenzgedächtnis, Sprachverständnis,
19. Visuelles Operieren (Reihenbildung, Größenzuordnung, Erhaltung der Zahl),
20. Kontaktfähigkeit,
21. Konfliktverhalten,
22. Eigensteuerung und Kooperationsverhalten,
23. Konzentrationsfähigkeit und Ausdauer,
24. Aufmerksamkeit gegenüber dem gesprochenen Wort,
25. Ausführungen von Anweisungen und Aufforderungen,
26. Gefühlsstabilität und emotionale Zuwendungsfähigkeit,
27. Flexibilität des Verhaltens und
28. Neugierverhalten.

Das Arbeitsheft umfasst 48 Seiten (DIN A4) und gliedert sich in vier Seiten Handanweisung, 12 Seiten Aufgabenteil und einen kompletten Testbogen (32 Seiten). Die Testbögen (DIN A4, 32 Seiten) enthalten 19 Seiten Bild- und Zeichenvorlagen sowie 12 Seiten Protokollierungsbereich und sind separat erhältlich.

Durchführung

Das Verfahren wird prinzipiell als Einzeltest durchgeführt, es sind je nach Ausgangslage des Kindes 90 bis 120 Minuten zu veranschlagen. Für ausgewählte Bereiche (z. B. Motorik) wird auch eine Gruppendurchführung als möglich erachtet.

Da es sich um keinen Test im strengeren Sinne handelt, können verschiedene Aspekte der Durchführung variabel gehandhabt werden. So muss die Durchführung an die Ausdauer und Belastbarkeit des Kindes angepasst werden, wobei im Bedarfsfall die Untersuchung auf verschiedene Termine aufgeteilt werden soll. Je nach Fragestellung ist auch eine verkürzte Durchführung möglich.

Die im Aufgabenheft formulierten Instruktionen sollen dazu beitragen, die Aufgaben in einer dem jeweiligen Kind angemessenen Form zu präsentieren. Auch die Einhaltung der Reihenfolge wird nicht als unbedingt notwendig angesehen, vielmehr steht die Schaffung günstiger Bedingungen für das Kind im Vordergrund.

Der Autor erachtet Kenntnisse aus dem Bereich der Entwicklungspsychologie und über das Konzept der sensorischen Integration/sensorischen Integrationsstörung bei der Durchführung des Verfahrens für wünschenswert.

Auswertung

Die Auswertung ist auf eine qualitative Beschreibung von Leistungsbesonderheiten ausgerichtet. Für einige der Aufgaben sind Bewertungsklassen wie unauffällig, auffällig oder uneindeutig vorgegeben, für andere Bereiche sollen mit den Kategorien sehr ausgeprägt (ausgesprochen gute, überdurchschnittliche Fähigkeiten), ausgeprägt (gute, durchschnittliche Fähigkeiten), teils/teils (leichte Auffälligkeiten, sollte weiter beobachtet werden), beeinträchtigt (stärkere Auffälligkeiten) sowie stark beeinträchtigt (starke Auffälligkeiten) eingeschätzt werden. Zu vielen Bereichen sind anhand vorformulierter Kategorien qualitative Beobachtungen zu notieren (zu Zeichenaufgaben: z. B. Teile der Malvorlage werden nicht erkannt; schlechtes Gelingen flüssiger Bewegungsabläufe; Begrenzungslinien werden überfahren; flüchtiges, oberflächliches Malen).

Abschließend werden die Leistungen in einem Profil über alle 28 Bereiche gegenübergestellt. Für diesen Teil der Auswertung werden etwa fünf Minuten benötigt, eine eingehende qualitative Analyse kann jedoch beträchtlich aufwändiger sein.

Interpretation

Zur Bewertung der Lernausgangslage des Kindes werden folgende Einschätzungen vorgenommen: ohne Bedenken schulfähig, schulfähig mit leichten Bedenken, fraglich schulfähig und nicht schulfähig. Eine Einschätzung des Entwicklungsstands erfolgt über die Kategorien Entwicklungsvorsprung des Kindes, altersentsprechender Entwicklungsstand, leichte/mittelgradige Entwicklungsverzögerung und starke Entwicklungsverzögerung. Diese Einschätzungen sind in das Ermessen des Anwenders gestellt und sollen neben den Testleistungen auch Eindrücke und Erfahrungen mit dem Kind berücksichtigen.

Normierung

Es liegen keine Normen vor.

Gütekriterien

Die in der Handanweisung formulierten Instruktionen sind als Orientierungshilfe aufzufassen, der geringe Grad an Standardisierung der Untersuchungssituation reduziert trotz des standardisierten Materials die Durchführungsobjektivität. Ebenso können die einzelnen Leistungen nur stark subjektiv bewertet werden. Die Auswertung (Profilerstellung) erfolgt regelgeleitet, jedoch liegen für die abschließende Interpretation (Schulreife; Entwicklungsstand) keine klaren Kriterien vor.

Zur Reliabilität werden keine Angaben gemacht. Das Verfahren kann als inhaltlich valide bewertet werden.

Kritik

Die DES legen ein umfangreiches Inventar zur Einschätzung der kindlichen Grundfertigkeiten für das schulische Lernen vor. Dabei steht eine ganzheitliche Sichtweise im Vordergrund, neben leistungsbezogenen Aspekten werden ebenso wesensbezogene Eigenschaften des Kindes ermittelt und zueinander in Beziehung gesetzt.

Neben neuropsychologisch beschreibbaren Teilleistungen werden in plausibler Art und Weise Vorläuferfertigkeiten für das Erlernen der Kulturtechniken überprüft. Somit ist grundsätzlich eine gute Möglichkeit gegeben, Kinder mit einem erhöhten Risiko für spätere Lernprobleme zu identifizieren.

Der geringe Grad an Standardisierung ist der Objektivität des Verfahrens abträglich, der Autor verfolgt jedoch eine Strategie, nach der die individuelle Kompetenz des Diagnostikers über die Gefahren einer möglichen Scheingenauigkeit des Instruments gestellt wird: „Nicht zuletzt können durch vielfältiges Erproben der DES bei Kindern mit unterschiedlichem Entwicklungsstand (altersentsprechende und entwicklungsverzögerte Kinder) vielfältige und differenzierte Erfahrungen gemacht und Vergleichsmöglichkeiten gefunden werden, die die eigene Beurteilungssicherheit erhöhen“ (Barth, 2002, S. 3).

Somit liegt mit diesem Verfahren ein Leitfaden vor, mit dessen Hilfe es möglich wird, den diagnostischen Blick für eine Vielzahl umschriebener Leistungsbereiche zu schulen.

4 Intelligenztests

Der Intelligenzdiagnostik kommt ein beträchtlicher Stellenwert zur Einschätzung des globalen kognitiven Funktionsniveaus zu. Unabhängig von den unterschiedlichen theoretischen Zugängen der Verfahren werden hier in der Regel Gesamtleistungsmaße (Intelligenzquotient, IQ) ermittelt. Mit den differenzierten Testbatterien können darüber hinaus ausgewählte Intelligenzbereiche (z. B. sprachgebundene Intelligenz, kulturabhängige Leistungen) und umschriebene Leistungsbereiche (z. B. schlussfolgerndes Denken, visuelle Analyse, Gedächtnisleistungen) erfasst werden.

Von besonderer Bedeutung sind die sprachunabhängigen Intelligenztests, die für umschrieben sprachbeeinträchtigte Kinder eine faire Intelligenzerfassung überhaupt erst ermöglichen; ihnen ist darum in diesem Buch ein besonderer Abschnitt gewidmet.

Weiter sei an dieser Stelle auf den so genannten Flynn-Effekt hingewiesen (Flynn, 1987). Zahlreiche Studien konnten in den letzten Jahrzehnten belegen, dass die Intelligenzleistung von Kindern verschiedener Kohorten über eine Dekade in etwa um fünf IQ-Punkte zunimmt. Somit kommt dem Zeitpunkt der Normierung eines Tests eine besondere Bedeutung zu: mit einem Intelligenztest, der zum Beispiel 20 Jahre vor der Untersuchung normiert wurde, ist eine Überschätzung der Intelligenzleistung um ungefähr zehn IQ-Punkte zu erwarten. Gerade in den Leistungsbereichen unterhalb des Durchschnitts sind somit Verzerrungen möglich, die für ein Kind folgenreich sein können.

4 Intelligenztests	**Testname**		**Alter**	**Zeitbedarf**		**Seite**
				Durchführung	**Auswertung**	
4.1 Allgemeine Intelligenztests	BIVA	Bildbasierter Intelligenztest für das Vorschulalter	3;6–7;6 J.	30–60 Min.	ca. 10 Min.	98
	HAWIK-III	Hamburg-Wechsler-Intelligenztest für Kinder III	6;0–16;11 J.	50–70 Min.	ca. 15 Min.	101
	K-ABC	Kaufman Assessment Battery for Children	2;6–12;5 J.	30–90 Min.	ca. 20 Min.	108
4.2 Sprachungebundene Intelligenztests	CFT 1	Grundintelligenztest Skala 1	5;3–9;5 J.	35–50 Min.	5–10 Min.	113
	CPM	Coloured Progressive Matrices	3;9–11;8 J.	20–30 Min.	ca. 5 Min.	117
	SON-R 2 1/2-7	Snijders-Oomen Non-verbaler Intelligenztest (2 1/2-7 Jahre)	2;6–7;0 J.	50–70 Min.	ca. 10 Min.	121
	SON-R 5 1/2-17	Snijders-Oomen Non-verbaler Intelligenztest (5 1/2-17 Jahre)	5;6–17;0 J.	80–120 Min.	10–20 Min.	125

4.1 Allgemeine Intelligenztests

4.1.1 Bildbasierter Intelligenztest für das Vorschulalter (BIVA)

<table>
<tr><th>Autor/ Verlag:</th><td colspan="8">Schaarschmidt, U., Ricken, G. Kieschke, U. & Preuß, U. (2004)
Göttingen: Hogrefe</td></tr>
<tr><th>Alter</th><th colspan="2">Dauer</th><th>Normen</th><th colspan="2">Standardisierung</th><th colspan="3">Gütekriterien</th></tr>
<tr><td rowspan="2">3;6–7;6 J.</td><th>Durchführung</th><th>Auswertung</th><td rowspan="2">ja</td><th>Material</th><th>Durchführung</th><th>Objektivität</th><th>Reliabilität</th><th>Validität</th></tr>
<tr><td>30–60 Min.</td><td>ca. 10 Min.</td><td>ja</td><td>ja</td><td>ja</td><td>ja</td><td>ja</td></tr>
<tr><th>Was wird erfasst?</th><td colspan="8">Je nach Alter (1) Herauslösen von Merkmalen (Wort-Bild-Vergleich, Objekte herauslösen), (2) Vergleich von Merkmalen (Geschichten-Folgen, Reihen-Fortsetzen), (3) Übertragung von Relationen auf ähnliche Anforderungen (Geschichten-Analogien, Reihen-Analogien)</td></tr>
<tr><th>Ergebniswerte:</th><td colspan="8">Zu den Summenwerten in den Einzeltests werden T-Werte und Prozentränge zur Verfügung gestellt. Es ist eine Orientierung über mittlere Durchführungszeiten möglich.</td></tr>
<tr><th>Bemerkungen:</th><td colspan="8">Es ist zusätzlich ein Schulungsvideo erhältlich.</td></tr>
</table>

Konzeption

Der BIVA überprüft das Leistungsniveau von Vorschulkindern im Alter von 3;6 bis 7;6 Jahren im Hinblick auf elementare Lernfertigkeiten. Der Test wird mit bildlichen Vorgaben durchgeführt, dabei werden Basisleistungen erfasst, die weitgehend voneinander abgegrenzt sind und als Kernfunktionen der Intelligenz bezeichnet werden. Im Einzelnen werden erfasst:

- *Herauslösen von Merkmalen:* Wahrnehmungsstrukturierung, Klassifikation von Objekten (Untertests Wort-Bild-Vergleich, Objekte herauslösen),
- *Vergleich von Merkmalen:* Erfassung von Regelhaftigkeiten zwischen Merkmalen (Untertests Geschichten-Folgen, Reihen-Fortsetzen) und
- *Übertragung von Relationen auf ähnliche Anforderungen:* Erfassung und Anwendung von Analogien/Regelhaftigkeiten auf neue Strukturen (Untertests Geschichten-Analogien, Reihen-Analogien).

Aufgaben

Bei den verschiedenen Aufgabentypen variiert das Ausmaß, in dem ein Rückgriff auf Alltagswissen notwendig ist. Je nach Alter des Kindes wird eine spezielle Auswahl aus den Untertests vorgegeben, wodurch den zunehmend steigenden Fähigkeiten im Entwicklungsverlauf durch die Vorgabe entsprechend komplexerer Untertests Rechnung getragen wird. Liegen Entwicklungsverzögerungen vor, werden leichtere Aufgaben (solche für deutlich jüngere Kinder) ausgewählt. Besonders leistungsstarke Kinder können zusätzliche Aufgaben oder Untertests absolvieren.

Der Testkoffer umfasst das Manual (DIN A4, 77 Seiten), eine Durchführungs- und Auswertungsanleitung (DIN A4, 12 Seiten), dazu zehn Protokollhefte (DIN A4, 4 Seiten) und zehn Beurteilungsbögen für eine ergänzende Einschätzung von Verhalten (DIN A4, 2 Seiten), je eine aufstellbare Bildmappe (Spiralbindung) zu den Untertests Objekte herauslösen und Wort-Bild-Vergleich, einen Bildkartensatz zum Untertest Geschichten-Folgen, einen Satz Auswahlbilder sowie Vorlagebilder für den Untertest Geschichten-Analogien, je einen Bildkartensatz (kleine Auswahlkärtchen und Vorlagekärtchen) für die Untertests Reihen-Fortsetzen (RF) und Reihen-Analogien (RA). Zusätzlich ist ein Demonstrationsvideo zur detaillierten Einführung in die Handhabung des Verfahrens erhältlich.

Durchführung

Die Durchführung wird vollstandardisiert vorgenommen, dem Anleitungsheft sind wortgetreue Instruktionen und Formulierungen zu Hilfestellungen zu entnehmen. Es sind je nach Alter des Kindes zwischen etwa 30 Minuten (jüngere Kinder) und 60 Minuten (ältere Kinder) zu veranschlagen.

Zu einer Testaufgabe können bis zu zwei Hilfestellungen gegeben werden, zeigt das Kind danach keine richtige Lösung, wird abgebrochen und es wird die Lösung bekannt gegeben. Zusätzlich wird die jeweilige Bearbeitungszeit der Untertests protokolliert. Weiter werden im Protokollheft das Instruktionsverständnis und das Vorgehen bei der Lösungsfindung für jeden Untertest festgehalten. Abschließend werden das Arbeits- und Kontaktverhalten für die gesamte Untersuchungssituation systematisch eingeschätzt und weitere Beobachtungen (Motorik, Artikulation) frei protokolliert.

Auswertung

In einem ersten Auswertungsschritt werden die Rohwerte in den Untertests in T-Werte und Prozentränge umgewandelt. Zusätzlich kann die Bearbeitungszeit vor dem Hintergrund einer mittleren Bearbeitungszeit der Normierungsstichprobe bewertet werden.

Interpretation

Die standardisierten Werte (T-Werte) und Prozentränge legen die Interpretationsmöglichkeiten fest. Abschließend werden qualitative Aspekte der Aufgabenbearbeitung und des Verhaltens während der Untersuchung in einer Gesamtbeurteilung zu den erzielten Ergebnissen in Beziehung gesetzt. Dieser Prozess wird anhand eines Fallbeispiels im Manual verdeutlicht.

Normierung

Das Verfahren ist mit Daten von 2.287 Kindern aus Deutschland, Österreich und der Schweiz normiert. Es liegen Normdaten in 14 Altersgruppen vor.

Gütekriterien

Die Durchführung erfolgt standardisiert, die quantitative Auswertung erfolgt regelgeleitet, hierfür ist Objektivität gegeben. Die Interpretation der standardisierten Werte ist objektiv möglich, jedoch können die qualitativen, verhaltensbezogenen Aspekte der Testdurchführung im Rahmen einer abschließenden Interpretation nur bedingt nachvollziehbar integriert werden.

Es werden für drei Hauptaltersgruppen Konsistenzmaße (Cronbachs Alpha) für jeden Untertest vorgelegt, die sich zwischen .67 und .88 bewegen. Dabei sind die geringeren Werte zum Teil auf eine geringe Aufgabenzahl zurückzuführen.

Neben einer inhaltlich-logischen Analyse wurde zur Konstruktvalidierung eine Faktorenanalyse durchgeführt. Für den unteren Altersbereich ist die ermittelte Faktorenstruktur im Sinne der inhaltlichen Validität interpretierbar, zwischen den komplexeren Untertests in den höheren Altersbereichen konnte die erwartete Unabhängigkeit nicht so deutlich dokumentiert werden. Weiter wurden Zusammenhänge im Rahmen kriterienbezogener Validität ermittelt. Dabei wurden zumindest signifikante Zusammenhänge zwischen den BIVA-Leistungen und den Skalen Beziehungserkennen und Rechnerisches Denken aus dem Kognitiven Fähigkeitstest (KFT-K, KFT 1-3, Heller & Geisler, 1983a und 1983b) sowie zu allen Unterskalen der Kaufman Assessment Battery for Children (K-ABC, Melchers & Preuß, 2001) nachgewiesen. Weiter wurden Zusammenhänge zwischen den BIVA-Leistungen und der Einschätzung von Eltern, Erziehern und Lehrern untersucht. So wurde ein Zusammenhang zwischen hohen BIVA-Skalenwerten und den elterlichen Angaben zum Frührechnen und Frühlesen abgebildet, weiter konnte jeweils ein Zusammenhang zwischen den BIVA-Skalen und den von Erziehern und Lehrern prognostizierten Lernerfolgen in sprachlichen Fächern (29 % Varianzaufklärung) und Mathematik (16 % Varianzaufklärung) dokumentiert werden.

Kritik

Mit dem BIVA kann man die Problemlösefähigkeit einschätzen, wobei sich dies auf ausgewählte Bereiche der Intelligenz beschränkt. Die Durchführung erfolgt in kindgerechter Form, es liegen zum Beispiel abgestufte und altersspezifische Hilfestellungen vor.

Kritisch zu bewerten sind die teilweise unübersichtlichen und unvollständigen Hinweise zur Testdurchführung. Hier bleiben zum Teil Einzelheiten unklar oder müssen aufwändig aus dem Manual herausgesucht werden. Schließlich wirkt aber die differenzierte Erfassung von Verhaltensaspekten auf eine umsichtige Interpretation der Leistungsdaten hin.

4.1.2 *Hamburg-Wechsler-Intelligenztest für Kinder III (HAWIK-III)*

<table>
<tr><td>Autor/ Verlag:</td><td colspan="8">Tewes, U., Rossmann, P. & Schallberger, U. (Hrsg.) (1999)
Bern: Huber</td></tr>
<tr><td>Alter</td><td colspan="2">Dauer</td><td>Normen</td><td colspan="2">Standardisierung</td><td colspan="3">Gütekriterien</td></tr>
<tr><td rowspan="2">6;0–16;11 J.</td><td>Durchführung</td><td>Auswertung</td><td rowspan="2">ja</td><td>Material</td><td>Durchführung</td><td>Objektivität</td><td>Reliabilität</td><td>Validität</td></tr>
<tr><td>50–70 Min.</td><td>ca. 15 Min.</td><td>ja</td><td>ja</td><td>ja</td><td>ja</td><td>ja</td></tr>
<tr><td>Was wird erfasst?</td><td colspan="8">Kognitive Fähigkeiten von Kindern und Jugendlichen, gegliedert nach sprachlichen und visuell-handlungsbezogenen Leistungsbereichen</td></tr>
<tr><td>Ergebniswerte:</td><td colspan="8">Leistungsprofil; Verbal-, Handlungs-IQ und Gesamt-IQ, wahlweise vier weitere Indizes (Sprachliches Verständnis, Wahrnehmungsorganisation, Unablenkbarkeit und Arbeitsgeschwindigkeit)</td></tr>
<tr><td>Bemerkungen:</td><td colspan="8">Für die Auswertung steht ein Computerprogramm zur Verfügung, dieses berechnet das Leistungsprofil und Altersäquivalente.</td></tr>
</table>

Konzeption

Der HAWIK-III entspricht der deutschsprachigen Adaption der dritten Auflage der amerikanischen Wechsler Intelligence Scale for Children (WISC-III). Ebenso wie die vorherigen Versionen basiert der HAWIK-III auf dem Intelligenzkonzept von David Wechsler, der Intelligenz als die Fähigkeit definiert:

- zweckvoll zu handeln,
- vernünftig zu denken und
- sich mit der Umwelt wirkungsvoll auseinander zu setzen.

Allerdings wird Intelligenz hier nicht als eine spezifische Fähigkeit aufgefasst, vielmehr setzt sie sich aus einer Gruppe von Einzelaspekten zusammen, die gemeinsam wiederum eine globale Einheit bilden. Um die kognitiven Fähigkeiten eines Kindes aus verschiedenen Perspektiven zu erfassen, wurden mehrere Skalen zusammengestellt. Diese Skalen sollen einzelne Aspekte des Denkens und Handelns widerspiegeln. Bei dieser Zusammenstellung wurde allerdings weniger auf ein explizit definiertes Konzept von Intelligenz zurückgegriffen; vielmehr standen hier pragmatische Erwägungen im Vordergrund.

Die Testleistungen des Kindes in den verschiedenen Aufgabenbereichen werden zu drei Gesamtwerten zusammengefasst:

- *dem Verbal-IQ (sprachliche Leistungsfähigkeit),*
- *dem Handlungs-IQ (visuell-handlungsbezogene Leistungsfähigkeit) und*
- *dem Gesamt-IQ, der sich aus den beiden oben genannten Werten zusammensetzt.*

Der Gesamt-IQ ist als das mittlere Leistungsniveau aufzufassen. Darüber hinaus bietet das Leistungsprofil auf Untertestebene Einblick in die individuellen Teilleistungsstärken und -schwächen. Diese können stark voneinander abweichen.

Zusätzlich können aus den Ergebnissen der Untertests vier verschiedene Indexwerte berechnet werden:
- *Sprachverständnis (SV),*
- *Wahrnehmungsorganisation (WO),*
- *Unablenkbarkeit (UA) und*
- *Arbeitsgeschwindigkeit (AG).*

Die Auswahl der zu erfassenden Fähigkeitsbereiche hat keinen Anspruch auf Vollständigkeit. Außer Acht gelassen werden insbesondere nicht-intellektuelle Aspekte, die ebenfalls die kognitive Leistungsfähigkeit beeinflussen können. Hierunter fallen etwa Persönlichkeitsmerkmale oder Einstellungen bezüglich der eigenen Leistungsfähigkeit. Die Verfasser betonen daher, dass der Diagnostiker unbedingt zwischen IQ-Werten auf der einen und Intelligenz auf der anderen Seite unterscheiden sollte. Es sei unerlässlich, dass biografische Informationen und Verhaltensbeobachtungen in die Beurteilung mit einfließen.

Aufgaben

Der HAWIK-III beinhaltet eine umfangreiche Materialzusammenstellung, mit der sich der Anwender vor der Durchführung unbedingt vertraut machen sollte. Neben einem ausführlichen Manual enthält der Testkoffer einen Satz Protokollbögen, ein Set für den Mosaik-Test, einen Satz Figurenlegen, eine Baumabdeckkarte, ein Set für das Bilderordnen, einen Stimulusblock, drei Auswertungsschablonen, einen Satz Testhefte für den Symboltest und für den Labyrinthtest, einen Sichtschutz mit einer Auslegevorgabe für das Figurenlegen und ein Set Karten mit Textaufgaben. Zusätzlich wird zur Durchführung eine Stoppuhr, ein Schreib- und ein Bleistift benötigt.

Insgesamt besteht der Test aus 13 Untertests. Dabei ist die Durchführung von zehn Untertests zur Bestimmung der drei Gesamtwerte (Verbal-IQ, Handlungs-IQ und Gesamt-IQ) notwendig. Der Verbal-IQ – als Maß der sprachlichen Fähigkeiten des Kindes – umfasst insgesamt 121 Aufgaben:
- Allgemeines Wissen (30 Aufgaben): Vorgabe von Wissensfragen.
- Gemeinsamkeiten Finden (19 Aufgaben): Zu zwei vorgegebenen Begriffen soll ein übergeordnetes Konzept gefunden werden.
- Rechnerisches Denken (24 Aufgaben): Zähl- und Textaufgaben werden mündlich oder schriftlich präsentiert und sollen im Kopf gelöst werden.
- Wortschatz-Test (30 Aufgaben): Das Kind soll die Bedeutung vorgelesener Worte erklären.
- Allgemeines Verständnis (18 Aufgaben): Das Kind soll den Sinn sozialer Regeln erklären.

Der Handlungs-IQ zur Erfassung der praktischen Begabung wird aus insgesamt 179 Aufgaben berechnet:

- Bilderergänzen (29 Aufgaben): Auf einem Bild soll das wichtige fehlende Element registriert werden.
- Zahlen-Symbol-Test (altersabhängig 59 oder 119 Aufgaben): Unter Zeitvorgabe soll ein Kind in schriftlicher Form bestimmten Zahlen (oder geometrischen Formen) vorgegebene Symbole (Zeichen) zuordnen.
- Bilderordnen (14 Aufgaben): Kurze Geschichten werden in mehreren Bildern unsortiert vorgegeben. Die Geschichte soll unter Zeitmessung in die richtige Reihenfolge gebracht werden.
- Mosaik-Test (12 Aufgaben): Aus zwei, vier oder neun Würfeln müssen unter Zeitdruck vorgegebene Muster genau nachgebaut werden.
- Figurenlegen (5 Aufgaben): Es wird notiert, wie genau und wie lange das Kind braucht, konkrete Objekte aus Einzelteilen zusammenzulegen.

Zusätzlich können der Untertest Zahlennachsprechen (15 Aufgaben, Wiederholen von vorgesprochenen Zahlenreihen), der Untertest Symbolsuche (45 Aufgaben, Vergleichen abstrakter Symbole) und der Labyrinthtest (10 Aufgaben, schriftliches Durchlaufen von Labyrinthen) durchgeführt werden. Mit Ausnahme des Labyrinthtests können aus den 12 durchgeführten Untertests die vier oben genannten Indizes berechnet werden (Sprachliches Verständnis, Wahrnehmungsorganisation, Unablenkbarkeit und Arbeitsgeschwindigkeit). Diese Indizes erlauben eine differenziertere Interpretation, die der Berechnung der drei IQ-Werte überlegen ist.

Die Aufgaben werden in jedem Untertest zunehmend schwieriger. Für die einzelnen Untertests liegen altersabhängige Ein- und Ausstiegskriterien vor. In den meisten Untertests führt eine bestimmte Anzahl von aufeinander folgenden Nicht-Lösungen zum Abbruch.

Durchführung

Der HAWIK-III ist in der Einzeltestung durchzuführen. Im Manual wird bei der Durchführung der zehn zentralen Untertests eine mittlere Bearbeitungszeit von 50 bis 70 Minuten angegeben. Die Dauer verlängert sich bei Vorgabe der drei optionalen Untertests um etwa zehn bis 15 Minuten. In der Praxis hat es sich allerdings gezeigt, dass die Bearbeitungsdauer sich erheblich verlängern kann; 90 bis 120 Minuten sind daher im klinischen Setting realistisch.

Die Testdurchführung sind im Manual für jeden Untertest detailliert beschrieben (Testanweisung, Bewertungs- und Protokollierungsrichtlinien sowie die Untertestaufgaben mit Lösungen oder Antwortbeispielen). Zur Erleichterung werden im Protokollheft zu jedem Untertest die wichtigsten Anweisungen, Angaben zum altersabhängigen Testeinstieg und zu den Abbruchkriterien aufgeführt. Die vorgegebene Reihenfolge der Untertests beinhaltet abwechslungsreiche Anforderungen an das Kind, so dass diese nach Möglichkeit einzuhalten ist.

Die Testdurchführung stellt hohe Ansprüche an den Anwender. Eine sichere Darbietung der Materialien, Ein- und Ausstiegskriterien und ein korrekter Abbruch des Untertests müssen ebenso berücksichtigt werden, wie eine sekundengenaue Dokumentation der Bearbeitungszeit. Manche Untertests erfordern eine genaue Antwortprotokollierung und die sofortige Überprüfung, ob eine Nachfrage zur Verbesserung der Antwort erfolgen darf. Daher ist eine intensive Übungsphase notwendig, um den Aufmerksamkeitsfokus verstärkt auch auf das qualitative Arbeits- und Antwortverhalten des Kindes zu lenken.

Auswertung

Im Manual werden die Bewertungsrichtlinien für jeden Untertest direkt im Anschluss an die Durchführungsanweisungen angegeben. Für die Untertests, die offene Antworten vorsehen, werden Antwortbeispiele und deren Bewertung mitgeteilt. Die Bewertung der einzelnen Aufgaben wechselt zwischen einem dichotomen falsch/richtig-Urteil und einer abgestuften Bewertung. Die abgestufte Bewertung erfolgt in der Regel über die Bearbeitungszeit. Dadurch beeinflusst die Arbeitsgeschwindigkeit vor allem den Handlungs-IQ.

Um die Abbruchkriterien oder korrektes Nachfragen zu realisieren, ist es bei den meisten Untertests notwendig, Lösungen und deren Bewertung direkt zu bestimmen. Die Auswertung des Labyrinthtests, Zahlensymboltests und des Untertests Symbolsuche erfolgt nach Abschluss der Testung; für die beiden letztgenannten Tests stehen Schablonen zur Verfügung.

Die Rohwerte der einzelnen Untertests werden auf das Profilblatt im Protokollbogen eingetragen. Anschließend werden die Rohwerte altersabhängig in so genannte Wertpunkte umgewandelt. Diese Wertpunkte variieren zwischen 1 und 19, wobei eine Ausprägung zwischen 7 und 13 Punkten dem Durchschnittsbereich zuzuordnen ist. Auf dem Profilblatt können die Wertpunkte für jeden Untertest illustriert werden. Dadurch wird die Analyse von Teilleistungsstärken und -schwächen erleichtert. Für die Berechnung der IQ- und Index-Werte werden die Wertpunkte in vorgegebenen Kombinationen aufsummiert. Dabei ist darauf zu achten, dass der Untertest Zahlennachsprechen, der Untertest Symbolsuche und der Labyrinthtest nicht in die IQ-Berechnung eingehen. Die Wertpunktsummen werden anschließend in IQ-Äquivalente transformiert. Außerdem können in derselben Tabelle die entsprechenden Prozentränge und die Vertrauensintervalle von 90 % und 95 % abgelesen werden.

Die gesamte Bestimmung der Wertpunkte, IQ-Äquivalente und deren Profildarstellung kann auch mithilfe eines Computerprogramms erfolgen. Hierfür ist lediglich die Eingabe der Rohwerte notwendig. Zusätzlich werden hier für jeden Untertest Altersäquivalente bestimmt.

Interpretation

In der überarbeiteten und ergänzten Form des Manuals (aus dem Jahre 2002) werden verschiedene Möglichkeiten aufgeführt, die erzielten Ergebnisse inhaltlich zu interpretieren. Der Gesamt-IQ ist als Maß für die mittlere Leistungsfähigkeit anzusehen. Somit kommen sehr hohe oder sehr niedrige Gesamtleistungen nur zu Stande, wenn das Leistungsprofil homogen über- oder unterdurchschnittlich verläuft. Ein durchschnittlicher Gesamtwert lässt keinen Rückschluss über die Homogenität des Profils zu, so dass dieses getrennt untersucht werden muss.

Besonders interessant sind vor allem bedeutsame Unterschiede der Leistungen in den verschiedenen Skalen. Im Manual findet sich eine Tabelle mit der Angabe von kritischen Differenzwerten zwischen Verbal- und Handlungs-IQ. Ähnlich kann auch mit den vier Indexwerten verfahren werden.

Allgemein wird angemerkt, dass die differenzierte Interpretation auf Untertestebene nur Sinn macht, wenn die zu analysierenden Leistungen unabhängig voneinander sind. Im HAWIK-III sind die Untertests nicht voneinander unabhängig, daher muss hier ein anderer Weg gewählt werden, um Teilleistungen zu interpretieren: Für eine zu untersuchende Teilleistung müssen mehrere Untertests für die Interpretation herangezogen werden (wie zum Beispiel durch die vier Indizes). Möchte man etwa überprüfen, ob die Testleistung durch die Bearbeitungsgeschwindigkeit beeinflusst wird, so kann man die Leistungen in den Untertests mit und ohne Zeitmessung miteinander vergleichen. Im Manual werden jedem Untertest inhaltliche Bedeutungen zugewiesen, so dass Gemeinsamkeiten zwischen den Untertests nachvollzogen werden können. Eine Tabelle mit Untertestkombinationen, die jeweils ein gemeinsames Merkmal erfassen, weist auf die vielfältigen Interpretationsmöglichkeiten des Leistungsprofils hin.

Normierung

Die Normierung erfolgte in den Jahren 1995 bis 1998 in Deutschland, Österreich und der Schweiz. Insgesamt setzte sich die Normstichprobe aus 1.570 Kindern zusammen. Im Manual finden sich Testnormen und Umrechnungstabellen für die Altersspannen von 6;0 bis 16;11 Jahren: Diese sind nach Vier-Monats-Abständen eingeteilt, so dass sich insgesamt 33 Altersgruppen ergeben.

Gütekriterien

Bei Einhaltung der vorgegebenen Instruktionen und Anweisungen kann von einer guten Durchführungsobjektivität ausgegangen werden. Allerdings sind hierfür Erfahrungen mit den Materialien und der Protokollierung nötig. Eine standardisierte Auswertung ist durch ausführliche Bewertungsanweisungen gegeben. Einschränkungen der Objektivität finden sich bei der Bepunktung offener Antworten, dies betrifft insbesondere den Wortschatz-Test und das Allgemeine Verständnis. Die vorgegebenen Antwortmöglichkeiten sind nicht vollständig, es fehlen kindspezifische Beispiele. Es bleibt im Einzelnen unklar, wie weit von den vorgegebenen (abstrakteren) Antwortvorgaben abgewichen werden darf.

Eine weitere Fehlerquelle findet sich bei der Berechnung der Wertpunktsummen zur IQ-Bestimmung. Hier ist unbedingt zu beachten, dass weder der Untertests Zahlennachsprechen noch der Untertest Symbolsuche in die IQ-Bestimmung eingehen. Eine objektive Interpretation ist nach den vorgegebenen quantitativen und qualitativen Einordnungshilfen möglich.

Die Reliabilität der Untertests wurde ermittelt (Testhalbierungsmethode). Es ergeben sich ungenügende (u. a. „Labyrinth-Test“) bis zufrieden stellende, mittlere Reliabilitäten. Die Gesamtwerte der einzelnen IQ-Äquivalente zeigen eine hohe Messgenauigkeit.

Die Strukturierung der Intelligenz geht im HAWIK-III auf verschiedene Faktorenanalysen zurück. Diese unterstützen die vorliegende Unterscheidung zwischen der sprachlichen und praktischen Intelligenz. Eine faktorenanalytische Bestätigung der vier Indexwerte ist für die verschiedenen Altersgruppen nicht konsistent. Insbesondere der Faktor Unablenkbarkeit weist eine geringe Varianzaufklärung auf. Die hier erhobenen Leistungen (Zahlennachsprechen und Rechnerisches Denken) tragen somit wenig zur Erklärung des Gesamtwertes bei. Eine inhaltlich-logische Erklärung für das Zustandekommen dieser Struktur fehlt. Es existiert kein Intelligenzmodell, welches mit dieser Unterteilung explizit übereinstimmt. Zur Beurteilung eines Zusammenhanges der IQ-Werte mit testfernen Leistungen wurden unter anderem die Schulnoten herangezogen. Bei Kindern aus Österreich und der Schweiz zeigen sich Zusammenhänge zwischen den Deutsch- bzw. Mathematik-Noten und den IQ-Werten. Allerdings korreliert der Verbal-IQ nicht höher mit der Deutsch-Note als mit der Mathematik-Note oder umgekehrt. Insgesamt scheinen die IQ-Werte eher als Prädiktoren der durchschnittlichen Schulleistung zu fungieren, weniger als eine gültige Voraussage für die Leistungsfähigkeit in einzelnen Fächern. Daraus lässt sich schlussfolgern, dass die erhobenen IQ-Werte weniger spezifische Fähigkeiten repräsentieren, sondern eher allgemeine Hinweise auf Begabungsmerkmale geben.

Kritik

Der HAWIK-III ist ein Standardinstrument der allgemeinen Intelligenzdiagnostik. Es erfährt eine breite Anwendung, wobei der HAWIK-III besonders gut im mittleren Leistungsbereich differenziert. Somit ergeben sich in den Extrembereichen der kognitiven Leistungsfähigkeit (Geistige Behinderung – Hochbegabung) Boden- bzw. Deckeneffekte. Das heißt, die Aufgaben sind größtenteils zu schwer oder zu leicht, daher können keine präzisen Aussagen mehr getroffen werden.

Der HAWIK-III wird häufig im Rahmen der neuropsychologischen Diagnostik eingesetzt, das Verfahren kann hier im Sinne eines Screenings angewendet werden. Eine differenzialdiagnostische Abklärung von Funktionsdefiziten kann dieses Verfahren jedoch nicht leisten.

Im Hinblick auf eine Schulzuweisung auf der alleinigen Basis des Testergebnisses melden die Autoren massive Bedenken an. Nicht-intellektuelle Aspekte (Motivation, Belastbarkeit, psychosoziale Umstände) müssen hierfür unbedingt herangezogen werden. Zentral für die Beurteilung der IQ-Werte ist vor allem auch das beobachtete Verhalten. Fehleinschätzungen der kindlichen Begabung können etwa auf Grund einer deutlichen Aufmerksamkeitsproblematik erfolgen.

Die Möglichkeit der gezielten Verhaltensbeobachtung bildet einen enormen Vorteil des HAWIK-III gegenüber Leistungstests, die von Kindern selbst ausgefüllt werden. Die serielle Darbietung von Materialien durch den Diagnostiker und die aufgabenspezifischen Zeitmessungen führen zu einem individuell angepassten, fairen Vorgehen.

Die Zusammenfassung der Untertestleistungen zu IQ-Werten führt in manchen Fällen zu widersprüchlichen Ergebnissen. So kann es vorkommen, dass die Wertpunkte der Untertests alle noch im (untersten) Normbereich liegen, der Gesamtwert jedoch als unterdurchschnittlich zu bewerten ist. Ähnlich ergibt sich bei einem jeweils niedrigen, aber noch durchschnittlichen Verbal- und Handlungs-IQ ein Gesamt-IQ, der nicht mehr im Normbereich liegt. In solchen Fällen sollte die Interpretation des Gesamt-IQ zurückhaltend erfolgen.

David Wechsler entwickelte seine Verfahren besonders für den klinischen Einsatz und orientierte sich im Rahmen der Testkonstruktion an praxisnahen, weniger an theoretischen Vorgaben. Daraus resultiert der häufig angemerkte Mangel einer fehlenden theoretischen Untermauerung des Intelligenzkonzeptes, insbesondere in Bezug auf die Einteilung in einen Verbal- und Handlungs-IQ. Eine Interpretation der Ergebnisse (vor allem auf Untertestebene) sollte daher immer auf bereits spezifizierte klinische Fragestellungen Bezug nehmen.

Im überarbeiteten Manual aus dem Jahre 2002 werden verschiedene Kurzformen des HAWIK-III vorgestellt, mit denen im Sinne eines Screenings der Gesamt-IQ eingeschätzt werden kann. In der Praxis ist eine solche Anwendung möglich, wenn das allgemeine Begabungsniveau als Bezugspunkt für eine Diagnosestellung notwendig ist. Dies ist zum Beispiel der Fall, wenn eine umschriebene Entwicklungsstörung schulischer Fertigkeiten abgeklärt werden soll.

4.1.3 Kaufman Assessment Battery for Children (K-ABC)

Autor/ Verlag:	Melchers, P. & Preuß, U. (2001) (6., teilw. erg. Aufl.) Leiden: PITS							
Alter	**Dauer**		**Normen**	**Standardisierung**		**Gütekriterien**		
2;6–12;5 J.	**Durchführung**	**Auswertung**	ja	**Material**	**Durchführung**	**Objektivität**	**Reliabilität**	**Validität**
	30–90 Min.	**ca. 20 Min.**		ja	ja	ja	ja	ja
Was wird erfasst?	Intellektuelle Fähigkeiten (einzelheitliches Denken, ganzheitliches Denken), erworbene Fertigkeiten; bei Bedarf sprachungebundene Leistungen							
Ergebniswerte:	Leistungsprofil: Standardwerte mit Konfidenzintervallen für alle Skalenwerte und Untertests							
Bemerkungen:	Es ist eine computergestützte Auswertung möglich, die den zeitlichen Aufwand beträchtlich reduziert.							

Konzeption

Mit der Kaufman-ABC (K-ABC) kann man Intelligenz und spezifische Fertigkeiten von Kindern im Alter von 2;6 bis 12;5 Jahren bestimmen. Die Originalfassung wurde von 1978 bis 1983 von Alan S. Kaufman und Nadeen L. Kaufman in den USA entwickelt und 1983 herausgegeben.

Als Intelligenz wird die Art und Weise verstanden, wie Probleme gelöst und Informationen verarbeitet werden. Im Detail soll dabei erfasst werden, wie Informationen verarbeitet werden. Dementsprechend wird im Bereich der intellektuellen Fertigkeiten zwischen sequentieller und simultaner Informationsverarbeitung unterschieden, wobei dies durch die Skalen zum einzelheitlichen (folgerichtiger Umgang mit Reizen) sowie zum ganzheitlichen Denken (gestalthafte und räumliche Integration der Reize) erfasst wird. Diese Skalen repräsentieren diejenigen Fähigkeiten, die zum flexiblen Umgang mit unbekannten Problemen erforderlich sind und somit das Niveau der eigentlichen intellektuellen Fähigkeiten zum gegenwärtigen Zeitpunkt darstellen. Dieser Ansatz entspricht dem Konzept der „flüssigen Intelligenz" („fluid ability") von Cattell (1971) also der Fähigkeit zur Lösung unbekannter Probleme, insbesondere dann, wenn Flexibilität bei der Problemlösung nötig ist. Die Fertigkeitenskala hingegen repräsentiert die durch Lernen erworbenen Fertigkeiten (Wissen und Können), also das so genannte Faktenwissen. Dies entspricht nach der Intelligenztheorie von Cattell (1971) dem Konzept der „kristallisierten Intelligenz" („crystallized ability"). Auf Grund dieser Unterscheidung wird kein gemeinsames Maß für die Fertigkeitenskala und die Skala intellektueller Fähigkeiten gebildet; außerdem steht eine sprachfreie Skala zur Verfügung.

Aus den Ergebnissen der K-ABC können die individuellen Stärken und Schwächen bei der Informationsverarbeitung abgeleitet werden, die in engem Zusammenhang zum Lernstil eines Kindes stehen, und entsprechend bei der Planung spezieller Fördermaßnahmen zu berücksichtigen sind. Die K-ABC eignet sich auch für behinderte, lernbehinderte sowie anderweitig auffällige Kinder, da im Bedarfsfall auf leichtere Aufgaben aus vorangehenden Altersstufen zurückgegriffen werden kann. Darüber hinaus ist sie auch als neuropsychologisches Prüfverfahren einsetzbar.

Aufgaben

Die K-ABC besteht aus 16 Untertests, von denen je nach Alter maximal 13 durchgeführt werden (vgl. Tab. 6) und die sich wie folgt auf die einzelnen Skalen verteilen:

- *Skala intellektueller Fähigkeiten (SIF)* mit zwei Unterskalen:
  - *einzelheitliches Denken (SED)* mit den Untertests Handbewegungen, Zahlennachsprechen und Wortreihe;
  - *ganzheitliches Denken (SGD)* mit den Untertests Zauberfenster, Wiedererkennen von Gesichtern, Gestaltschließen, Dreiecke, bildhaftes Ergänzen, räumliches Gedächtnis und Fotoserie.
- *Fertigkeitenskala (FS)* mit den Untertests Wortschatz, Gesichter und Orte, Rechnen, Rätsel, Lesen/Buchstabieren und Lesen/Verstehen.
- Die *sprachfreie Skala* besteht aus einer Kombination von Untertests, die ohne Benutzung von Sprache gestisch-mimisch dargeboten und rein motorisch beantwortet werden können (Wiedererkennen von Gesichtern, Handbewegungen, Dreiecke, Fotoserie, räumliches Gedächtnis). Sie ermöglicht eine Schätzung der intellektuellen Leistungsfähigkeit bei tauben, hörgeschädigten, sprach- oder sprechgestörten, autistischen oder fremdsprachigen Kindern. Diese Skala wurde entwickelt, um dringenden Untersuchungserfordernissen der Praxis zu entsprechen; sie ist keinesfalls als Ersatz oder Kurzform für die Skala intellektueller Fähigkeiten zu verstehen.

Bei der Testdurchführung wechseln sich Aufgaben zum einzelheitlichen und ganzheitlichen Denken ab.

Durchführung

Die K-ABC wird als Einzeltest durchgeführt; es liegt keine Parallelform vor. Die sprachfreie Form kann ab vier Jahren verwendet werden. Die Durchführungszeit beträgt je nach Alter des Kindes und der damit ansteigenden Zahl von Untertests ca. 30 Minuten bei Zweijährigen und bis zu 90 Minuten bei Zwölfjährigen.

Für Durchführung und Auswertung der Testungen einerseits sowie für das Vertrautmachen mit dem theoretischen Hintergrund und die Interpretation der Testergebnisse andererseits stehen getrennte Manuale zur Verfügung. Außerdem liegt eine detaillierte Videodemonstration zur Durchführung und Auswertung vor.

Die Aufgaben befinden sich in drei Testordnern, die zwischen dem Kind und dem Testanwender aufgestellt werden. Dabei enthält die dem Kind zugewandte Seite die zu bearbeitenden Aufgaben, die Rückseite die Testanweisungen und Bewertungsschlüssel für den Testanwender.

Tabelle 6: Untertests der K-ABC mit der jeweiligen Alterszuordnung in der Reihenfolge der Testdurchführung.

Untertest	Alter										
	2;6	3	4	5	6	7	8	9	10	11	12
Zauberfenster	x	x	x								
Wiedererkennen	x	x	x								
Handbewegungen	x	x	x	x	x	x	x	x	x	x	x
Gestaltschließen	x	x	x	x	x	x	x	x	x	x	x
Zahlennachsprechen	x	x	x	x	x	x	x	x	x	x	x
Dreiecke			x	x	x	x	x	x	x	x	x
Wortreihe			x	x	x	x	x	x	x	x	x
Bildhaftes Ergänzen				x	x	x	x	x	x	x	x
Räuml. Gedächtnis				x	x	x	x	x	x	x	x
Fotoserie					x	x	x	x	x	x	x
Wortschatz	x	x	x								
Gesichter und Orte	x	x	x	x	x	x	x	x	x	x	x
Rechnen		x	x	x	x	x	x	x	x	x	x
Rätsel		x	x	x	x	x	x	x	x	x	x
Lesen/Buchstabieren						x	x	x	x	x	x
Lesen/Verstehen						x	x	x	x	x	x

Die Antworten des Kindes werden im Protokollbogen festgehalten. Diesem sind auch die in der jeweiligen Altersgruppe durchzuführenden Untertests, die Reihenfolge der Durchführung, die altersabhängigen Einstiegs- und Endaufgaben sowie die Abbruchkriterien zu entnehmen. Bei allen Untertests der Skala intellektueller Fähigkeiten wird eine Einführungsaufgabe durchgeführt; falls erforderlich wird die Lösung dieser Aufgabe erklärt. Bei den Untertests der Fertigkeitenskala ist keine Einführungsaufgabe vorgesehen.

Mit Ausnahme für den Untertest Dreiecke gibt es keine Zeitbegrenzung für die Aufgabenbearbeitung; einige Untertests erfordern jedoch eine zeitlich exakte Darbietung des Aufgabenmaterials.

Auswertung

Das Antwortverhalten wird dichotom mit „0" für eine falsche und „1" für eine richtige Antwort bewertet. Für einige Untertests bietet das Handbuch Bewertungskategorien an.

Für die einzelnen Untertests werden Rohpunktergebnisse ermittelt, indem die richtigen Antworten aufsummiert werden. Die Rohwerte der Untertests der Fertigkeitenskala können in so genannte Standardwerte (Mittelwert = 100; Standardabweichung = 15), die Werte der Untertests der Skala intellektueller Fähigkeiten in Skalenwerte (Mittelwert = 10; Standardabweichung = 3) transformiert werden. Die Addition der Standard- bzw. Skalenwerte ergibt den Gesamtwert der Fertigkeitenskala bzw. der Skala intellektueller Fähigkeiten. Diese Werte können in verschiedene andere Normwerte wie Prozentränge, Stanine-Werte sowie T- und Z-Werte umgewandelt werden. Darüber hinaus werden Konfidenzintervalle für Standardwerte angegeben.

Es liegen Normwerte getrennt nach 40 Altersgruppen (Zwei-Monatsintervallen) vor. Anhand der Untertestergebnisse können individuelle Profile erstellt und Leistungsschwankungen auf statistische Signifikanz geprüft werden. Damit lassen sich individuelle Stärken und Schwächen im Fähigkeitsprofil der Kinder ermitteln.

Die recht umfangreiche manuelle Auswertung ist ausführlich im Handbuch beschrieben. Sie nimmt etwa 20 Minuten in Anspruch. Es liegt auch ein computergestütztes Auswertungsprogramm vor, mit dessen Hilfe die Ergebnisse in fünf Minuten ermittelt werden können.

Interpretation

Die einzelnen Standardwerte ermöglichen präzise Aussagen zur Leistungsstärke in den verschiedenen Bereichen. Für die Interpretation der individuellen Testergebnisse liegt ein gesondertes Handbuch vor. Zunächst werden die Ergebnisse der Gesamtskalen nach bedeutsamen Leistungsschwankungen überprüft. Weiter können signifikante Stärken und Schwächen in den einzelnen Untertests ermittelt werden. Außerdem können die individuellen Ergebnisse mit den entsprechenden Konfidenzintervallen in einem Leistungsprofil grafisch dargestellt werden.

Die Ergebnisse können für die Herleitung spezieller Fördermaßnahmen besonders im Bereich schulischer Teilleistungsschwächen sehr hilfreich sein. Sehr praktikabel und anschaulich für Beratungssituationen hat sich die Gegenüberstellung der intellektuellen Fähigkeiten und der Fertigkeitenskala erwiesen.

Normierung

Die Normierung der deutschen Version fand von 1986 bis 1989 in der Bundesrepublik Deutschland, in der Schweiz, in Österreich und in Südtirol statt und umfasste N = 3.098 Kinder. Sie erfolgte zu 91 % über eine Zufallsauswahl, die durch Kinder aus Erziehungsberatungsstellen, Risikokindern und Kindern mit körperlichen oder psychischen Auffälligkeiten (Störungen) ergänzt wurde. Die Alters- und Geschlechtsverteilung ist annähernd gleich.

Gütekriterien

Durch die genauen Instruktionen und Vorgaben ist von einer hohen Objektivität für die Durchführung, Auswertung und Interpretation auszugehen.

Die Splithalf-Reliabilität für die Untertests der Fähigkeitenskala beträgt im Mittel .72 bis .83, für die Fertigkeiten .81 bis .87. Für die beiden Gesamtskalen liegen die Werte zwischen .85 bis .96. Die Retest-Korrelationen liegen bei den Untertests etwas niedriger, bei den Gesamtskalen etwa gleich hoch.

Die Konstruktvalidität wurde hauptsächlich aus dem theoretisch begründeten Konzept heraus mit einer Faktorenanalyse untersucht. Für die Fähigkeitenskala konnte zwischen einzelheitliches und ganzheitliches Denken unterschieden werden. Die Fertigkeiten bilden einen dritten Faktor; für die kriteriengebundene Validität wurden Korrelationen der einzelnen Skalen der K-ABC zu zahlreichen anderen Intelligenztests (HAWIK-R, AID, HAWIVA) ermittelt. Diese erbrachten erwartungskonform niedrige bis mittlere Koeffizienten.

Kritik

Die K-ABC ist ein mehrdimensionales Diagnostikum zur Beurteilung der intellektuellen Fähigkeiten von Vorschul- und Schulkindern. Aus den Ergebnissen können die individuellen Stärken und Schwächen bei der Informationsverarbeitung abgeleitet werden, die in engem Zusammenhang zum Lernstil eines Kindes stehen, und entsprechend bei der Planung spezieller Fördermaßnahmen berücksichtigt werden können. Die K-ABC eignet sich auch zur Untersuchung behinderter, lernbehinderter sowie anderweitig auffälliger Kinder, da ggf. auf leichtere Aufgaben aus vorangehenden Altersstufen zurückgegriffen werden kann, und als neuropsychologisches Prüfverfahren; außerdem liegt eine sprachfreie Skala vor. Sie ermöglicht auch intellektuelle Leistungsfähigkeit bei tauben, hörgeschädigten, sprach- oder sprechgestörten sowie ausländischen Kindern einzuschätzen. Der Einsatz der K-ABC hingegen ist hingegen nicht empfehlenswert, wenn von keiner guten visuellen Wahrnehmungsfähigkeit des Kindes ausgegangen werden kann. Auch für die Hochbegabtendiagnostik ist die K-ABC kaum geeignet.

Die K-ABC ist für ein weit gefasstes Altersspektrum verwendbar und ermöglicht so auch Verlaufskontrollen bei Interventionsmaßnahmen. Das Material ist kindgerecht gestaltet und die Aufgabendarbietung abwechslungsreich. Allerdings erfordern Testdurchführung, -auswertung und -interpretation einen erheblichen Zeitaufwand.

Die Normdaten aus den Jahren 1986 bis 1989 erscheinen jedoch dringend aktualisierungsbedürftig. Der Untertest „Gesichter und Orte“ ist auf Grund des nicht mehr zeitgemäßen Bildmaterials nur begrenzt interpretierbar.

4.2 Sprachungebundene Intelligenztests

4.2.1 Grundintelligenztest Skala 1 (CFT 1)

<table>
<tr><td>Autor/ Verlag:</td><td colspan="9">Cattell, R. B., Weiß, R. H. & Osterland, J. (1997) (5., revid. Aufl.)
Göttingen: Hogrefe</td></tr>
<tr><td>Alter</td><td colspan="2">Dauer</td><td>Normen</td><td colspan="2">Standardisierung</td><td colspan="3">Gütekriterien</td></tr>
<tr><td rowspan="2">5;3–9;5 J.</td><td>Durchführung</td><td>Auswertung</td><td rowspan="2">ja</td><td>Material</td><td>Durchführung</td><td>Objektivität</td><td>Reliabilität</td><td>Validität</td></tr>
<tr><td>35–50 Min.</td><td>ca. 5–10 Min.</td><td>ja</td><td>ja</td><td>ja</td><td>ja</td><td>ja</td></tr>
<tr><td>Was wird erfasst?</td><td colspan="8">Kultur- und sprachfreie Intelligenzaspekte</td></tr>
<tr><td>Ergebniswerte:</td><td colspan="8">IQ-Werte, standardisierte Werte, Prozentränge</td></tr>
<tr><td>Bemerkungen:</td><td colspan="8">–</td></tr>
</table>

Konzeption

Der Grundintelligenztest Skala 1 (CFT 1) basiert auf der Intelligenzkonzeption Cattells (1971), die davon ausgeht, dass der Bereich der allgemeinen intellektuellen Leistungsfähigkeit sich in zwei allgemeine Intelligenzformen aufgliedern lässt, der „flüssigen Intelligenz" („fluid ability") und der „kristallisierten Intelligenz" („crystallized ability"). Letztere umfasst das so genannte Faktenwissen, wie es Umwelt und Schule vermitteln. Die flüssige Intelligenz hingegen ist die Fähigkeit, komplexe Beziehungen in neuartigen Situationen wahrnehmen und erfassen zu können. Sie ist weitgehend frei von kulturellen Einflüssen und sprachlichen Fertigkeiten; dieser Bereich steht beim CFT 1 als „kulturfreier" Intelligenztest im Mittelpunkt.

Der CFT 1 stellt eine partieller Adaptation des „Culture Fair Intelligence Tests Scale 1" von Cattell dar. Er ermöglicht die Bestimmung der so genannten Grundintelligenz, also der Fähigkeit des Kindes, in neuartigen Situationen und anhand von sprachfreiem, figuralem Material

- Denkprobleme zu erfassen,
- Beziehungen herzustellen,
- Regeln und Gesetzmäßigkeiten zu erkennen,
- Merkmale zu identifizieren,
- vollständig und rasch wahrzunehmen sowie
- Symbole zuzuordnen und wiederzugeben.

Er gibt weiterhin darüber Aufschluss, bis zu welchem Komplexitätsgrad das Kind bereits in der Lage ist, insbesondere nonverbale Problemstellungen zu erfassen und zu lösen. Einflüsse des Milieus, der regionalen und sozialen Herkunft sowie vorherige Lernerfahrungen, insbesondere im verbalen Bereich, sollen dabei weitgehend eliminiert werden.

Der CFT 1 ist bei Fünf- bis Neunjährigen einsetzbar (Kindergarten/Vorschulen, Grundschulen Klasse 1 bis 3 und Sonder-/Förderschulen Klasse 1 bis 4). Er kann als Einzel- und Gruppentest durchgeführt werden. Der Anwendungsbereich erstreckt sich auf alle Beratungsanlässe (z. B. Förder- und Schullaufbahnberatung, Diagnostik von Teilleistungsschwächen).

Aufgaben

Der CFT 1 liegt in zwei Formen vor, bei denen nur die Aufgabenreihenfolge verändert wurde, um in Gruppensituationen das Abschreiben zu erschweren. Der Test gliedert sich in fünf Untertests mit fünf verschiedenen Aufgabenstellungen. Dabei handelt es sich bei den Untertests 1 und 2 um Speedtests, bei den Untertests 3, 4 und 5 um Powertests:

- *Substitutionen*
  Vorgegeben werden sechs Figuren mit zugehörigen Symbolen; die Symbole sollen vom Kind unter die in unterschiedlicher Reihenfolge wiederkehrenden Figuren gesetzt werden; dabei geht es um das schnelle Erkennen und Zuordnen von Figuren zu Symbolen.
- *Labyrinthe*
  Vier unterschiedlich komplexe Labyrinthreihen sollen in einer vorgegebenen Zeit richtig durchfahren werden. Erfasst werden die visuelle Orientierung und Aufmerksamkeit sowie die visuo-motorische Koordination.
- *Klassifikationen*
  Von fünf vorgegebenen Zeichnungen ist eine Figur von fünf merkmalsähnlichen Figuren abzugrenzen und eine Zuordnung vorzunehmen.
- *Ähnlichkeiten*
  Eine Vorlage ist unter fünf Zeichnungen, von denen vier detail- bzw. merkmalsverändert sind, herauszusuchen. Dieser Untertest prüft, wie genau wahrgenommen wird und eine Zuordnung erfolgen kann.
- *Matrizen*
  Von fünf Bildern soll dasjenige ausgewählt werden, das ein bestimmtes Muster richtig vervollständigt. Erfasst wird hier die Fähigkeit, Regeln und Zusammenhänge zu erkennen und anwenden zu können.

Durchführung

Das Handbuch enthält detaillierte Durchführungsanweisungen. Je nach Voraussetzungen der Kinder liegen drei verschiedene Durchführungsvarianten vor. Mit jeweils zwei Übungsbeispielen kann der Testanwender die Aufgabenstellung ausführlich erklären.

Die Aufgaben liegen den Kindern in Form von Testheften vor, in denen auch die Antworten eingetragen werden. Die Durchführungszeit beträgt je nach Variante zwischen 35 und 50 Minuten.

Auswertung

Für die Auswertung werden die Rohpunkte und Rohpunktsummen für die einzelnen Untertests ermittelt. Der zu ermittelnde Rohwert entspricht jeweils der Anzahl der richtigen Lösungen. Im Manual sind präzise Vorschriften für die Bewertung der verschiedenen Aufgaben angegeben. Daraus lassen sich verschiedene Summenwerte, der Gesamtwert sowie separate Werte für die Speed-Subtests 1 und 2 sowie die Power-Subtests 3, 4 und 5 bilden. Es liegen Alters- und Klassennormen mit Prozenträngen, T-Werten und IQ-Werten vor. Der zeitliche Aufwand für die Auswertung beträgt etwa fünf bis zehn Minuten.

Im Abschnitt Sonderauswertung können Quartile getrennt für die Untertests 3, 4, und 5 sowie für die Altersgruppe 5;3 bis 5;6 und Förder- bzw. Sonderschulen ermittelt werden. Quartile teilen die Vergleichsgruppe in vier gleich große Gruppen und dienen einer groben Orientierung, ob eine Teilleistung eher unter- oder überdurchschnittlich ist.

Interpretation

Die standardisierten Werte unterstützen eine objektive Interpretation der Testleistungen (z. B. durchschnittlich, unterdurchschnittlich). Das Handbuch bietet verschiedene Interpretationsbeispiele (z. B. Überprüfung der Sonderschulbedürftigkeit, Intelligenzdiagnostik ausländischer Kinder, Evaluation von Förderprogrammen).

Normierung

Der CFT 1 wurde 1995 mit 1200 Kindern neu normiert. Der Tabellenteil enthält Alters- und Klassennormen mit Prozenträngen, T-Werten und IQ-Werten.

Gütekriterien

Zur Objektivität finden sich im Handbuch keine Angaben, die jedoch auf Grund der genauen Instruktion und Auswertungsvorschriften als gegeben angesehen werden kann.

Reliabilitätwerte (nach der Testhalbierungsmethode) liegen nur für die Power-Subtests vor; diese fallen für die revidierte fünften Auflage getrennt nach Testform und Schulform/Klassenstufe mit Werten im Bereich zwischen .65 und .96 überwiegend zufriedenstellend aus. Die Retest-Reliabilität liegt bei .85 und ist somit als gut zu bezeichnen.

Die Überprüfung der faktoriellen Validität ergab eine Zwei-Faktoren-Lösung, durch die ca. 95 % der Varianz aufgeklärt werden. Mit dem ersten Faktor (= Allgemeine Intelligenz) wird ein Großteil der Gesamtvarianz aufgeklärt. Korrelationen mit anderen Intelligenz- und Schulreifetests sowie den Schulnoten liegen im mittleren Bereich. Als Beleg für den sprachfreien Charakter des CFT 1 werden verschiedene Gruppenvergleiche mit lese-rechtschreibschwachen Kindern sowie Kindern ausländischer Herkunft und unterschiedlicher sozialer Herkunft angeführt.

Kritik

Der CFT 1 ist ein anwenderfreundliches Verfahren, das auch dem weniger routinierten Testanwender erlaubt, auf ökonomische und objektive Weise zu einem Urteil über die Grundintelligenz eines Kindes zu kommen. Durch die sprachfreien Aufgabenstellungen ist das Testergebnis wesentlich weniger von sprachlichen Fähigkeiten, Kultur- und Bildungshintergrund beeinflusst als bei Intelligenztests, die auch verbale Aufgaben enthalten. Allerdings erfasst der CFT 1 damit nur einen Ausschnitt aus dem Intelligenzspektrum. Somit lassen sich nur grob Fördermöglichkeiten ableiten. Des Weiteren ist das Aufgabenmaterial wenig abwechslungsreich und besitzt keinen hohen Aufforderungscharakter, was gerade bei auffälligen Kindern die Konzentration und Motivation beeinflussen kann.

Für Kindergarten- und Vorschulkinder (Altersnorm 5;3 bis 6;5) und für Kinder in Förder- bzw. Sonderschulklassen wird auf Werte aus der Normierungsstichprobe von 1976 zurückgegriffen. Diese Daten müssen inzwischen als veraltet angesehen werden. Der CFT 1 sollte deshalb erst ab 6;6 Jahre eingesetzt werden.

4.2.2 Coloured Progressive Matrices (CPM)

<table>
<tr><th>Autor/ Verlag:</th><td colspan="8">Bulheller, S. & Häcker, H. (2002) (3., neu norm. Aufl.) Frankfurt/M.: Harcourt Test Services</td></tr>
<tr><th>Alter</th><th colspan="2">Dauer</th><th>Normen</th><th colspan="2">Standardisierung</th><th colspan="3">Gütekriterien</th></tr>
<tr><td rowspan="2">3;9–11;8 J.</td><th>Durchführung</th><th>Auswertung</th><td rowspan="2">ja</td><th>Material</th><th>Durchführung</th><th>Objektivität</th><th>Reliabilität</th><th>Validität</th></tr>
<tr><td>20–30 Min.</td><td>ca. 5 Min.</td><td>ja</td><td>ja</td><td>ja</td><td>ja</td><td>ja</td></tr>
<tr><th>Was wird erfasst?</th><td colspan="8">Sprachfreie Erfassung des allgemeinen Intelligenzpotenzials: Regelerkennen, Analogieschlussdenken anhand figuraler Bildvorlagen</td></tr>
<tr><th>Ergebniswerte:</th><td colspan="8">IQ-Werte, standardisierte Werte, Prozentränge</td></tr>
<tr><th>Bemerkungen:</th><td colspan="8">Es ist eine Parallelversion verfügbar.</td></tr>
</table>

Konzeption

Bei den Coloured Progressive Matrices (CPM) handelt es sich um einen eindimensionalen, figuralen Matrizentest zur Messung der sprachfreien Intelligenz und des logischen Schlussfolgerns. Die CPM verzichtet auf die Testung sprachlicher Fähigkeiten und des kulturellen Wissens. Dabei stellen die CPM in der Reihe der Raven-Matrizentests (Standard Progressive Matrices – SPM, Advanced Progressive Matrices – APM) die Version mit dem geringsten Schwierigkeitsgrad dar. Sie wurden speziell für Kinder im Alter von 3;9 bis 11;8 entwickelt und eignen sich nach Angaben der Autoren auch für den Einsatz in der klinischen Diagnostik, Schul- und Erziehungsberatung, bei Personen mit eingeschränkten sprachlichen Fähigkeiten, geistiger oder körperlicher Behinderung sowie alten Menschen bzw. Personen, bei denen man von verringerten kognitiven Fähigkeiten ausgehen kann. Ein Nachteil der CPM liegt in ihrer Eindimensionalität. Hat ein Kind grundsätzliche Probleme, diese Art der Aufgabenstellung zu verstehen oder leidet es an einer bestimmten Wahrnehmungsstörungen, wird es in diesem Test unter seinen Möglichkeiten bleiben. Auch geben eindimensionale Tests keine differenzierte Auskunft über Mängel in unterschiedlichen Begabungsbereichen und lassen daher keinen Schluss auf differenzierte Fördermaßnahmen zu.

Raven (1965) konzipierte das Verfahren ursprünglich zur Erfassung eines „General-Faktors" (g-Faktors) intellektueller Leistungen nach Spearman (1904). Danach ermöglichen die CPM die Erfassung der allgemeinen und fluiden Intelligenz, nämlich der Fähigkeit zum Analogieschlussdenken, Regelerkennen, Prinzipienanwenden sowie induktiven, räumlichen Denken. Die drei Aufgabensätze sind nach steigendem Schwierigkeitsgrad so angeordnet, dass die wichtigsten kognitiven Prozesse, die Kinder im Allgemeinen im Alter unter 12 Jahren beherrschen, gemessen werden können. Der Test als Ganzes wurde für eine möglichst genaue Leistungsbeurteilung der kognitiven Entwicklung bis zum Stadium voll entwickelter intellektueller Fähigkeiten konstruiert. Die kognitive Entwicklung erfolgt nicht kontinuierlich, sondern in Entwicklungsschüben. Solche Entwicklungsschübe können anhand der unterschiedlichen Schwierigkeitsgrade der CPM beobachtet werden, so dass das Ergebnis Rückschlüsse darauf zulässt, inwieweit ein Kind in der Lage ist, in Analogien zu denken und sich dieses Vorgehen als Methode für schlussfolgerndes Denken anzueignen. In diesem offensichtlich entscheidenden Stadium der intellektuellen Entwicklung scheint sich eine Fähigkeit zu entwickeln, die sich auf Grund organischer Funktionsstörungen auch als Erstes wieder zurückbildet, so dass sich auch kognitive Abbauprozesse mit den CPM abbilden lassen.

Aufgaben

Die CPM bestehen aus drei Sätzen (A, AB, B) zu je 12 Aufgaben mit steigenden Schwierigkeiten. Die ersten beiden Aufgaben aus Satz A dienen als Übungsaufgaben. Die weitere Bearbeitung in der vorgegebenen Reihenfolge wird dann den Kindern überlassen, die lernen, wie die Probleme zu lösen sind.

Die Aufgaben aus Satz A bestehen aus unterschiedlich komplexen Mustern, in denen ein Stück ausgespart ist. Aus sechs Antwortalternativen muss vom Kind diejenige gewählt werden, die das Muster richtig vervollständigt. Die Aufgaben der Sätze AB und B zeigen drei Figuren, zu denen die passende vierte, ebenfalls aus sechs Antwortalternativen, gefunden werden soll. Die Aufgaben der Sätze A, AB 1–6 und B1–4 sind durch visuelle Vergleichsprozesse zu lösen, bei den höheren Aufgaben sind logisch-induktive Strategien zur Aufgabenlösung erforderlich. Um die Aufmerksamkeit jüngerer Kinder zu wecken und aufrecht zu erhalten, sind die Testaufgaben und Auswahlfiguren farbig gestaltet. Die Aufgaben werden in der Regel in einem Testheft, in dem die Probleme bildlich dargestellt sind, vorgelegt. Es ist aber auch eine so genannte Puzzle-Form erhältlich, die das Einfügen der Antwortmöglichkeiten nach Art eines Puzzles erlaubt. Bei beiden Testformen können die zu lösenden Aufgaben in verständlicher Weise auch ohne jede mündliche Anleitung demonstriert werden. Weiterhin liegt eine Parallelform vor, die häufig im Rahmen von Fördermaßnahmen und Trainingsprogrammen zur Effektivitätsprüfung zum Einsatz kommt. Zurzeit wird eine PC-gestützte Version vorbereitet, da besonders jüngere Kinder mit Konzentrations- und Aufmerksamkeitsstörungen mit der Papierform häufig überfordert sind. Die ersten Erfahrungen deuten an, dass es den Kindern am Rechner leichter fällt, die geforderte Leistung zu zeigen. Allerdings lassen sich die vorliegenden Normen nicht ohne weiteres auf die PC-Version übertragen, da die Durchführungsbedingungen nicht unerheblich von der Eichstichprobe abweichen (www.hasenheger.cidsnet.de, Stand Mai 2005).

Durchführung

Die CPM können als Einzel- und als Gruppentest durchgeführt werden, wobei Gruppendurchführungen erst ab der dritten Klasse zu empfehlen sind, da Kinder jüngeren Alters zu viele Fehler beim Eintragen der Lösungen auf das Antwortblatt machen und das Testheft nicht angemessen bearbeiten. Die individuelle Durchführung ist auch bei beeinträchtigten Kindern anzuraten, hier, wie auch bei ganz jungen Kindern, ist auch ggf. die Puzzle-Form der Papier-Bleistift-Version vorzuziehen.

Für die Durchführung erhält jedes Kind ein Testheft und einen Antwortbogen. Der Testanwender gibt die standardisierte Instruktion aus dem Handbuch vor; die ersten beiden Aufgaben aus Satz A werden als Beispiele erläutert. Danach fordert der Testanwender zur selbstständigen Bearbeitung des Tests auf, wobei es bei jüngeren oder beeinträchtigten Kindern nötig sein kann, sie bei jeder Aufgabe erneut zur Bearbeitung aufzufordern. Die gewählte Antwortalternative ist vom Kind bzw. dem Testanwender auf dem Antwortblatt zu markieren, ohne rückzumelden, ob die Lösung richtig ist.

Die CPM werden ohne Zeitbegrenzung vorgegeben. Erfahrungswerte für die Testdauer liegen bei ca. 20 bis 30 Minuten.

Auswertung

Die Antwortbogen liegen als Durchschreibebogen vor und können sehr einfach auf der zweiten Seite des doppellagigen Durchschreibepapiers ausgewertet werden. Um die korrekten Antworten einsehen zu können, ist an den Seiten der Antwortbogen ein perforierter Papierstreifen abzutrennen. Auf der zweiten Seite ist die korrekte Antwort markiert und kann einfach abgelesen werden. Für jede richtige Antwort ist ein Punkt zu vergeben. Diese werden zunächst für jeden Aufgabensatz getrennt bestimmt (Rohwertsumme) und schließlich für den Gesamttest addiert. Die Rohwertsummen werden anhand der Normwerttabellen in Prozentränge umgerechnet. Die Auswertung nimmt nur wenige Minuten in Anspruch.

Interpretation

Es liegen Prozentrangnormen für insgesamt 15 Altersgruppen von 3;9 bis 11;8 Jahren vor. Die CPM zeigen hierbei eine sehr gute Differenzierung über das gesamte Leistungsspektrum in den Altersgruppen 3;9 bis 8;2 Jahre. Für ältere Kinder differenziert die CPM nur im unteren Intelligenzbereich gut. Von daher sollten Kinder mit guten Intelligenzleistungen auf Grund des Deckeneffekts der CPM mit einem geeigneteren Verfahren untersucht werden. Da die Testrohwerte nicht normal verteilt sind, wird keine Umrechnung in IQ-Werte durchgeführt. Der erzielte Testwert kann aber so genannten Leistungsstufen zugeordnet werden. Für ältere oder behinderte Kinder liegen keine gesonderten Normen vor. Es werden aber Interpretationshilfen für bestimmte Gruppen angeboten.

Normierung

2002 wurden die CPM mit neuen Vergleichsdaten publiziert; hierzu wurden in Frankreich 1998 und in Deutschland 1999 Daten an insgesamt N = 1.218 Kindern erhoben. Da die Werte in beiden Ländern keine bedeutsamen Unterschiede zeigten, wurden beide Stichproben zusammengelegt. Über die Art und Zusammensetzung der Stichproben finden sich im Manual keinerlei Angaben.

Gütekriterien

Wenn der Test entsprechend der Angaben des Manuals durchgeführt und ausgewertet wird, ist von einer hohen Durchführungs- und Auswertungsobjektivität auszugehen.

Insgesamt ergab sich eine hohe Reliabilität nach der Testhalbierungsmethode und für die Retest-Reliabilität (0.85 bis 0.93). Dabei stieg die Reliabilität mit dem Alter der Kinder an. Diese Ergebnisse fanden sich in verschiedenen Kulturkreisen und Nationalitäten, was die Eigenschaft des CPM als kulturfreiem Intelligenztest bestätigt.

Die Validität ist als zufrieden stellend zu bezeichnen. Faktorenanalytische Studien ergaben hohe Ladungen auf einem Generalfaktor intellektueller Leistungen („g-Faktor") und weisen darauf hin, dass die CPM zentrale Prozesse der analytischen Intelligenz erfassen. Weitere Analysen haben zu der Schlussfolgerung geführt, dass drei verschiedene Fähigkeiten bei der Aufgabenbearbeitung von Bedeutung sind:
- simultane Verarbeitung von Informationen,
- abstraktes Denken in Analogien und
- die Vervollständigung von Mustern durch Identität und Gestaltschließung (Carlson & Jensen, 1980).

Die Frage nach der interkulturellen Validität konnte in der Vielzahl der Fälle positiv beantwortet werden. Des Weiteren wurden normale und auffällige Kinder miteinander verglichen sowie Korrelationen mit anderen Intelligenztests angeführt. Die Korrelationen bewegen sich hier im mittleren bis hohen Bereich (0.39 bis 0.87).

Kritik

Mit den CPM liegt ein ökonomisches, objektives Verfahren zur Erfassung der fluiden Intelligenz vor. Ihre Vorteile liegen neben der einfachen Durchführung im Verzicht auf die Testung sprachlicher Fähigkeiten sowie des kulturellen Wissens.

Nachteil eines solchen eindimensionalen Begabungstests allerdings ist seine Beschränkung auf nur eine Aufgabenform. Hat ein Kind grundsätzliche Probleme, diese Art der Aufgabenstellung zu verstehen oder leidet es an spezifischen Wahrnehmungsstörungen, dann wird es in diesem Test unter seinen Möglichkeiten bleiben. Auch geben eindimensionale Tests keine differenzierte Auskunft über Stärken und Schwächen in unterschiedlichen Begabungsbereichen und lassen daher keinen Schluss auf sinnvolle Fördermaßnahmen zu. Das Aufgabenmaterial bei dem CPM ist sehr homogen, was besonders bei Kindern mit Aufmerksamkeitsstörungen die Testmotivation beeinflussen kann. Es empfiehlt sich hier, aber auch besonders bei jüngeren Kindern, auf die Board-Form (= Puzzle-Form) auszuweichen.

Angaben zur Reliabilität und Validität der deutschen Normierung liegen nicht vor. Die CPM sollten deshalb nicht als einziger Test zur Diagnostik der fluiden Intelligenz eingesetzt werden. Wie schon erwähnt, können Kinder mit guten Intelligenzleistungen auf Grund des Deckeneffekts nicht angemessen mit dem CPM untersucht werden.

4.2.3 Snijders-Oomen Non-verbaler Intelligenztest (SON-R $2^{1}/_{2}$-7)

<table>
<tr><td>Autor/ Verlag:</td><td colspan="8">Tellegen, P. J., Winkel, M., Wijnberg-Williams, B. J. & Laros, J. A. (1998) Göttingen: Hogrefe

Tellegen, P. J., Laros, J. A. & Petermann, F. (2006). Dt. Normierung und Validierung. Göttingen: Hogrefe</td></tr>
<tr><td>Alter</td><td colspan="2">Dauer</td><td>Normen</td><td colspan="2">Standardisierung</td><td colspan="3">Gütekriterien</td></tr>
<tr><td rowspan="2">2;6–7;0 J.</td><td>Durchführung</td><td>Auswertung</td><td rowspan="2">ja</td><td>Material</td><td>Durchführung</td><td>Objektivität</td><td>Reliabilität</td><td>Validität</td></tr>
<tr><td>50–70 Min.</td><td>ca. 10 Min.</td><td>ja</td><td>ja</td><td>ja</td><td>ja</td><td>ja</td></tr>
<tr><td>Was wird erfasst?</td><td colspan="8">Sprachunabhängige Intelligenzbereiche; Gesamt-Intelligenz, Denkskala und Handlungsskala</td></tr>
<tr><td>Ergebniswerte:</td><td colspan="8">Gesamt-IQ- sowie spezifische IQ-Werte mit Vertrauensintervallen und Prozenträngen, Referenzalter</td></tr>
<tr><td>Bemerkungen:</td><td colspan="8">Es ist eine computergestützte Auswertung möglich.</td></tr>
</table>

Konzeption

Das Verfahren ist nicht explizit an einem gängigen Intelligenzkonzept orientiert, sondern bietet ein Vorgehen an, mit dem besonders bei sprach- und kommunikationsbeeinträchtigten sowie ausländischen Kindern Daten erhoben werden können. Dabei gehen Tellegen et al. (1998) davon aus, dass
- üblicherweise nonverbale Tests nur eng umschriebene Leistungsbereiche erfassen und
- die nonverbalen Anteile gängiger Intelligenztests im Allgemeinen lediglich Handlungsaspekte abbilden.

Weiter würden vielfach die handlungsbezogenen Leistungen anderer Verfahren zwar in der Regel anhand sprachfreier Bearbeitung von Materialien erhoben, die dazu notwendigen Instruktionen erfolgten aber verbal.

Tellegen et al. (1998) erwarten, dass der SON-R $2^{1}/_{2}$-7 eher auf das Messen von „fluid intelligence" gerichtet ist. Die Untertests des SON-R $2^{1}/_{2}$-7 umfassen Denktests, Tests zur Erfassung räumlicher Leistungen und Handlungstests. Der SON-R eignet sich gut zur Verlaufsdiagnostik, da eine weitgehend vergleichbare Testvariante für höhere Altersgruppen (SON-R $5^{1}/_{2}$-17) vorliegt.

Aufgaben

Das Verfahren umfasst sechs Untertests.

- *Mosaike:* Es sind mit ein- oder zweifarbigen Quadraten vorgegebene Muster in einem Rahmen nachzulegen.
- *Kategorien:* Es sind aus Kartensätzen die einzelnen Karten nach bestimmten Vorgaben Kategorien zuzuordnen.
- *Puzzles:* Es sind zunehmend komplexere Puzzle (3 bis 6 Teile) in einen Rahmen einzuordnen.
- *Analogien:* Es sind Zuordnungen verschiedener Spielsteine anhand bestimmter Kriterien vorzunehmen.
- *Situationen:* Es sind unvollständig vorgegebene Bilder zu ergänzen, dabei ist jeweils eine Multiple-Choice-Auswahl zu treffen.
- *Zeichenmuster.*

Jeder Untertest ist in zwei Teile gegliedert, die sich im Wesentlichen in ihrer Aufgabenkomplexität unterscheiden. Die einzelnen Untertests weisen zwischen 14 und 17 Aufgaben auf, die jeweils – nach ihrer Schwierigkeit geordnet (kontinuierlich zunehmend) – bearbeitet werden.

Im Handbuch wird das Verfahren sehr ausführlich dargestellt. Weiter gehören 50 Protokollhefte (DIN A4, 4 Seiten) und 50 Hefte mit Zeichenvorlagen für den Untertest Zeichenmuster (je 16 Doppelseiten, ca. DIN A5).

Die Materialien zur Durchführung befinden sich in einem hölzernen Testkoffer: eine Schreibtischunterlage, Testkiste 1 (Holz) zum Untertest Mosaike mit zwei Kunststoffrahmen und 25 Mosaiksteinen sowie ein zugehöriges Vorlagenheft (15 Vorlagen), die Testkiste 2/5 (Holz) zu den Untertests Kategorien und Situationen mit verschiedenen Kartensätzen (je vier bis acht Karten), dazu jeweils ein Vorlagenheft zu jedem der Untertests, Testkiste 3 (Holz) zum Untertest Puzzles mit einem Kunststoffrahmen sowie 14 einzubringenden Puzzles (je drei bis sechs Teile), die Testkiste 4 (Holz) zum Untertest Analogien mit 21 Spielsteinen (rote und blaue Kreise, Dreiecke und Quadrate, verschiedene Größen) und zwei Vorlagenheften (Heft 1 mit 10 Vorlagen und 2 eingearbeiteten Ablagekästchen, Heft 2 mit 17 Vorlagen).

Durchführung

Die Instruktionen zu den Aufgaben des SON-R $2^1/_2$-7 können vom Anwender entweder verbal oder anhand von Gebärden kommuniziert werden. In der Praxis erscheint dabei die Kombination beider Modi (Gebärden, verbal begleitet) am besten handhabbar. Grundsätzlich wird jeder Untertest anhand einer Beispielaufgabe vom Diagnostiker demonstriert. Weiter wird nach jeder einzelnen Testaufgabe eine Rückmeldung über die Richtigkeit der Lösung gegeben, im Bedarfsfall wird einem Kind unter seiner Mitwirkung die richtige Lösung demonstriert. Die Aufgaben für den Testeinstieg werden altersentsprechend oder an den kognitiven Fähigkeiten eines Kindes orientiert ausgewählt, für jeden Untertest sind Kriterien für den Testabbruch formuliert.

Für die Durchführung sind je nach Alter und Leistungsvermögen eines Kindes zwischen 50 und 70 Minuten zu veranschlagen, jüngere Kinder absolvieren das Verfahren dabei eher schneller als ältere Kinder.

Auswertung

Im ersten Schritt wird zu jedem Untertest die Summe gelöster (einschließlich übersprungener) Aufgaben ermittelt, diese Summen bilden die Rohwerte. Hieraus können anhand der Normentabellen die Referenzalter (Altersangaben, die sich auf den Lebensalterszeitpunkt beziehen, zu dem etwa 50 % der Kinder der Normierungsstichprobe einen entsprechenden Rohwert erzielten) und standardisierte Ergebniswerte (Mittelwert 10, Standardabweichung 3) bestimmt werden.

Im nächsten Schritt werden aus Kombinationen einzelner Subtestergebnisse die Werte für die Handlungsskala (SON-HS) sowie die Denkskala (SON-DS) und schließlich den Gesamtwert des Tests (SON-IQ) ermittelt (Mittelwert 100, Standardabweichung 15). Auch zu den Summenindizes ist eine Bestimmung des Referenzalters möglich. Zu den Gesamt-IQ liegen 80 %-Vertrauensintervalle und Prozentränge vor. Die Teilergebnisse der Handlungsskala und der Denkskala können auf signifikante Differenzen untersucht werden.

Eine Auswertung unter Zuhilfenahme des einfach zu bedienenden Computerprogramms verkürzt den zeitlichen Aufwand beträchtlich, weiter liefert das Programm noch einige zusätzliche Informationen. Je nach den Testleistungen erfordert die manuelle Auswertung etwa zehn Minuten, computergestützt sind etwa fünf Minuten zu veranschlagen.

Interpretation

Die standardisierten Ergebniswerte sind einfach zu interpretieren, wobei die Skalenwerte besonders detaillierte Hinweise liefern. So können zum Beispiel Unterschiede im Denk- und Handlungsbereich gezielt auf Signifikanz geprüft werden.

Normierung

Die Normierung geht auf eine Stichprobe von 1.124 niederländischen Kindern zurück, die zu Beginn der 90er Jahre erhoben wurde (vgl. Tellegen et al., 1998). Es werden Altersnormen für den Altersbereich von 2;0 bis 7;11 Jahre referiert, für Subtestrohwerte (einschließlich der Referenzalter; Umrechnung in Standardwerte mit MW 10 und SD 3) in Monatsschritten, für die Summenwerte Denk-IQ, Handlungs-IQ und Gesamt-IQ (SON-IQ) einschließlich der Referenzalter in Dreimonatsschritten. Ab Herbst 2005 liegt erstmals eine deutsche Normierung an knapp 900 Kindern vor (vgl. Tellegen, Laros & Petermann, 2005).

An verschiedenen Stellen des Handbuchs werden weitere Angaben zu Aufgaben- und Skalenwerten referiert, so zum Beispiel Aufgabenschwierigkeiten für bestimmte Altersabschnitte (Halbjahresschritte) oder Verteilungseigenschaften (Mittelwerte und Standardabweichungen) der standardisierten Untertests für bestimmte Alterszeiträume (2 bis 3 Jahre, 4 bis 5 Jahre, 6 bis 7 Jahre).

Gütekriterien

Die Durchführung erfolgt unter Anwendung standardisierter Materialien. Im Hinblick auf die Besonderheiten derjenigen klinischen Gruppen, die der SON-R 2½-7 anvisiert, wurden dem Anwender bei der Instruktionsvermittlung Freiräume belassen. Hierdurch wird zwar die Durchführungsobjektivität reduziert, dies aber zu Gunsten eines optimalen Instruktionsverständnisses auf Seiten des Kindes. Die Auswertung erfolgt präzise regelgeleitet, die Interpretation auf der Grundlage der Standardwerte ist eindeutig vorzunehmen. Insgesamt ist von einer guten Objektivität des Verfahrens auszugehen.

Es wurden sowohl für den Gesamt-IQ als auch für den Denk- sowie den Handlungsbereich die Konsistenzen ermittelt. Für alle Summenindizes nehmen die Reliabilitäten mit steigendem Alter zu und betragen im Durchschnitt .90 für den Gesamt-IQ, .85 für den Handlungs-IQ und .84 für den Denk-IQ. Die internen Konsistenzen (Guttmans Lambda2) für die einzelnen Untertests, wiederum gemittelt über Gesamtaltersbereich, bewegen sich zwischen .67 und .78 und liegen erwartungsgemäß etwas geringer als für die Summenwerte (vgl. Tellegen et al., 1998). Auch hier ist ein steigender Alterstrend zu beobachten.

Die Aufgabenzusammenstellung ist inhaltlich plausibel, Einschränkungen zum Geltungsbereich werden im Handbuch formuliert. Die Korrelationen zwischen den einzelnen Subtestergebnissen schwanken dabei zwischen .22 und .60, womit das Ausmaß inhaltlicher Unabhängigkeit dokumentiert ist. Für alle Untertests ist ein steigender Alterstrend (bei den Mittelwerten) zu verzeichnen. Es werden umfangreich Aspekte kriterienbezogener Validität referiert, die in der Tendenz sowohl im Hinblick auf konvergente als auch auf diskriminante Validität hypothesenkonform ausfallen und dem Anwender ein Gespür für die Aussagebereich des SON-R 2½-7 vermitteln. Eine Vielzahl von Berechnungen zu den Einflüssen demografischer Variablen wie zum Beispiel die Darstellung geschlechtsspezifischer Leistungsunterschiede, regionaler Unterschiede, der Abhängigkeit von Leistungsdaten vom sozioökonomischen Status oder auch von der Testdauer unterstreichen die gute empirische Fundierung des Verfahrens.

Kritik

Mit dem SON-R 2½-7 liegt ein idealer sprachfreier Intelligenztest vor. Obwohl kein elaboriertes Intelligenzkonzept zu Grunde gelegt ist, liegt mit dem SON-R 2½-7 ein Diagnostikum vor, das in seiner Plausibilität, seinen vielfältigen Aussagemöglichkeiten und in der Art der Umsetzung von Sprachfreiheit sowohl auf der Ebene der Instruktionen als auch auf der Ebene der zu erbringenden Leistungen im deutschen Sprachraum einzigartig ist. Dabei erfolgt im Handbuch eine besonders sorgfältige und umfangreiche Diskussion von Aspekten der Testgüte, die dem Anwender ein besonderes Gespür für spezifische Einsatzmöglichkeiten des Verfahrens vermitteln können.

Insgesamt kann der SON-R 2½-7 somit als einer der wenigen sprachfreien allgemeinen Intelligenztests für das Vorschulalter angesehen werden.

4.2.4 Snijders-Oomen Non-verbaler Intelligenztest (SON-R $5^1/_2$-17)

<table>
<tr><td>Autor/ Verlag:</td><td colspan="8">Snijders, J. T., Tellegen, P. J. & Laros, J. A. (1997) (2., korr. Aufl.)
Göttingen: Hogrefe</td></tr>
<tr><td>Alter</td><td colspan="2">Dauer</td><td>Normen</td><td colspan="2">Standardisierung</td><td colspan="3">Gütekriterien</td></tr>
<tr><td rowspan="2">5;6–17;0 J.</td><td>Durchführung</td><td>Auswertung</td><td rowspan="2">ja</td><td>Material</td><td>Durchführung</td><td>Objektivität</td><td>Reliabilität</td><td>Validität</td></tr>
<tr><td>80–120 Min.</td><td>10–20 Min.</td><td>ja</td><td>ja</td><td>ja</td><td>ja</td><td>ja</td></tr>
<tr><td>Was wird erfasst?</td><td colspan="8">Sprachunabhängige Intelligenzbereiche: abstraktes Denken, konkretes Denken, räumliches Denken, Perzeption</td></tr>
<tr><td>Ergebniswerte:</td><td colspan="8">Verschiedene standardisierte Normwerte zu den Untertestergebnissen sowie zur aufsummierten Intelligenzleistung</td></tr>
<tr><td>Bemerkungen:</td><td colspan="8">Es ist eine computergestützte Auswertung möglich.</td></tr>
</table>

Konzeption

Der SON-R $5^1/_2$-17 greift zunächst kein spezifisches Intelligenzkonzept auf, vielmehr werden vier isoliert beschreibbare Fähigkeitsbereiche hervorgehoben und durch jeweils einen oder zwei Untertests repräsentiert. Es handelt sich um die Bereiche:

- *Abstraktes Denken:* Orientierung innerhalb und zwischen räumlich wie zeitlich ungebundenen Kategorien, Anwendung von Relationen auf neues Material (Untertests Kategorien, Analogien),
- *Konkretes Denken:* Herstellung räumlich-zeitlicher Verbindungen zwischen verschiedenen Objekten (Untertests Situationen, Bildergeschichten),
- *Räumliches Denken:* Orientierung innerhalb eines räumlichen Rahmens auf der Ebene von Formrelationen zwischen Teilen einer Figur (Untertest Mosaike, Zeichenmuster) und
- *Perzeption:* herauslösende visuelle Wahrnehmung innerhalb eines Stimulusmusters (Untertest Suchbilder).

Aufgaben

Das Verfahren ist in sieben Untertests gegliedert, die in der angegebenen Reihenfolge durchzuführen sind:

- *Kategorien:* Es werden Bilder präsentiert, die Gemeinsamkeiten aufweisen; aus einer Auswahl weiterer Bildmotive sollen dann die zu den vorgegebenen Kategorien passenden Motive ausgewählt werden.

- *Mosaike:* Es werden in einem Vorlageheft vorgegebene Muster mit Mosaiksteinen in einem Legerahmen (äußere Begrenzung) nachgelegt.
- *Suchbilder:* Innerhalb einer jeweils vorgegebenen Zeitspanne sind vorgegebene Formen oder Objekte, die mehrfach in ein Bild eingearbeitet sind, zu finden.
- *Zeichenmuster:* An einer Stelle unterbrochene, regelmäßige Linienmuster werden nach der zu Grunde liegenden Gesetzmäßigkeit vervollständigt.
- *Situationen:* Zu unvollständigen Abbildungen wird aus einer Auswahl vorgegebenen Alternativen die Richtige ausgewählt und damit die Abbildung sinnvoll ergänzt.
- *Analogien:* Es wird eine an einer geometrischen Figurenanordnung beispielhaft vorgenommene Veränderung auf eine andere Anordnung übertragen.
- *Bildergeschichten:* Es werden in falscher Reihenfolge präsentierte Bilder so in die richtige Reihenfolge gebracht, dass der zeitliche Ablauf wiedergegeben ist.

Die Testung erfolgt adaptiv, die Aufgaben innerhalb eines Untertests werden zunehmend schwieriger. Zu jedem Untertest (mit Ausnahme des Untertests Suchbilder) liegen mehrere Aufgabenreihen vor, so dass ein Kind innerhalb eines Untertests mehrmals an seine Leistungsgrenze geführt wird.

Das sehr ausführliche Handbuch (DIN A4) umfasst 244 Seiten, dazu gehören weiter 50 Protokollbögen (DIN A4, 4 Seiten), 50 Umschläge mit je vier Suchbildern sowie einem Beispielsuchbild, 50 Hefte mit Zeichenvorlagen sowie das Computerauswertungsprogramm (CD).

Der Testkoffer aus Kunststoff enthält weiter folgende Materialien zur Testdurchführung: geringtes Vorlagenheft zum Untertest Kategorien, ein Kunststoffkästchen (ca. 20 cm x 30 cm x 6 cm) mit verschiedenen Materialien für den Untertest Mosaike (Mosaiksteine, Aufnahmerahmen, Abdeckplatten), dazu ein geringtes Vorlagenheft, Lösungsbilder zum Untertest Zeichenmuster in einer Kunststoffhülle, dazu eine Auswertungsschablone (DIN A4, transparente Folie), ein geringtes Aufgabenheft zum Untertest Situationen (DIN A4), ein geringtes Aufgabenheft zum Untertest Analogien (DIN A4), einen Ringordner (ca. DIN A4) mit 23 Kartensätzen zum Untertest Bildergeschichten.

Durchführung

Das Verfahren ist als Einzeltest durchzuführen. Die Instruktionen zu den einzelnen Aufgaben können entweder verbal oder anhand von Gebärden vorgebracht werden, bei hör- oder sprachbeeinträchtigten Kindern empfiehlt sich eine kombinierte Darbietung (gesprochene Instruktion, durch Gebärden unterstützt). Für besondere Situationen gibt das Handbuch Hinweise auf entsprechende Zwischenformen.

Zu jedem Untertest werden zumindest zwei Beispielaufgaben durchgeführt. Die Aufgabenfolgen werden dann adaptiv bearbeitet, zunächst wird ein Kind innerhalb einer Aufgabenreihe bis an das Leistungslimit getestet, dann wird die Aufgabenreihe gewechselt, wobei der Abbruch der ersten Reihe den Einstieg in die neue Reihe bestimmt. Ein Kind erhält zu jeder einzelnen Aufgabe eine Rückmeldung.

Es ist eine verkürzte Durchführung auf der Grundlage der vier Untertests Kategorien, Mosaike, Situationen und Analogien möglich. Für eine vollständige Durchführung sind zwischen 80 und 120 Minuten zu veranschlagen, die verkürzte Durchführung kann innerhalb von etwa 45 Minuten erfolgen.

Auswertung

Im ersten Auswertungsschritt wird für jeden Untertest die Anzahl gelöster Aufgaben ermittelt, übersprungene Aufgaben gehen in die Summenberechnung mit ein. Aus diesen Untertestrohwerten können dann standardisierte Normwerte (MW 100, SD 15) abgeleitet werden. Zu jedem Untertest ist zusätzlich die Messfehlervarianz und das 80 %-Vertrauensintervall angegeben.

Im nächsten Schritt wird anhand der gemittelten Untertestergebnisse der Gesamtnormwert (MW 100, SD 15) berechnet, wozu auch Prozentrangangaben vorliegen. Zusätzlich kann ein Referenzalter abgeleitet werden. Sind die Ergebniswerte bestimmt, besteht die Möglichkeit, die einzelnen Untertestleistungen auf Unterschiede zu untersuchen.

Die vollständige Ermittlung aller bereitgestellten Normwerte ist zum Teil sehr zeit- und rechenaufwändig und nur mit dem Taschenrechner möglich. Die grundlegenden Auswertungsschritte erfordern etwa zehn Minuten, eine vollständige Auswertung auf manuellem Weg kann wesentlich länger dauern. Hier ist die Zuhilfenahme des Computerprogramms unbedingt zu empfehlen, so dass die vollständige Auswertung dann innerhalb von etwa fünf Minuten erfolgt ist.

Interpretation

Die Interpretation der standardisierten Rohwerte ist einfach vorzunehmen. Unklar bleibt, welche Bedeutung etwaigen Leistungsunterschieden zwischen verschiedenen Fertigkeitsbereichen zukommt.

Die Auswertung und in Ansätzen die Interpretation wird anhand zweier Fallbeispiele ausführlich im Handbuch erläutert. Dabei wird auf besondere Umstände bei der Ergebnisaufbereitung wie zum Beispiel das Fehlen von Teilergebnissen eingegangen und somit die Beurteilungssicherheit erhöht.

Normierung

Die Normierung geht auf insgesamt 1.350 Kinder aus den Niederlanden zurück, die 1984 untersucht wurden. Zur Gesamtstichprobe werden verschiedene demografische Angaben referiert. Normwerte werden von 5;6 bis 16;11 Jahre vorgelegt, wobei der gesamte Altersbereich in 38 Altersgruppen untergliedert ist. Zusätzlich werden Angaben zu Testleistungen hörbeeinträchtigter Kinder (n = 768) mitgeteilt.

Die Normdaten wurden zum Teil durch ein mathematisches Modell auf der Grundlage der empirischen Daten geschätzt, wodurch eine sehr differenzierte, altersbezogene Normierung möglich wurde.

Gütekriterien

Die Durchführung erfolgt mit standardisierten Materialien, es besteht jedoch ein gewisser Freiraum in der Art der Instruktionsvermittlung (verbal, gestisch bzw. Zwischenformen). Die Auswertung erfolgt regelgeleitet, die Interpretation der Standardwerte kann eindeutig vorgenommen werden. Durch den Einsatz des Computerprogramms kann das Risiko von Rechen- und Suchfehlern gering gehalten werden.

Die internen Konsistenzen für die Untertests bewegen sich (gemittelt über den gesamten Altersbereich) zwischen .71 und .82; für den Gesamtwert liegen sie je nach Alter zwischen .90 und .94. Die durchschnittlichen Korrelationen zwischen den Untertests deuten auf geringe bis mittlere Zusammenhänge und dokumentieren eine ausreichende Eigenständigkeit der Untertests.

Die Aufgabenzusammenstellungen sind im Hinblick auf die Erfassung sprachfreier Intelligenzbereiche inhaltlich plausibel, es werden dabei schwerpunktmäßig solche Fertigkeiten abgebildet, die unabhängig von spezifischen Kenntnissen sind („fluid intelligence“). Die Annahme unabhängiger Leistungsbereiche kann jedoch auf der Grundlage faktorenanalytischer Berechnungen nur mäßig gestützt werden. Die Untertests sind miteinander hoch korreliert, es dominiert ein Faktor, der als allgemeiner nonverbaler Intelligenzfaktor interpretierbar ist.

Es ist eine kontinuierliche Zunahme der Untertestleistungen mit dem Alter zu verzeichnen. Geschlechtsspezifische Leistungsunterschiede bestehen kaum. Weiter werden zahlreiche Befunde zu möglichen Einflussvariablen wie Tageszeitpunkt der Testdurchführung, regionale Unterschiede, Beruf und Herkunft der Eltern sowie Schultyp, Unterrichtsniveau und Schulleistungen vorgelegt. Diese Ergebnisse fallen im Hinblick auf die Grundannahmen zum Verfahren plausibel aus.

Kritik

Auch in der Altersvariante für das Schulalter liegt mit dem SON-R $5^1/_2$-17 ein Diagnostikum vor, das für den deutschen Sprachraum in einzigartig differenzierter Weise sprachfreie Intelligenzbereiche erfasst. Kritisch zu vermerken ist jedoch der Umstand, dass eine vertiefende Auswertung vom Anwender ein fundiertes statistisches Hintergrundwissen erfordert. Zwar dürfte in der Mehrzahl der Fälle eine einfache Auswertung ausreichen; dies verhält sich jedoch anders, wenn Leistungsschwankungen interpretiert werden müssen.

Es liegen bislang nur Normen aus den Niederlanden vor. Schwerer wiegen dürfte jedoch das Alter der Normen, so dass vor dem Hintergrund des Flynn-Effekts aktuell eine faire Beurteilung problematisch ist. Dem ist jedoch gegenüber zu stellen, dass im Gegensatz zu den sprachfreien Teilbereichen anderer allgemeiner Intelligenztests mit dem SON-R eine inhaltliche validere Überprüfung sprachfreier Intelligenzbereiche vorgenommen wird.

5 Spezifische Entwicklungsbereiche

In vielen Fällen liegen bereits Hinweise für die Art einer funktionellen Beeinträchtigung eines Kindes vor. In solchen Fällen kann vielfach auf allgemein orientierende Diagnostik verzichtet werden, sondern es können spezifische Annahmen verfolgt und unmittelbar das Ausmaß von Leistungsabweichungen innerhalb eines Entwicklungsbereichs quantifiziert werden.

Im Folgenden wird eine Unterscheidung zwischen Wahrnehmung, spezifischen kognitiven Leistungen, Motorik, Sprache und solchen Leistungskomplexen vorgenommen, die in direkter Beziehung zu klassifizierten Entwicklungsstörungen stehen.

5 Spezifische Entwicklungsbereiche	Testname		Alter	Zeitbedarf		Seite
				Durchführung	Auswertung	
5.1 Wahrnehmung	FEW	Frostigs Entwicklungstest der visuellen Wahrnehmung	4;0–8;11 J.	30–45 Min.	10–15 Min.	130
	POD	Prüfung optischer Differenzierungsleistungen	4;0–7;7 J.	15–20 Min.	ca. 5 Min.	134
5.2 Kognitive Leistungen	KVS-P	Kreativitätstest für Vorschul- und Schulkinder	3;0–11;11 J.	ca. 45 Min.	10–20 Min.	138
		Ordinalskalen zur sensomotorischen Entwicklung	0;0–1;6 J.	ca. 60 Min.	ca. 3 Min.	142
5.3 Sprache	ELFRA	Elternfragebögen für die Früherkennung von Risikokindern	U6, U7	10–20 Min.	5 Min.	145
	SETK-2	Sprachentwicklungstest für zweijährige Kinder	2;0–2;11 J.	15–30 Min.	5–15 Min.	149
	SETK 3-5	Sprachentwicklungstest für drei- bis fünfjährige Kinder	3;0–5;11 J.	20–30 Min.	10–20 Min.	153
	SSV	Sprachscreening für das Vorschulalter	3;0–5;11 J.	ca. 10 Min.	ca. 3 Min.	158
5.4 Motorik	DMB	Diagnostisches Inventar motorischer Basiskomponenten bei lern- und entwicklungsauffälligen Kindern im Grundschulalter	ca. 7–10 J.	20–90 Min.	5–30 Min.	162
	LOS KF 18	Lincoln-Oseretzky-Skala Kurzform	5;0–13;11 J.	ab 25 Min.	ca. 3 Min.	167
	MOT 4-6	Motoriktest für vier- bis sechsjährige Kinder	4;0–6;11 J.	20–30 Min.	ca. 5 Min.	171

5.1 Wahrnehmung

5.1.1 Frostigs Entwicklungstest der visuellen Wahrnehmung (FEW)

Autor/ Verlag:	Lockowandt, O. (2000) (9., erg. Aufl.) Göttingen: Beltz Test							
Alter	**Dauer**		**Normen**	**Standardisierung**		**Gütekriterien**		
4;0–8;11 J.	**Durchführung**	**Auswertung**	ja	**Material**	**Durchführung**	**Objektivität**	**Reliabilität**	**Validität**
	30–45 Min.	**10–15 Min.**		ja	ja	ja	ja	ja
Was wird erfasst?	Visuo-motorische Koordination, Figur-Grund-Unterscheidung, Aufrechterhaltung von Formkonstanz, Erkennen der Raumlage, Erfassung räumlicher Beziehungen							
Ergebniswerte:	Untertestspezifische sowie Gesamtscore-bezogene Mittelwerte, Standardabweichungen und Prozentränge							
Bemerkungen:	–							

Konzeption

Das Verfahren beruft sich auf formalistische und funktionalistische Wahrnehmungstheorien. Damit wird die Auffassung vertreten, dass neben allgemeinen Gesetzmäßigkeiten der Wahrnehmungsorganisation eine wechselseitige Abhängigkeit zwischen der Wahrnehmung und anderen psychischen Funktionen besteht.

Beim FEW wird angenommen, dass visuelle Wahrnehmung als multifaktorielles Geschehen zu beschreiben ist und dass umschriebene Lernstörungen häufig mit umschriebenen Wahrnehmungsbeeinträchtigungen einhergehen. Dabei wird die Auffassung vertreten, dass den folgenden Wahrnehmungsbereichen eine besondere Bedeutung zukommt:
- Visuo-motorische Koordination,
- Figur-Grund-Unterscheidung,
- Aufrechterhaltung von Formkonstanz,
- Erkennen der Raumlage und
- Erfassung räumlicher Beziehungen.

Diese Bereiche sollen eine große Bedeutung für die allgemeine Intelligenzentwicklung besitzen, die mit dem Beginn des fünften Lebensjahrs durch eine Anzahl qualitativ neuer kognitiver Leistungen (anschauliches Denken) gekennzeichnet ist. Das FEW ist konzeptionell eingebettet in Frostigs integratives Konzept früher visueller Wahrnehmungsförderung.

Aufgaben

In Anlehnung an die etablierten Wahrnehmungsbereiche gliedert sich das Verfahren in die fünf Untertests:

1. *Visuo-motorische Koordination (VM):* Es sind fortlaufende gerade, gebogene oder winklige Linien zwischen verschieden breiten Begrenzungen einzuzeichnen.
2. *Figur-Grund-Unterscheidung (FG):* Es sind innerhalb einer sich überschneidenden Anordnung von Figuren bestimmte Formen zu erkennen und innerhalb der Anordnung nachzuzeichnen.
3. *Formkonstanz-Beachtung (FK):* Es sind geometrische Figuren unterschiedlicher Größe, Binnenstruktur und Lage aus einer komplexen Anordnung herauszulösen und von ähnlichen geometrischen Figuren zu unterscheiden.
4. *Erkennen der Lage im Raum (LR):* Es sind im Auswahlverfahren (multiple choice) aus einer Reihe von Wahlalternativen Objekte zu erkennen, die im Vergleich zu einer Vorlage spiegelbildlich oder gedreht dargestellt sind.
5. *Erfassen räumlicher Beziehungen (RB):* Vorgegebene Formen müssen analysiert und abgezeichnet werden; sowohl die Vorlagen als auch die eigenen Zeichnungen finden innerhalb eines Punktrahmens statt, der als Orientierungsmaßstab dient.

Die Testmappe umfasst ein Handbuch (DIN A4, 126 Seiten), Testheft (Arbeitsheft für das Kind, A4), elf Demonstrationskärtchen und drei Auswertungsschablonen.

Durchführung

Das Verfahren ist prinzipiell als Einzeltest durchzuführen, im Handbuch wird jedoch auch eine Gruppendurchführung durchaus befürwortet. Zu jedem Untertest werden einem Kind zunächst Aufgabenbeispiele präsentiert. Unabhängig von der Lateralisierung von Funktionen sollen die Aufgaben grundsätzlich von links nach rechts durchgeführt werden, ein Drehen der Arbeitsblätter ist auszuschließen. Je nach Alter des Kindes ist eine Auswahl aus den Untertests zu treffen, jüngere Vorschulkinder absolvieren grundsätzlich eine verkürzte Version.

Die Instruktionen sind wortgetreu vorzubringen, zusätzliche Umschreibungen oder Erläuterungen sind ausdrücklich zu unterlassen. Es sind Hinweise zur Testanweisung für gehörlose, sehbehinderte, zerebral gelähmte und verhaltensgestörte Kinder formuliert. Gerade bei der Testung jüngerer Kinder wird eine Pause empfohlen. In der Einzeldurchführung sind ungefähr 30 bis 45 Minuten, in der Gruppendurchführung eher 60 Minuten zu veranschlagen.

Auswertung

In den ersten Auswertungsschritten werden zu den Einzelaufgaben Bepunktungen vorgenommen; dies wird umfangreich im Handbuch illustriert. Die Summe der Einzelpunkte bildet jeweils den Untertestrohwert; weiterhin wird ein Gesamtrohwert (Gesamtpunktwert) gebildet.

Im nächsten Schritt werden die Prozentrangdaten ermittelt und somit relative Aussagen ermöglicht. Das Handbuch legt außerdem Mittelwerte und Streuungsangaben vor, ohne dass jedoch die Formen der zu Grunde liegenden Verteilungen ausreichend dargestellt werden. Insgesamt sind, je nach Qualität der Zeichnungen, zwischen zehn Minuten und einer Viertelstunde für die Auswertung erforderlich.

Interpretation

Die Ergebniswerte ermöglichen eine Bezugsetzung individueller Testleistungen zu Normdaten. Weitere qualitative diagnostische Aussagen können unter Umständen durch die Qualität der Lösungen eines Kindes vor dem Hintergrund der ebenfalls angegebenen Aufgabenschwierigkeiten erfolgen.

Normierung

Die Normierung erfolgte im Rahmen einer regional begrenzten Erhebung um Bielefeld vor 1974. Es werden vergleichend die Daten einer weiteren Stichprobe für das fünfte Lebensjahr aus dem Jahr 1977 referiert, die zum Teil erheblich von den Normen abweichen.

Gütekriterien

Das Verfahren wird mit standardisierten Materialien und anhand einer standardisierten Instruktion durchgeführt. Die Auswertung erfolgt weitgehend regelgeleitet und wird durch eine Vielzahl an Entscheidungshilfen unterstützt. Für diejenigen Bereiche, bei denen augenscheinlich von der geringsten Auswertungsobjektivität auszugehen ist (Untertest 1 und 2), werden Beurteilerübereinstimmungen über .90 berichtet. Die Interpretation von Prozenträngen erscheint vergleichsweise wenig objektiv, da hiermit (besonders bei Unkenntnis der zu Grunde liegenden Verteilung) die Bedeutsamkeit der Abweichung noch nicht eingeschätzt werden kann. Auch lassen sich damit die unterschiedlichen Ergebnisse nicht einordnen.

Es wird von drei Studien berichtet, die zu sehr unterschiedlichen Retest-Reliabilitätsangaben kamen (.33 und .83 für die Untertests und zwischen .29 und .74 für den Gesamtwert). Weiter werden Splithalf-Reliabilitäten aus verschiedenen (amerikanischen) Studien berichtet, die sich je nach Altersbereich für die Untertests zwischen .35 und .93 sowie für den Gesamtwert zwischen .78 und .89 bewegen.

Es werden mehrere Studien referiert, die ein Gespür für Aspekte der kriteriengebundenen Validität vermitteln können. Zunächst einmal konnte ein deutlicher Zusammenhang der Testleistungen mit der allgemeinen Intelligenzleistung belegt werden: Zahlreiche Studien, die zum Teil unterschiedliche Intelligenztests einsetzten, belegen für verschiedene Altersbereiche fast durchgängig einen signifikanten Zusammenhang des Frostig-Gesamtergebnisses mit der allgemeinen Intelligenz, die Korrelationen bewegen sich um .50. Für die einzelnen Untertests fallen die Zusammenhänge mit der allgemeinen Intelligenz geringer aus, hier bewegen sich die Korrelationen zwischen .20 und .50, sind jedoch in den meisten Fällen signifikant.

Die Zusammenhänge zwischen den Frostig-Ergebnissen und der Schulreife sowie verschiedenen Leseleistungen bewegen sich ebenfalls im Bereich geringer bis mittlerer Korrelationen und fallen somit deutlich geringer aus, als erwartet.

Ein Vergleich lerngestörter Kinder (überwiegend neurologischer Befundlage) und unauffälliger Kinder zeigt, dass der FEW zwischen diesen Gruppen differenzieren kann. Die beeinträchtigten Kinder zeigten im Mittel deutliche Minderleistungen, jedoch mit zum Teil recht umschriebenen Leistungsdefiziten und innerhalb der Gruppe mit großer Streuung der Ergebniswerte.

In einer Längsschnittstudie (Kindergartenalter bis 2. Schuljahr) konnte die Annahme gestützt werden, dass der FEW durchaus abgrenzbare Leistungsbereiche abbildet: Es konnte ein Faktor mit 6,5 % Varianzaufklärung (entspricht 19,8 % der aufgeklärten Varianz) identifiziert werden, der als Faktor der visuellen Wahrnehmung interpretierbar ist und auf den alle FEW-Untertests deutlich laden.

Zahlreiche Studien mit klinischen Gruppen (z. B. Anfallserkrankungen, Gehörlose, Sehbehinderung, Lernbehinderung) unter Berücksichtigung demografischer Merkmale (z. B. Geschlecht, Sozialstatus) und kognitiver Leistungen kamen zu vagen, aber durchaus interpretierbaren Ergebnissen. Zahlreiche faktorenanalytische Untersuchungen ermittelten zum Teil recht unterschiedliche Faktorenstrukturen und konnten die Unterteststruktur als solche nicht in ausreichender Weise stützen.

Kritik

Das dem FEW zu Grunde liegende Wahrnehmungskonzept ist nicht mehr aktuell, die Annahmen zur Struktur der visuellen Wahrnehmung müssen deutlich erweitert werden. Auch die ursprüngliche Annahme, dass Beeinträchtigungen der visuellen Wahrnehmung für die meisten schulischen Lernprobleme verantwortlich sind, wurde widerlegt.

Für Kinder, die nicht schwerpunktmäßig rechtsdominant lateralisiert sind, erfolgt keine faire Testung. Dokumentierte Leistungsunterschiede zwischen den Ergebnissen von Einzel- und Gruppentestungen deuten darauf, dass allein die Gruppensituation zu Fehlurteilen (= Minderleistungen) führt. Das Verfahren hat sich dennoch über mehrere Jahrzehnte in der diagnostischen Praxis fest etabliert, viele praxisbezogen zusammengestellte Wahrnehmungs- und kognitive Leistungstests bedienen sich bis heute einzelner Elemente des FEW.

Die geschilderten Probleme führten in den USA zur Überarbeitung des Vorläuferverfahrens (DTVP), das nun als DTVP-2 mit acht Untertests – davon lediglich noch vier mit motorischer Komponente – die Wahrnehmungsleistung differenzierter erfasst. Aktuell erfolgt eine deutsche Bearbeitung und Normierung im Sinne eines FEW-2.

5.1.2 Prüfung optischer Differenzierungsleistungen (POD)

Autor/ Verlag:	Sauter, F. C. (1979) Braunschweig: Westermann							
Alter	**Dauer**		**Normen**	**Standardisierung**		**Gütekriterien**		
	Durchführung	**Auswertung**		**Material**	**Durchführung**	**Objektivität**	**Reliabilität**	**Validität**
5;0–7;7 J.	15–20 Min.	5 Min.	ja	ja	teilweise	teilweise	ja	ja
Was wird erfasst?	Spezifische Aspekte visueller Wahrnehmung anhand multipler Bildvergleiche (Ähnlichkeitsdifferenzierung)							
Ergebniswerte:	T-Werte und Prozentränge für den Gesamtwert, Aufgabenschwierigkeiten und -trennschärfen; Häufigkeiten von Fehlerarten							
Bemerkungen:	Es ist eine separate Testversion für den Altersbereich 4;0 bis 4;11 Jahre (POD-4) mit aktuellen Normen (2001; Göttingen: Hogrefe) verfügbar.							

Konzeption

Der POD ist bei Vorschulkindern und Schulanfängern anwendbar. Die Testversion ab dem sechsten Lebensjahr wird seit 1979 eingesetzt, seit 2001 ist auch eine Version für das fünfte Lebensjahr verfügbar (Sauter, 2001). Die Versionen unterscheiden sich weder von den Materialien noch in der Durchführung voneinander, so dass im Folgenden auf diese beiden Handbücher Bezug genommen wird.

Das Verfahren überprüft optische Differenzierungsleistungen, die der Leseanfänger bei der visuellen Recodierung von Buchstaben, Ziffern, Zahlen, Zeichen und Wörtern vollbringen muss. Die Durchführung kann prinzipiell sprachfrei erfolgen.

Der POD erfasst komplexe Wahrnehmungsleistungen, die der Autor vor dem Hintergrund verschiedener Wahrnehmungstheorien spezifiziert. Dabei wird eine Anzahl von für das Lesen notwendigen Unterscheidungsmerkmalen von Zeichen identifiziert und in Form von Bildvergleichen überprüft:

- Großdetails: z. B. A O 1 5;
- Kleindetails: z. B. O C G; 3 8;
- Positionen: z. B. P b p d q; 6 9;
- Reihenfolge: z. B. 193 931 391.

Aufgaben

Es werden verschiedene Unterscheidungsmerkmale von Figuren über gleichartige Aufgaben erfasst: Innerhalb eines quadratischen Rahmens befindet sich eine Figur oder Zeichenanordnung, daneben sind fünf ähnliche und ein identisches Motiv angeordnet, das es zu identifizieren gilt. Die ähnlichen Alternativen weisen Abweichungen bei Kleindetails, Details, Lage, Reihenfolge, Spiegelbild und teilweise auch kombinierte Abweichungen auf.

Je nach Altersversion enthält die Testmappe ein Manual (POD: 29 Seiten; POD-4: 71 Seiten), ein Testheft (DIN A4, 8 Seiten) zur Aufgabenpräsentation sowie Protokollhefte (DIN A4, 8 Seiten). Die Version für das fünfte Lebensjahr enthält zusätzlich 15 schwarze Spielsteine (Mühlesteine).

Durchführung

Das Verfahren ist grundsätzlich als Gruppentest durchführbar, es erscheint jedoch eine Einzeldurchführung notwendig, wenn es sich um jüngere Kinder handelt oder wenn ein Kind bereits als wahrnehmungsbeeinträchtigt gilt und spezifische Leistungsbesonderheiten erfasst werden sollen.

Je nach Alter eines Kindes wird der Durchführung eine ausführliche und kindgerechte Instruktions- und Einarbeitungsphase vorangestellt. Es gibt keine Zeitbegrenzung für die Bearbeitung der Aufgaben, besonders für jüngere Kinder sind im Bedarfsfall Pausen zu empfehlen.

Neben der Protokollierung der vom Kind getroffenen Lösungsauswahl sind weitere Aspekte des Bearbeitungsverhaltens zu protokollieren:
- Das Kind kontrolliert (K) seine Auswahl oder
- stoppt (S) spontan, ohne die übrigen Aufgaben anzuschauen oder
- wählt das Bild am Ende einer Reihe aus (E), wodurch eine Unterscheidung zwischen K- und S-Strategie unter Umständen nicht vorzunehmen ist.

Abschließend wird anhand einer Checkliste das Arbeits- und Sozialverhalten eingeschätzt sowie die Bearbeitungsdauer protokolliert. Je nach der Ausgangslage des Kindes sind zwischen 15 und 20 Minuten für die Durchführung zu veranschlagen.

Auswertung

Die Anzahl gelöster Aufgaben liefert den Rohwert, der im nächsten Auswertungsschritt zu altersspezifischen Normen (T-Werte, Prozentränge) in Beziehung gesetzt wird. Auf Grund der Kenntnis von Aufgabenschwierigkeiten und Trennschärfen lassen sich auf der Ebene von Einzelaufgaben Hinweise auf spezifische Wahrnehmungsschwächen finden.

In einer weiteren Auswertungssequenz werden Fehlerarten (bzw. Typen korrekt gelöster Aufgaben) ermittelt und somit qualitative Informationen zusammengestellt. Auch hierzu sind Normenvergleiche möglich. Die Grundauswertung erfordert etwa fünf Minuten, eine vertiefende qualitative Analyse kann beträchtlich aufwändiger werden.

Interpretation

Eine Interpretation des Gesamtwertes ist anhand der standardisierten Normwerte möglich. Bei einem Prozentwert unter 30 empfiehlt der Autor die Ursachen der unterschiedlichen Leistung weiter abzuklären und Fördermaßnahmen zu erwägen. Differenzialdiagnostisch sind die Fehlerarten und das Arbeitsverhalten relevant. Hier ist es auf der Grundlage des Testprotokolls möglich, einen Förderbedarf zu spezifizieren.

Normierung

Es werden altersbezogene Normen (Viermonatsschritte) vorgelegt, die jedoch für die beiden Testversionen aus deutlich verschiedenen Kohorten stammen, die Normierung für den POD fand mehr als 20 Jahre vor der Normierung des POD-4 statt. Neben T-Werten und Prozentrangangaben für den Gesamtwert werden für die Einzelaufgaben Schwierigkeiten und Trennschärfen referiert.

Gütekriterien

Die Durchführung erfolgt prinzipiell standardisiert; in Bezug auf jüngere Altersgruppen werden, um ein ausreichendes Instruktionsverständnis sicherzustellen, Handlungsspielräume gewährt (Art und Dauer der Einführung; Pausen). Die quantitative Auswertung erfolgt standardisiert, die qualitative Auswertung ist in hohem Maße abhängig von der Genauigkeit der halbstrukturierten Verhaltensbeobachtung. Die Interpretation anhand des Prozentranggrenzwertes kann eindeutig erfolgen, für die Interpretation der Art und der Häufigkeiten sowie der Kombination bestimmter Fehlerarten liefert das Handbuch keine Orientierungshilfe. Beurteilerübereinstimmungen werden nicht referiert, so dass die Objektivität zum Teil kaum bewertet werden kann.

Es werden aus verschiedenen Studien Retest-Koeffizienten um .90 referiert, die auch als Hinweis auf eine zufrieden stellende Objektivität interpretiert werden können. Für die interne Konsistenz wurden (je nach Alter der Kinder) Werte zwischen .84 und .89 ermittelt, was auf Grund der Vielzahl möglicher Fehlerarten überraschend hoch erscheint.

Die Aufgaben zu den erfassten Wahrnehmungsleistungen erscheinen plausibel, wobei auf die Teilleistungen bezogen ein steigender Alterstrend zu verzeichnen ist. Geschlechtsspezifische Unterschiede treten nur in geringem Ausmaß auf, auch sind die Testleistungen in hohem Maße unabhängig von sozialer Schichtzugehörigkeit oder der Wohnlage.

Mit einer Faktorenanalyse lassen sich zwei Faktoren mit insgesamt mäßigen 30,9 % Varianzaufklärung finden. Den ersten Faktor interpretiert der Autor als die Fähigkeit zur Beachtung von Reihenfolgen oder Kleindetails, den zweiten Faktor als die Fähigkeit zur Beachtung der Lage im Raum.

In einer Längsschnittstudie konnte gezeigt werden, dass aus einer Gesamtstichprobe von 228 Kindern diejenigen 29 Kinder, die am Ende der ersten Klasse die geringsten schulischen Fertigkeiten aufwiesen und die im Nachhinein als Risikogruppe definiert wurden, bereits im fünften Lebensjahr besonders niedrige Leistungen im POD zeigten. Ein längsschnittlicher Extremgruppenvergleich zwischen solchen Kindern, deren Testleistungen im fünften Lebensjahr um jeweils eine Standardabweichung nach oben oder nach unten vom Mittelwert abwichen, zeigte, dass sich diese Gruppen auch im ersten Schuljahr in ihren schulischen Fertigkeiten signifikant unterschieden.

Zur kriterienbezogenen Aspekte der Validität werden signifikante, jedoch durchgängig geringe Korrelationen zu unterschiedlichen Gedächtnis-, Konzentrations-, Wahrnehmungs- und Intelligenztests referiert, was auf die Spezifität der mit dem POD erfassten Leistungen deutet.

Kritik

Probleme beim Erwerb des Lesens und Rechtschreibens gehen nur zu einem geringen Prozentsatz (etwa 10 %) auf Beeinträchtigungen der visuell-räumlichen Wahrnehmungsfähigkeit zurück (vgl. Warnke & Roth, 2002). Selbstverständlich bedürfen auch solche Kinder einer spezifischen Förderung; hier scheint der POD als Screening gut geeignet.

Problematisch ist die Annahme des POD, dass in allen Altersstufen der visuellen Wahrnehmung eine gleich bleibende Bedeutung zukommt und zudem diese auf gleiche Weise erfasst werden kann. Bei der Identifikation und Interpretation verschiedener Fehlerarten ist der Anwender zu einem großen Teil auf seine Beobachtungsgabe angewiesen. Als Beobachtungsrahmen hierfür erscheint die gut strukturierte Untersuchungssituation mit dem POD jedoch empfehlenswert.

5.2 Kognitive Leistungen

5.2.1 Kreativitätstest für Vorschul- und Schulkinder (KVS-P)

<table>
<tr><td>Autor/
Verlag:</td><td colspan="8">Krampen, G. (1996)
Göttingen: Hogrefe</td></tr>
<tr><td>Alter</td><td colspan="2">Dauer</td><td>Normen</td><td colspan="2">Standardisierung</td><td colspan="3">Gütekriterien</td></tr>
<tr><td rowspan="2">3;0–
11;11 J.</td><td>Durchführung</td><td>Auswertung</td><td rowspan="2">ja</td><td>Material</td><td>Durchführung</td><td>Objektivität</td><td>Reliabilität</td><td>Validität</td></tr>
<tr><td>ca.
45 Min.</td><td>10–20
Min.</td><td>teilweise</td><td>ja</td><td>ja</td><td>ja</td><td>ja</td></tr>
<tr><td>Was wird erfasst?</td><td colspan="8">Ideenflüssigkeit, Ideenflexibilität</td></tr>
<tr><td>Ergebniswerte:</td><td colspan="8">T-Werte und Prozentränge</td></tr>
<tr><td>Bemerkungen:</td><td colspan="8">Das Verfahren bietet sich in einigen Fällen auch als Ergänzung bei der Hochbegabtendiagnostik an.</td></tr>
</table>

Konzeption

Das Verfahren nimmt eine Abgrenzung unterschiedlicher Kreativitätskonzepte vor. Zielsetzung des KVS-P ist danach die Erfassung divergenten Denkens, das der Autor vom konvergenten (eingleisigen, schlussfolgernden) Denken durch mehrgleisige, kreative Leistung abgrenzt. Die Erfassung erfolgt über die Vorgabe offener Problemstellungen, die nur in geringem Maß die Ausgangssituation strukturieren und durch nur wenige Restriktionen die Bearbeitung der Aufgaben beschränken; kennzeichnend sind teiloffene Zielzustände.

Aufgaben

Das Verfahren gliedert sich in die zwei Skalen Ideenflüssigkeit (FLU) und Ideenflexibilität (FLE), die durch sechs Untertests repräsentiert sind:

- *Fortbewegungen:* Es sollen möglichst viele Fortbewegungsarten beschrieben oder vorgemacht werden.
- *Handlungsalternativen:* Ein Kind soll möglichst viele Arten entwickeln, Trinkbecher in einen Papierkorb zu verbringen.
- *Alternative Verwendungen:* Ein Kind soll eine möglichst große Anzahl an imaginären Verwendungen für Bierdeckel ersinnen.
- *Bilderraten:* Es sollen möglichst vielfältige Assoziationen zu einer unvollendeten Zeichnung (Wellenlinie) geäußert werden.

- *Gebundene Zeichnungen:* Ein Kind soll eine Zeichenvorlage (Oval) auf möglichst viele Arten weiterentwickeln.
- *Freie Zeichnungen:* Es sollen möglichst viele unterschiedliche und originelle Zeichnungen in einem Rahmenraster angefertigt werden.

Dabei repräsentiert die Skala Ideenflüssigkeit quantitative Aspekte, die Skala Ideenflexibilität eher qualitative Aspekte der Kreativität. Aus jedem Untertest werden quantitative und qualitative Leistungsaspekte abgeleitet. Die Leistungen können dabei prinzipiell sprachfrei erhoben werden.

Die Testmappe enthält das Handbuch (DIN A4, 58 Seiten) sowie fünf Testhefte (DIN A4, 16 Seiten, einige Seiten an einer Perforation heraustrennbar). Für die Durchführung sind weitere Materialien zu besorgen: rotes und blaues Klebeband, 40 Kunststofftrinkbecher, 40 runde Bierdeckel (Getränkeuntersetzer), ein Papierkorb sowie farbige Filzstifte.

Durchführung

Das Verfahren ist als Einzeltest durchzuführen. Es sind (mit Ausnahme eines Untertests) keine zeitlichen Begrenzungen vorgesehen. Die Durchführungsdauer beläuft sich grob auf etwa 45 Minuten, wobei deutliche Abweichungen (zwischen ca. 20 bis 90 Minuten) möglich sind. Eine feste Reihenfolge der Untertests ist einzuhalten. Es ist eine möglichst vollständige und präzise Protokollierung der Testleistungen anzustreben, was es unter Umständen notwendig macht, ein Kind in seinem Tempo zu beschränken.

Auswertung

Zu jedem Untertest wird die Anzahl der vom Kind erbrachten Leistungen und die der Ideenkategorien (Anzahl qualitativ unterschiedlicher Leistungen) erfasst, die möglichen Kategorien sind dabei je nach Untertest im Handbuch spezifiziert. Für die Skalen Ideenflüssigkeit und Ideenflexibilität leitet sich hieraus der Rohwert ab. Die Skalenrohwerte werden dann in altersorientierte T-Werte und Prozentränge überführt. Optional kann für alle Untertests die benötigte Dauer protokolliert werden. Für die ersten drei Untertests muss die Anzahl und Form der gezeigten Lösungen getrennt erfasst werden. Für die Auswertung werden erfahrungsgemäß zehn bis 20 Minuten benötigt.

Interpretation

Die Gesamt-Skalenwerte sind anhand der standardisierten Werte einfach zu interpretieren. Die beiden Skalenwerte können weiter auf bedeutsame Unterschiede untersucht werden, zusätzlich sind die 90 %- und 95 %-Vertrauensintervalle für die Skalenwerte angegeben. Leistungsschwankungen zwischen den Untertests sind auf Grund mangelnder untertestbezogener Normdaten nicht einschätzbar.

Normierung

Es werden die standardisierten Werte und Prozentränge in neun Altersgruppen (Jahresschritte) vorgelegt, der Stichprobenumfang beträgt 985 Kinder. Die Normierung geht auf Erhebungen in Süd- und Südwestdeutschland zurück.

Gütekriterien

Die Durchführung erfolgt mit teilstandardisierten Materialien. Die Auswertung erfolgt regelgeleitet, die Vorgaben zur Auswertung der Skala Ideenflexibilität sind hinreichend umfangreich und vollständig, so dass von einer objektiven Auswertung ausgegangen werden kann. Dies wird auch durch zitierte Studien untermauert, die durchweg signifikante Beurteilerübereinstimmungen zwischen .71 und .98 (mit einer Häufung um .90) ermittelten. Die Interpretation der Skalenwerte ist eindeutig vorzunehmen, eine vertiefende Interpretation wird nicht angestrebt.

Für die Skala Ideenflüssigkeit wurden (altersbezogene) Konsistenzwerte zwischen .79 und .89, für die Skala Ideenflexibilität (altersbezogene) Konsistenzen zwischen .74 und .82 ermittelt. Es wurden über den gesamten Altersbereich geringe bis mittlere Skaleninterkorrelationen (zwischen .41 und .54) dokumentiert, was auf hinreichende Spezifität der beiden Bereiche deutet. Für beide Skalen und über den gesamten Altersbereich bestehen Retest-Reliabilitäten um .70.

Die Testleistungen nehmen mit dem Alter zu, womit eine entwicklungsbezogene Komponente dokumentiert ist. Es wurden verschiedene Außenkriterien (Test zum divergenten Denken TDK 4-6; Selbsteinschätzungen der Kinder; Fremdeinschätzungen der Kinder über Eltern, Erzieher, Lehrer) mit den Skalenwerten korreliert. Hierbei wurden durchweg geringe bis mittlere Übereinstimungen ermittelt; die Skala Ideenflüssigkeit korreliert durchweg höher mit den Selbst- und Fremdeinschätzungen als die Skala Ideenflexibilität. Die Korrelationen der TDK-Summenergebnisse mit der Skala Ideenflüssigkeit waren erwartungskonform deutlich höher als mit der Skala Ideenflexibilität. Zusammenhänge mit anderen Testleistungen wie Intelligenz, sprachlichen Leistungen, Feinmotorik und auch Konzentration bestehen nur in sehr geringem Ausmaß, auch in Bezug auf verschiedene Persönlichkeitsmerkmale (Ausnahme: Schulunlust) konnten keine bedeutsamen Zusammenhänge ausgemacht werden.

Die Testleistungen im KVS-P sind unabhängig von der Durchführungsdauer. Geschlechtsspezifische Leistungsunterschiede erwiesen sich als nicht bedeutsam.

Kritik

Mit dem KSV-P soll eine rein defizitorientierte Betrachtung im Rahmen in der Förder-, Entwicklungs- und Schuldiagnostik verhindert werden. Obwohl die Hochbegabtendiagnostik nicht zu den primären Zielsetzungen des Verfahrens gehörte, erlauben die im oberen Leistungsbereich ausreichend differenzierenden Normen den Einsatz des Verfahrens zur Bewertung von Aspekten praktischer Intelligenz auch bei weit überdurchschnittlichen Leistungen.

Es ist nicht eindeutig geklärt, ob die geringen Retest-Reliabilitäten eher auf situative Faktoren (Motivation, situativ bedingte Aufmerksamkeit) oder vielleicht auf Lerneffekte (Erinnerungsleistungen plus zusätzliche Gedanken nach dem ersten Untersuchungszeitpunkt), Entwicklungsaspekte oder gar eine Kombination der beiden letztgenannten Aspekte zurückzuführen sind. Aufschlüsse hierüber könnten unter Umständen die Angaben zur *Richtung* der Unterschiede (Waren die Testleistungen zum zweiten Erhebungszeitpunkt durchgehend besser?) geben, das Handbuch macht hierzu jedoch keine präzisen Angaben.

Die konzeptionell gelungene Abgrenzung der beiden Merkmalsbereiche (FLU, FLE) unterstreicht die Eignung des KVS-P als Diagnostikum für eine umfassende Leistungsbeschreibung.

5.2.2 Ordinalskalen zur sensomotorischen Entwicklung

<table>
<tr><td>Autor/ Verlag:</td><td colspan="9">Sarimski, K. (1987)
Göttingen: Beltz Test</td></tr>
<tr><td>Alter</td><td colspan="2">Dauer</td><td>Normen</td><td colspan="2">Standardisierung</td><td colspan="3">Gütekriterien</td></tr>
<tr><td rowspan="2">0;0–1;6 J.</td><td>Durchführung</td><td>Auswertung</td><td rowspan="2">nein</td><td>Material</td><td>Durchführung</td><td>Objektivität</td><td>Reliabilität</td><td>Validität</td></tr>
<tr><td>ca. 60 Min.</td><td>ca. 3 Min.</td><td>teilweise</td><td>teilweise</td><td>nein</td><td>nein</td><td>ja</td></tr>
<tr><td>Was wird erfasst?</td><td colspan="8">Objektpermanenz, Mittel-Zweck-Beziehungen, Lautimitation, Gestenimitation, Einsicht in kausale Zusammenhänge, Wahrnehmung von räumlichen Zusammenhängen, Schemata im Umgang mit Objekten</td></tr>
<tr><td>Ergebniswerte:</td><td colspan="8">Es wird ein Entwicklungsprofil erstellt.</td></tr>
<tr><td>Bemerkungen:</td><td colspan="8">Das Verfahren eignet sich besonders zur qualitativen Entwicklungsbeschreibung von auch deutlich beeinträchtigten Kindern.</td></tr>
</table>

Konzeption

Das Verfahren überprüft das Entwicklungsniveau eines Kindes anhand qualitativer Aussagen in Anlehnung an die Stadien der sensomotorischen Entwicklung nach Piaget. Die Zusammenstellung der Skalen erfolgt nach sachlogischen Erwägungen. Innerhalb der Skalen wird jeweils das höchste beobachtete Entwicklungsniveau erfasst.

Aufgaben

Es werden sieben Bereiche der sensomotorischen Entwicklung erhoben:
- Objektpermanenz,
- Mittel-Zweck-Beziehungen,
- Lautimitation,
- Gestenimitation,
- Wahrnehmung kausaler Zusammenhänge,
- Wahrnehmung von räumlichen Beziehungen und
- Schemata im Umgang mit Objekten.

Die innerhalb dieser Bereiche erfassten Reaktionen und Leistungen sind jeweils bestimmten Stufenniveaus zugeordnet:

I. Reflexe,
II. Primäre Zirkulärreaktionen,
III. Sekundäre Zirkulärreaktionen,
IV. Koordination von sekundären Zirkulärreaktionen,

V. Tertiäre Zirkulärreaktionen und
VI. Repräsentation und Antizipation.

Insgesamt sind 139 Aufgaben/Verhaltensweisen beschrieben, aus denen eine entwicklungsbedingte Auswahl zu treffen ist. Die Aufgaben sind innerhalb der Erfassungsbereiche in eine feste Reihenfolge gebracht, die Entwicklungssequenzen repräsentieren.

Das Handbuch (DIN A4) umfasst 82 Seiten, weiter sind in der Testmappe zehn Auswertungsbogen (DIN A4, 16 Seiten) enthalten. Die Materialien zu Testdurchführung müssen vom Anwender selbst bereitgestellt werden.

Durchführung

Es ist eine Einzeluntersuchung im Rahmen einer teilstrukturierten Spielsituation erforderlich. Der Altersbereich erstreckt sich in Anlehnung an die Stufenanordnung nach Piaget über die ersten beiden Lebensjahre. Eine differenzierte Entwicklungsbeschreibung unauffälliger Kinder ist mit diesem Verfahren jedoch nur bis etwa 18 Monate möglich, retardierte Kinder können je nach Fragestellung durchaus auch älter sein.

Die Auswahl und Reihenfolge der Präsentation der Aufgaben ist in das Ermessen des Anwenders gestellt, die Durchführung ist den Untersuchungserfordernissen und den individuellen Bedürfnissen des Kindes weitgehend anzupassen. Aus diesen Gründen ist nach Auffassung des Autors eine Verteilung der Untersuchung auf mehrere Tage im Einzelfall sinnvoll.

Zu den Aufgaben sind folgende Notierungen vorgesehen:
- das gewünschte Verhalten wurde gezeigt (+),
- das gewünschte Verhalten wurde nach Demonstration gezeigt (√),
- das gewünschte Verhalten ist in Ansätzen zu sehen (±),
- das gewünschte Verhalten wird nicht gezeigt (–) und
- das gewünschte Verhalten wird nicht gezeigt, aber von den Bezugspersonen berichtet (B).

Unterstützend sind für einzelne Aufgaben Beurteilungshilfen im Handbuch ausgewiesen. Für die Durchführung sind etwa 60 Minuten zu veranschlagen, bei günstigem Verlauf kann die Untersuchung auch bereits nach 30 Minuten beendet sein.

Auswertung

Es werden nur die mit (+) oder (√) bewerteten Verhaltensweisen für die Auswertung berücksichtigt. Es wird für jeden der sieben Bereiche diejenige gelöste Aufgabe identifiziert, die das höchste Entwicklungsniveau repräsentiert. Auf der Grundlage der sechs Entwicklungsstufen ist dann eine qualitative Beschreibung des Entwicklungsniveaus möglich. Es lässt sich grafisch ein Profil erstellen, in dem das allgemeine Entwicklungsniveau und Profilschwankungen visualisiert sind.

Weiter ist im Aufgabenheft jeder Aufgabe ein Entwicklungsalter zugeordnet. Diese Angaben scheinen jedoch sehr ungenau und sollten über eine allgemeine Orientierung nicht für diagnostische Aussagen herangezogen werden. Die Profilerstellung ist einfach vorzunehmen und erfordert in etwa drei Minuten.

Interpretation

Die Interpretation entspricht einer qualitativen Entwicklungsbeschreibung. Diese kann durch die eindeutig gekennzeichneten Entwicklungsstufen leicht erfolgen.

Normierung

Es werden keine Normen referiert.

Gütekriterien

Die Testung erfolgt teilstandardisiert, die Materialien sind selbst zu beschaffen. Die Abfolge der Testung ist in das Ermessen des Anwenders gestellt. Die Instruktionen zu den Aufgaben und die Bewertungskriterien sind ausreichend präzise. Die Auswertung erfolgt regelgeleitet und führt im Rahmen der Profildarstellung zu eindeutigen Ergebnissen. Die qualitative Interpretation erfolgt anhand der vorgegebenen Kategorien.

Zur Reliabilität werden keine Angaben gemacht. Eine zitierte Skalogrammanalyse mit Skalierbarkeitskoeffizienten für sämtliche Skalen zwischen .91 und .99 deuten auf ein hohes Maß an Homogenität innerhalb der Skalen und sind als empirischer Beleg für die Anordnung der jeweiligen ordinalen Folgen zu bewerten.

Zur Einschätzung der Konstruktvalidität werden Zusammenhänge zwischen den Skalen und die Ergebnisse einer Faktorenanalyse dargestellt. Wesentlich scheint hierbei das Phänomen *horizontaler Verschiebung:* innerhalb gewisser Grenzen ist durchaus zu erwarten, dass ein Kind nicht in jedem Bereich auf der gleichen Entwicklungsstufe nach Piaget steht, sondern ein bestimmtes Ausmaß an Variabilität als normal zu beurteilen ist. Die Korrelationen zwischen den Skalenwerten fallen überwiegend sehr gering bis gering aus, womit die Spezifität der Bereiche gestützt wird. Die Faktorenanalyse erbrachte zwei Faktoren, die zusammen 54,5 % Varianz aufklären: der erste Faktor (36,3 % Varianzaufklärung) lässt sich als Explorationskomponente (Beobachtung der Wirkung eigener Handlungen auf Personen und Objekte), der zweite Faktor (19,2 % Varianzaufklärung) als kognitive Repräsentation motorischer Akte interpretieren.

Kritik

Das Fehlen von Altersnormwerten und die unzureichende Diskussion der Gütekriterien schränken die Anwendbarkeit des Verfahrens ein. Ist jedoch die diagnostische Fragestellung nicht defizitorientiert, sondern ressourcenorientiert formuliert, so können mit den Ordinalskalen wertvolle Hinweise für Fördermaßnahmen gewonnen werden. Besonders bei deutlich beeinträchtigten Säuglingen und Kleinkindern kann eine faire Einschätzung des Entwicklungsstatus vorgenommen werden, die über die bloße Quantifizierung einer Retardierung hinausgeht.

5.3 Sprache

5.3.1 Elternfragebögen für die Früherkennung von Risikokindern (ELFRA)

Autor/ Verlag:	Grimm, H. & Doil, H. (2000) Göttingen: Hogrefe							
Alter	**Dauer**		**Normen**	**Standardisierung**		**Gütekriterien**		
	Durchführung	**Auswertung**		**Material**	**Durchführung**	**Objektivität**	**Reliabilität**	**Validität**
ca. U6, U7	**10–20 Min.**	**5 Min.**	**ja**	**ja**	**ja**	**ja**	**ja**	**ja**
Was wird erfasst?	ELFRA-1: Sprachproduktion, Sprachverständnis, Gesten und Feinmotorik; ELFRA-2: Produktiver Wortschatz, Syntax, Morphologie							
Ergebniswerte:	Skalenspezifische Summenwerte werden mit kritischen Werten verglichen.							
Bemerkungen:	–							

Konzeption

Die ELFRA dienen der Früherkennung von sprachlichen Minderleistungen. Nach Auffassung der Autorinnen ist die Sprachentwicklung ein besonders zuverlässiger Indikator, um die Entwicklungs- und Lernmöglichkeiten eines Kindes vorherzusagen. Somit beansprucht das Verfahren einen Geltungsbereich, der über rein sprachbezogene Leistungen hinausgeht, da geringe Sprachleistungen auf eventuell vorliegende Beeinträchtigungen nicht-sprachlicher Funktionen und auf Lernprobleme hinweisen können. Die Elternbefragungen sind gekoppelt an die Vorsorgeuntersuchungen U6 (10. bis 12. Lebensmonat) und U7 (21. bis 24. Lebensmonat).

Aufgaben

Die Version für die U6 (ELFRA-1) gliedert sich in
- Sprachproduktion (produktiver Wortschatz; Produktion von Lauten und Sprache),
- Sprachverständnis (rezeptiver Wortschatz; Reaktion auf Sprache),
- Gesten und
- Feinmotorik.

Die Version für die U7 (ELFRA-2) gliedert sich in
- produktiver Wortschatz,
- Syntax und
- Morphologie.

Das Verfahren stützt sich komplett auf die Elternauskunft. Dabei werden, je nach Altersversion Laute und Lautkombinationen, Lautimitationen, Worte und Wortannäherungen erfasst. Des Weiteren werden lautbezogene Tätigkeiten (z. B. Klatschen), Reaktionen auf Sprache oder Ansprache, gestische Ausdruckstätigkeit, Imitation, symbolhafter oder praktischer Vollzug einfacher Handlungen, Handgeschicklichkeit, Satzproduktion (Formulierung von Aussagen und Fragen) und grammatikalische Aspekte der Sprachproduktion (z. B. Mehrzahlbildung, Zeitformen und Beugung von Verben) erhoben.

Neben der Handanweisung (DIN A4, 54 Seiten) enthält die Testmappe jeweils fünf Fragebögen (DIN A4, 12 Seiten) in den Versionen ELFRA-1 und ELFRA-2 und fünf Auswertungsbögen (DIN A4, 1 Seite) für jeweils beide Testformen.

Durchführung

Im Regelfall sind die Fragebögen allein von den Eltern auszufüllen, dies kann zum Beispiel im Anschluss an die Vorsorgeuntersuchungen im Wartezimmer des Kinderarztes oder auch zu Hause geschehen. Den Abschnitten der Fragebögen sind allgemeinverständliche Elterninstruktionen vorangestellt, wodurch im Regelfall die vollständig selbstständige Bearbeitung durch die Eltern ermöglicht ist. Es ist von einer durchschnittlichen Bearbeitungsdauer von etwa zehn bis 20 Minuten auszugehen, je nach Ausgangslage kann dieser Wert aber beträchtlich variieren.

Auswertung

Im ersten Auswertungsschritt werden für die einzelnen Bereiche die Rohwerte (einfache Summenbildung) ausgezählt. Diese Rohwerte werden unmittelbar mit skalenspezifischen kritischen Werten verglichen, die sich am 20 %-Kriterium orientieren: 20 % oder weniger der Kinder der Normenstichprobe erreichten jeweils den entsprechenden Wert. Für die Auswertung sind etwa fünf Minuten zu veranschlagen.

Interpretation

ELFRA-1: Als Risikokind wird ein Kind identifiziert, wenn es mindestens auf einer der beiden essenziellen Skalen Sprachproduktion oder Sprachverständnis den kritischen Wert verfehlt hat. Werden die kritischen Werte auf beiden Skalen verpasst, empfehlen die Autorinnen eine genauere Diagnostik auch nicht-sprachbezogener Intelligenzleistungen. Sind zusätzlich entweder der kritische Wert für die Gesten oder für die Feinmotorik unterschritten, gehen die Autorinnen von einem sehr schwer gestörten Kind aus.

ELFRA-2: Als der entscheidende kritische Wert sehen die Autorinnen den Wert für den Wortschatz an, der bei 50 Wörtern festgelegt wurde. Beim Unterschreiten dieser Grenze wird ein Kind als Risikokind eingestuft. Den Skalen Syntax und Morphologie messen die Autorinnen nachrangige Bedeutung zu, da Kinder, die das Wortschatzkriterium nicht erreichen, im syntaktisch-morphologischen Bereich unterdurchschnittliche Leistungen erbringen. Das 20 %-Kriterium im Wortschatzbereich korrespondiert mit dem Wert von 80 Wörtern. Die Autorinnen empfehlen, wenn eine weitere Grenzwertunterschreitung (Syntax oder Morphologie) vorliegt, eine differenzierte Entwicklungsdiagnostik.

Normierung

Für die Normierung wurden 140 Kinder (120 unauffällige Kinder, 20 Risikokinder) im Verlauf über vier Zeitpunkte (12, 18, 24 und 36 Monate) untersucht. Neben den kritischen Werten weist das Handbuch für alle Skalen der beiden Testversionen die Aufgabenschwierigkeiten aus, wobei diese Angaben auf geringen Fallzahlen (zwischen n = 49 und n = 140) basieren. Ergänzend werden diese Angaben auch für zusätzliche Alterszeitpunkte (ELFRA-1-Skalen: 18 Monate; ELFRA-2-Skalen: 36 Monate) vorgelegt.

Gütekriterien

Das Verfahren ist objektiv durchführbar, die Auswertung erfolgt regelgeleitet; für die Interpretation sind eindeutige Entscheidungsregeln formuliert. Die Konsistenzwerte (Cronbachs Alpha) betragen für den ELFRA-1 .84 für die Sprachproduktion, .96 für das Sprachverständnis, .80 und .59 für die Feinmotorik. Für den ELFRA-2 betragen die Werte .99 für den produktiven Wortschatz, .98 für die Syntax und .91 für die Morphologie. Mit Ausnahme der Feinmotorik sind somit die Skalen sehr homogen.

Die Skalenzusammenstellungen erfolgten auf Grund von Plausibilitätsüberlegungen. Für alle Skalen ist ein stetiger Alterstrend nachgewiesen und es wurden die bekannten geschlechtsspezifischen Unterschiede in Bezug auf die sprachlichen Leistungen dokumentiert, jedoch ohne dass dies in geschlechtsspezifischen Normen berücksichtigt worden wäre.

Für den ELFRA-1 werden für die Sensitivität .60 und für die Spezifität .74, für den ELFRA-2 eine Sensitivität von .64 und eine Spezifität von .85 für den produktiven Wortschatz angegeben. Die Werte beziehen sich auf Verlaufsstudien und kennzeichnen den Anteil derjenigen Kinder, die in Bezug auf später diagnostizierte Sprachauffälligkeiten (Außenkriterien SETK-2, Vorform SETK 3-5) zu einem frühen Zeitpunkt entsprechend korrekt identifiziert wurden.

Die Skaleninterkorrelationen liegen für den ELFRA-1 im geringen bis mittleren Bereich, für den ELFRA-2 sind sie deutlich höher (jeweils um .90). Diese Zusammenhänge stützen die von den Autorinnen formulierten Interpretationsregeln.

Es konnten zwischen den Elternauskünften in den ELFRA und den sprachbezogenen Ergebniswerten der Bayley-Scales mit dem Alter stetig steigende Korrelationen zwischen .57 (12 Monate) und .76 (24 Monate) nachgewiesen werden. Zusammenhänge zwischen spezifischen ELFRA-Leistungen und korrespondierenden Ergebnissen im SETK-2 fielen mit Korrelationen zwischen .84 und .90 etwas deutlicher aus.

Kritik

Die Autorinnen stellen die Validität der elterlichen Auskünfte nicht in Frage (zur Zuverlässigkeit elterlicher Angaben siehe Rennen-Allhoff, Allhoff, Bowi & Laaser, 1993). Es ist jedoch zu bezweifeln, ob die sehr große Anzahl erfragter Begriffe im ELFRA-2 auf der Skala Produktiver Wortschatz (260 Wörter) von Eltern korrekt erinnert werden kann.

Auch die Argumentation, dass Minderleistungen im sprachlichen Bereich mit hoher Wahrscheinlichkeit auf defizitäre kognitive oder Intelligenzleistungen deuten, ist kritisch zu diskutieren. Dennoch ist es mit den Verfahren möglich, mit geringem zeitlichen Aufwand bereits früh eine beträchtliche Anzahl von Risikokindern mit Sprachproblemen zu identifizieren.

5.3.2 Sprachentwicklungstest für zweijährige Kinder (SETK-2)

Autor/ Verlag:	Grimm, H. (2000) Göttingen: Hogrefe							
Alter	**Dauer**		**Normen**	**Standardisierung**		**Gütekriterien**		
	Durchführung	**Auswertung**		**Material**	**Durchführung**	**Objektivität**	**Reliabilität**	**Validität**
2;0–2;11 J.	**15–30 Min.**	**5–15 Min.**	**ja**	**ja**	**ja**	**ja**	**ja**	**ja**
Was wird erfasst?	Jeweils Wort- und Satzverständnis sowie -produktion unter Zuhilfenahme von Bildvorlagen							
Ergebniswerte:	Untertestspezifische T-Werte sowie Prozentränge; für die Satzproduktion wird ein kritischer Wert in Bezug auf die durchschnittliche Satzlänge ermittelt.							
Bemerkungen:	Eine verkürzte Durchführung als Screening ist möglich. Dem Verfahren liegt eine Audio-Kassette bei, welche die Einarbeitung in die Durchführung sehr gut unterstützt.							

Konzeption

Der SETK-2 möchte den Worterwerb und die grammatische Entwicklung bestimmen. Eine zentrale Wegmarke stellt dabei der Wortschatzspurt dar, der im dritten Lebensjahr – etwa nach dem Erwerb eines produktiven Wortschatzes von 50 Wörtern – einsetzt. Voraussetzungen für diesen Spurt sieht die Autorin in linguistischen (Entwicklung der Symbolfunktion als generelle Eigenschaft von Wörtern), kognitiven (Fähigkeit der kategorialen Gruppierung von Objekten durch ihre Benennbarkeit), gedächtnisbezogenen sowie sozial unterstützenden Faktoren. Empirische Hinweise deuten dabei auf das hohe Entwicklungsrisiko der Kinder hin, die bis zum Alter von 24 Monaten noch keinen Wortschatz von 50 Worten aufweisen. Mit steigender Wortschatzgröße steigt der Anteil beherrschter Verben, Adjektive und Funktionswörter, so dass sprachliche Regeln umfassend angewandt werden können.

Aufgaben

Das Verfahren gliedert sich in vier Bereiche, die jeweils mit einem Untertest abgebildet werden:

- *Verstehen I (Wörter):* Es werden neun Wörter erfragt, die sich auf einer Bildkarte zusammen mit jeweils drei Distraktoren befinden, das Kind soll dann auf die richtige Lösung zeigen.
- *Verstehen II (Sätze):* Es werden acht kurze Sätze vorgesprochen, das Kind soll aus mehreren Wahlalternativen (vier Bilder) auf dasjenige zeigen, das dem Satzinhalt entspricht.

- *Produktion I (Wörter):* Das Kinder soll 30 Gegenstände benennen, zunächst sechs konkrete, danach 24 Abbildungen.
- *Produktion II (Sätze):* Das Kind soll 16 auf Bildern abgebildete Szenen mit einem Satz beschreiben („Das Baby schläft.“ „Der Junge fängt den Ball.“).

Der Testkoffer enthält ein Manual (DIN A4, 95 Seiten), zehn Protokollbögen (DIN A4, 7 Seiten), eine Audio-Tonkassette mit Demonstrationsbeispielen zur Durchführung, zwei Bildkartensätze (DIN A4, 5 und 8 Motive, jeweils 4 Bildvorlagen zum Bereich Verstehen), zwei Bildkartensätze (DIN A5, 16 und 30 Motive zum Bereich Produktion), ein stabiles Bilderbuch (12 Seiten, jeweils ein Motiv), eine Puppe, einen Tischtennisball, ein Messer, einen Schlüsselrohling, einen Bleistift sowie einen Stoffsack (ca. 20 x 30 cm).

Durchführung

Das Verfahren ist im Altersbereich von 2;0 bis 2;11 Jahre als Einzeltest durchzuführen. Das Verfahren ist standardisiert, die Vorgehensweise und die verbalen Instruktionen müssen vom Testanwender präzise befolgt werden.

Der Untertest „Produktion II: Sätze“ kann auch in verkürzter Form durchgeführt werden, wodurch die Testlänge deutlich reduziert werden kann und das Verfahren dann einen Screeningcharakter erhält. Für die Durchführung sind etwa 30 Minuten (Screening: etwa 15 bis 20 Minuten) zu veranschlagen.

Auswertung

Es werden zu jedem Untertest die Rohwerte (Punktsumme) ermittelt, die sich in den ersten drei Untertests aus der Summe richtiger Lösungen ergeben. Im vierten Untertest ist die Bepunktung komplexer, es sind dort auch Teillösungen möglich. Die Rohwerte können dann in altersspezifische T-Werte (50; 10) und Prozentränge überführt werden, es liegen hierfür Normen für zwei Altersgruppen (24 bis 29 Monate, 20 bis 35 Monate) vor. Dem Handbuch sind zusätzlich die Standardmessfehler sowie die 5 %- und 1 %-Vertrauensintervalle für die subtestspezifischen T-Werte zu entnehmen. Für den interindividuellen Vergleich sind untertestbezogene kritische Differenzen (5 %- und 1 %-Niveau) angegeben.

Alternativ ist beim Untertest „Produktion II (Sätze)“ eine vereinfachte Auswertung möglich, in dem die durchschnittliche Anzahl der Wörter pro Antwort ermittelt wird. Dieser Wert wird dann zu einem kritischen Wert in Beziehung gesetzt, der eine grobe Einschätzung erlaubt. Die Auswertung nimmt etwa 15 Minuten in Anspruch, in der Kurzform sind etwa fünf Minuten notwendig.

Interpretation

Die T-Werte ermöglichen eine Entscheidung darüber, ob sich die Testwerte im Normalbereich befinden oder als unterdurchschnittlich zu bewerten sind. Die durchschnittliche Anzahl der Wörter pro Antwort ermöglicht eine einfache Aussage darüber, ob ein Entwicklungsrisiko vorliegt.

Normierung

Die Normen gehen auf Daten von insgesamt 283 Kindern zurück, die in fünf Orten (Bielefeld [n = 159], Göttingen [n = 31], Hannover [n = 20], Konstanz [n = 30], Magdeburg [n = 43]) erhoben wurden. In den einzelnen Altersgruppen betragen die Fallzahlen 151 (24 bis 29 Monate) und 132 (30 bis 35 Monate). Die Stichprobe wird anhand verschiedener soziodemografischer (Wohnortgröße, mütterliche Bildung) und familiärer (Geschwisterposition, Betreuungssituation) Variablen beschrieben.

Gütekriterien

Durchführung und Auswertung sind standardisiert und somit objektiv vorzunehmen. Die Interpretation erfolgt anhand üblicher Vergleichsmaßstäbe und kann in jedem Fall eindeutig erfolgen. Die Beurteilerübereinstimmung beträgt .90, das heißt, es liegt eine gute Auswertungsobjektivität vor. Die Konsistenzschätzungen ergaben in den Altersgruppen Konsistenzwerte (Cronbachs Alpha) für die Verstehenstests zwischen .28 und .69 und für die Produktionstests zwischen .85 und .93.

Alle Untertests weisen über die Altersgruppen hinweg bedeutsame Mittelwertanstiege (0,1 %-Niveau) auf, wodurch dokumentiert ist, dass der SETK-2 entwicklungsbezogene Veränderungen erfasst. In drei der vier Untertests konnten bedeutsame Geschlechtsunterschiede nachgewiesen werden, wobei durchgängig die Mädchen signifikant besser abschnitten als Jungen. Für alle Untertests werden altersgruppenspezifische Aufgabenschwierigkeiten und Trennschärfen referiert, wodurch eine Einschätzung der spezifischen Differenzierungsleistung jeder einzelnen Aufgabe möglich ist. Auch Erstgeborene sowie Einzelkinder zeigten in allen Untertests signifikant bessere Leistungen als Zweit- oder später Geborene. Abhängig vom Bildungsstand der Mütter konnten signifikante Leistungsunterschiede in den Produktionstests nachgewiesen werden.

Die Untertestinterkorrelationen sind durchgängig signifikant, wobei die Zusammenhänge zwischen den Produktionstest-Ergebnissen untereinander deutlich höher ausfallen als jeweils zwischen Verstehens- und Produktionstests. Dies ist als Hinweis darauf interpretierbar, dass eine gut abgrenzbare Erfassung rezeptiver und produktiver Anteile der Sprachverarbeitungsfähigkeit gelungen ist.

Die Einschätzung der Unterscheidungsfähigkeit zwischen Kindern (n = 32) mit geringer Wortschatzleistung (Wortschatz < 50 Wörter) im Vergleich mit unauffälligen Kindern (Wortschatz > 100 Wörter) im Alter von 24 Monaten erbrachte signifikante Leistungsunterschiede in allen Untertests.

Die prognostische Validität konnte anhand einer Studie belegt werden, die Kinder mit durchschnittlichen und unterdurchschnittlichen Leistungen im Untertest Produktion I (Wörter) im Alter von drei Jahren mit einigen Untertests des SETK 3-5 (Satzverstehen, Satzproduktion, Pluralbildung, phonologisches Gedächtnis) verglich. In allen Untertests zeigten die Risikokinder später schlechtere Testleistungen als die unauffälligen Kinder.

Kritik

Der SETK-2 misst in standardisierter Form und aktuell normiert in altersgerechter Art und Weise bedeutsame Aspekte der Sprachentwicklung Zweijähriger. Dabei weisen die Produktionstests (gegenüber den Verstehenstests) deutlich günstigere Eigenschaften in Bezug auf aufgabenbezogene Merkmale (Schwierigkeiten, Trennschärfen) und skalenbezogene Merkmale auf, somit ist für den Bereich Sprachproduktion von einer deutlich zuverlässigeren Leistungserfassung auszugehen als für das Sprachverständnis. Es werden, obwohl – wie zu erwarten – zum Teil bedeutsame geschlechtsspezifische Leistungsunterschiede bestehen, keine geschlechtsspezifischen Normen vorgelegt. Insgesamt liegt mit dem SETK-2 jedoch ein Verfahren vor, das sowohl im Hinblick auf die Durchführungsdauer und Praktikabilität als auch in Hinblick auf die Erfordernisse eines Leistungstests eine empfehlenswerte Option darstellt.

5.3.3 Sprachentwicklungstest für drei- bis fünfjährige Kinder (SETK 3-5)

Autor/ Verlag:	Grimm, H. (2001) Göttingen: Hogrefe							
Alter	**Dauer**		**Normen**	**Standardisierung**		**Gütekriterien**		
3;0–5;11 J.	**Durchführung**	**Auswertung**	ja	**Material**	**Durchführung**	**Objektivität**	**Reliabilität**	**Validität**
	20–30 Min.	**10–20 Min.**		**ja**	**ja**	**ja**	**ja**	**ja**
Was wird erfasst?	Satzverständnis, Enkodierung semantischer Relationen, morphologische Regelbildung, phonologisches Arbeitsgedächtnis, Gedächtnisspanne für Wortfolgen, Satzgedächtnis							
Ergebniswerte:	Untertestspezifische T-Werte (50; 10) und Prozentränge; kritische Werte für Untertestdifferenzen							
Bemerkungen:	Dem Verfahren liegt eine Audio-Kassette bei, welche die Einarbeitung in die Durchführung sehr gut unterstützt.							

Konzeption

Der SETK 3-5 versucht, die syntaktischen und morphologischen Kompetenzen zu erfassen. Dabei ist an der Grenze zwischen dem dritten und vierten Lebensjahr ein deutlicher qualitativer Entwicklungssprung nachzuweisen. Mit dem Verfahren werden *nicht* explizit die prosodischen (Sprachrhythmik und -melodie) und pragmatischen (handlungs- und anwendungsbezogenen) Kompetenzen erfasst. Die Fähigkeit, prosodische Merkmale von Sprache zu erfassen, wird im Rahmen des SETK 3-5 als notwendige Grundlage verstanden, die Kinder üblicherweise bereits im ersten und zweiten Lebensjahr ausbilden, pragmatische Kompetenzen hingegen sind stark abhängig von kommunikativen Kontexten und nach Auffassung der Autorin ohnehin im Rahmen standardisierter Testung schwierig zu testen. Auch phonologische Aspekte (Lautbildungsfehler) werden mit dem SETK 3-5 nicht explizit überprüft, sondern es soll die Fähigkeit zur Sprachverarbeitung und nicht bei der Qualität der Aussprache erfasst werden. Drei- bis Fünfjährigen gelingt es zunehmend, unterschiedliche Bedeutungen morphologisch zu markieren, was häufig auch an originellen neuen, „fehlerhaften“ Wortbildungen oder Übergeneralisierungen beobachtet werden kann. Im Bereich der syntaktischen Fertigkeiten ist zunehmend die Fähigkeit zu beobachten, durch variable Wortordnungen Aussagen, Fragen oder Aufforderungen korrekt zu formulieren.

Beim SETK 3-5 haben Dreijährige die Aufgabe, konkret dargebotene Ereignisse verbal zu enkodieren, während Vier- und Fünfjährige abstraktes Regelwissen in die Aufgabenbearbeitung einbringen müssen.

Eine besonders bedeutsame Grundfunktion für den Spracherwerb stellt das auditive Gedächtnis dar. Hier sind vor allem die phonologischen Repräsentationsfähigkeit, die Kurzzeitgedächtnisspanne und das Satzgedächtnis wichtig, was in der Untertestgestaltung des SETK 3-5 besonders berücksichtigt wird.

Aufgaben

Das Verfahren gliedert sich in sechs Untertests, aus denen je nach Alter des Kindes eine Auswahl von vier oder fünf Tests vorgenommen wird:

- *Verstehen von Sätzen (VS):* Das Kind bekommt zunächst Sätze vorgesprochen und muss jeweils aus einer Auswahl von vier ähnlichen Bildmotiven die richtige Alternative identifizieren (nur Dreijährige); im zweiten Teil werden Materialien zur Verfügung gestellt und das Kind instruiert, mit diesen Materialien bestimmte Handlungen vorzunehmen („Leg die Knöpfe, die rot sind, auf die Kiste.“; alle Altersgruppen).
- *Enkodierung semantischer Relationen (ESR):* Das Kind soll Bildinhalte beschreiben, deren Versprachlichung Präpositionalstrukturen verlangt („Die Katze springt über den Eimer.“, „Der Mann schwimmt im Wasser.“; nur Dreijährige).
- *Morphologische Regelbildung (MR):* Pluralbildungen sollen mit Unterstützung von Abbildungen durchgeführt werden, für bekannte Wörter (Fisch, Bild; alle Altersgruppen) wie für Pseudo- oder Kunstwörter (Ribane, Dolling; nur Vier- und Fünfjährige).
- *Phonologisches Arbeitsgedächtnis für Nichtwörter (PGN):* Das Kind soll vorgesprochene Kunstwörter nachsprechen (Maluk, Ronterklabe, Pristobierichkeit). Vier- und Fünfjährige erhalten eine erweiterte Liste gegenüber den Dreijährigen.
- *Gedächtnisspanne für Wortfolgen (GW):* Es werden Wortfolgen zunehmender Länge im Einsekundentakt vorgesprochen, das Kind soll sie dann reproduzieren (nur Vier- und Fünfjährige).
- *Satzgedächtnis (SG):* Das Kind soll vorgesprochene Sätze unmittelbar reproduzieren, mögliche („Die Ente sitzt neben dem Auto.“) wie unmögliche Sätze („Die Mütze, die Berge füttert, schläft.“). Dieser Untertest wird nur Vier- und Fünfjährigen vorgegeben.

Der Testkoffer enthält ein Manual (DIN A4, 141 Seiten), zehn Testhefte für Dreijährige (DIN A4, 9 Seiten), zehn Testhefte für Vier- und Fünfjährige (DIN A4, 11 Seiten), einen Bildkartensatz (zehn Karten, DIN A4, je vier Motive), einen Figurensatz (14 gestanzte Fantasiewesen), einen Bildkartensatz (19 Karten, DIN A5, jeweils die Darstellung von Objekten in der Einzahl und Mehrzahl), einen Bildkartensatz (zehn Karten, DIN A5, Darstellung von Objekten in Relationen), ein Materialset, bestehend aus Teddy, Golfbällen, zwei verschieden farbigen Stiften, vier unterschiedlich großen Knöpfen, einem Bilderbuch und einem Stoffsäckchen sowie einer Audio-Kassette zur Einarbeitung in den Test.

Durchführung

Das Verfahren ist im Altersbereich von 3;0 bis 5;11 Jahren als Einzeltest durchzuführen. Das Verfahren ist standardisiert, die Reihung der Untertests, die Vorgehensweise im Einzelnen und die verbalen Instruktionen müssen vom Testanwender präzise befolgt werden.

Für einzelne Untertests wird die Aufnahme der Sprachäußerungen des Kindes auf eine Audio-Kassette empfohlen, da hierdurch die zum Teil schwierige Kodierung zu einem späteren Zeitpunkt vorgenommen oder überprüft werden kann. Die Durchführung erfordert je nach Alter und Leistungen des Kindes etwa 20 bis 30 Minuten.

Auswertung

Für die Untertests Verstehen von Sätzen (VS) und Phonologisches Arbeitsgedächtnis für Nichtwörter (PGN) werden die richtigen Antworten ausgezählt, die Summe bildet den Ergebnisrohwert. Die Ergebnisrohwerte werden dann untertestspezifisch in T-Werte (50; 10) und optional in Prozentränge überführt.

Für den Untertest Morphologische Regelbildung (MR) werden die Anzahlen korrekter sowie abweichender Pluralbildungen ermittelt, korrekte Antworten werden mit zwei, abweichende Antworten mit einem Punkt bewertet. Wiederum werden die Rohpunkte in T-Werte (50; 10) und optional in Prozentränge überführt.

Beim Untertest Satzgedächtnis (SG) wird die Anzahl der korrekt reproduzierten Wörter ermittelt; die Gesamtsumme bildet den Ergebnisrohwert, der dann untertestspezifisch in T-Werte (50; 10) und optional in Prozentränge überführt wird.

Beim Untertest Gedächtnisspanne für Wortfolgen bildet die Länge der längsten richtig produzierten Wortfolge den Ergebnisrohwert, der für alle Altersstufen mit dem kritischen Wert von „3“ verglichen wird.

Für den Untertest Enkodierung semantischer Relationen (ESR) wird die Auswertung in mehreren Schritten vorgenommen. Nachdem die vollständige Äußerung im Protokollbogen notiert wurde, wird die Anzahl der Wörter, die sich auf das Basisgeschehen und auf bildbezogene sinnvolle Zusatzinformationen beziehen, ermittelt. Hierfür stellt das Handbuch einen umfangreichen Kriterienkatalog zur Verfügung. Danach wird jeweils die Anzahl der Wörter pro Antwort ermittelt und durch die Anzahl der Bilder (11) geteilt, dadurch ergibt sich die durchschnittliche Anzahl der Wörter pro Antwort.

Die Normdaten liegen für fünf Altersgruppen (3;0 bis 3;5 Jahre, 3;6 bis 3;11 Jahre, 4;0 bis 4;5 Jahre, 4;6 bis 4;11 Jahre und 5;0 bis 5;11 Jahre) vor, weiter sind für den interindividuellen Vergleich untertestbezogene kritische Differenzen (5 %- und 1 %-Niveau) angegeben. Dem Handbuch sind weiter Standardmessfehler und Vertrauensintervalle für alle Untertests und Altersgruppen zu entnehmen.

Die Auswertung des Untertests ESR ist recht aufwändig und zunächst schwierig zu erlernen. Mit etwas Routine nimmt die gesamte Auswertung, je nach den Leistungen des Kindes, zwischen zehn und 20 Minuten in Anspruch.

Interpretation

Beim Untertest Gedächtnisspanne für Wortfolgen (GW) gilt eine Unterschreitung des kritischen Werts von drei (in jeder Altersgruppe) als unterdurchschnittlich und somit auffällig. Die T-Werte ermöglichen eine Interpretation vor dem Hintergrund der Verteilung der Normierungsstichprobe und erlauben Bewertungen wie zum Beispiel „durchschnittlich" oder „unterdurchschnittlich". Die Bedeutung von kritischen Differenzen zwischen den Testleistungen bleibt zunächst fraglich, da keine inhaltlichen Interpretationshilfen für statistisch signifikante Testleistungsunterschiede angeboten werden.

Normierung

Die Normen gehen auf Daten von insgesamt 495 Kindern aus sieben Regionen (Bielefeld [n = 236], Magdeburg [n = 94], Göttingen [n = 24], Hannover [n = 16], Mannheim [n = 90], Hamburg [n = 15] und Berlin [n = 20]) zurück; die Stichprobenanzahlen variieren je nach Altersgruppe zwischen 75 und 178. Es werden verschiedene soziodemografische Daten wie Wohnlage (städtisch, ländlich), mütterliche Bildung und Position in der Geschwisterreihe referiert. Die Anteile von Mädchen und Jungen sind in allen Teilstichproben in etwa je hälftig.

Gütekriterien

Sowohl die Durchführung als auch die Auswertung erfolgen standardisiert und sind somit objektiv. Die Interpretation der T-Werte kann gemäß den üblichen Konventionen erfolgen, so dass auch hier Objektivität gewährleistet ist.

Die Konsistenzschätzungen (Cronbachs Alpha) ergaben altersgruppenspezifische Konsistenzwerte für die Untertests zwischen .62 und .89 und liegen im Schwerpunkt im Wertebereich um .80. Für alle Untertests sind die Aufgabenschwierigkeiten und Trennschärfen angegeben, so dass die Differenzierungsfähigkeit der einzelnen Testaufgaben in Beziehung zur Untertesthomogenität eingeschätzt werden kann. Eine weiter differenzierende Einschätzung der Messgenauigkeit lässt sich über die ausgewiesenen Standardmessfehler sowie 5 %- und 1 %-Vertrauensintervalle vornehmen.

In allen Altersbereichen korrelieren die Untertests durchweg signifikant miteinander, jedoch im Bereich geringer bis mittlerer Korrelationen (.22 bis .66), so dass den Untertests ein durchweg zufrieden stellendes Maß an inhaltlicher Eigenständigkeit zugebilligt werden kann.

In allen Altersbereichen konnte ein Zusammenhang der überwiegenden Zahl der Testleistungen mit dem Lebensalter nachgewiesen werden, lediglich bei den Dreijährigen bestand kein Zusammenhang zwischen dem Lebensalter und den Untertests Morphologische Regelbildung (MR) und Phonologisches Arbeitsgedächtnis für Nichtwörter (PGN).

Verschiedene Studien zur kriteriengebundenen Validität lieferten erwartungskonforme Ergebnisse. So sind die Zusammenhänge zwischen den Untertests des SETK 3-5 und verschiedenen sprachfreien Untertests aus etablierten Entwicklungs- und Intelligenztests durchweg gering. Die deutlichsten Zusammenhänge zeigen sich zwischen dem stark gedächtnisabhängigen SETK-Untertest Gedächtnisspanne für Wortfolgen (GW) und anderen gedächtnisabhängigen Testleistungen wie zum Beispiel den Untertests aus der K-ABC „Wiedererkennen von Gesichtern" und „Handbewegungen".

Über den Altersbereich der Drei- und Vierjährigen ist ein Trend in Abhängigkeit von der Stellung in der Geschwisterreihe nachweisbar, Erstgeborene zeigen in fast allen Untertests bessere Testleistungen, in etwa der Hälfte der Fälle in signifikantem Ausmaß. Ebenso zeigten Kinder, deren Mütter einen Schulabschluss mit zumindest Fachhochschulreife aufwiesen, in allen Untertests und über alle Altersgruppen bessere Testleistungen als Kinder, deren Mütter höchstens einen Realschulabschluss aufwiesen, dies überwiegend in signifikantem Ausmaß.

Der SETK 3-5 vermag Kinder mit sehr niedrigem Geburtsgewicht (1.100 g bis 1.500 g) von Kindern mit extrem niedrigem Geburtsgewicht (< 1.100 g) zu unterscheiden. Dreijährige Frühgeborene mit sehr niedrigem Geburtsgewicht zeigten in allen Untertests noch durchschnittliche Testleistungen, während die Kinder mit einem Geburtsgewicht unter 1.100 g in ihren Testleistungen im Schnitt um ein bis eineinhalb Standardabweichungen vom Altersmittel nach unten abwichen und somit unterdurchschnittlich abschnitten. Ebenso zeigte eine Gruppe dysphasischer Kinder im Vergleich zu einer nach Alter und Geschlecht parallelisierten Kontrollgruppe unauffälliger Kinder im Altersbereich der Vier- und Fünfjährigen durchgängig schlechtere Leistungen in den Untertests. Kinder, die im Alter von 24 Monaten weniger als 50 Wörter produzierten, zeigten mit dem SETK 3-5 als Dreijährige noch durchgängig signifikante Minderleistungen, während ihr Rückstand als Fünfjährige nur noch in den gedächtnisabhängigen Untertests (PGN, GW, SG) bedeutsam war.

Als bester Prädiktor im vierten Lebensjahr für die Sprachleistungen im sechsten Lebensjahr wurde der Untertest PGN identifiziert. Dieser Untertest wies die höchsten korrelativen Zusammenhänge mit den Leistungen in allen übrigen Untertests nach zwei Jahren auf.

Kritik

Der SETK 3-5 erfasst standardisiert und aktuell normiert in altersgerechter Art und Weise bedeutsame Aspekte der Sprachentwicklung im Vorschulalter. Die Beiträge zu Validierung des Verfahrens erlauben den Schluss, dass der SETK 3-5 für die Sprachentwicklung Drei- bis Fünfjähriger inhaltlich hoch bedeutsame Leistungsbereiche erfasst und eine zuverlässige, differenzierte Sprachdiagnostik ermöglicht. Unklar bleibt dabei, welche klinische Bedeutung den kritischen Differenzen zwischen den Untertestergebnissen zukommt. Auf Grund seiner Aktualität sowohl im Hinblick auf seine konzeptionelle Anlage als auch auf die Aktualität der Normdaten bezogen ist dieses Verfahren jedoch für das Vorschulalter besonders zu empfehlen.

5.3.4 Sprachscreening für das Vorschulalter (SSV)

Autor/ Verlag:	Grimm, H. (2003) Göttingen: Hogrefe							
Alter	**Dauer**		**Normen**	**Standardisierung**		**Gütekriterien**		
3;0–5;11 J.	**Durchführung**	**Auswertung**	ja	**Material**	**Durchführung**	**Objektivität**	**Reliabilität**	**Validität**
	ca. 10 Min.	**ca. 3 Min.**		**ja**	**ja**	**ja**	**ja**	**ja**
Was wird erfasst?	Dreijährige: phonologisches Arbeitsgedächtnis für Nichtwörter, morphologische Regelbildung; Vier- und Fünfjährige: phonologisches Arbeitsgedächtnis für Nichtwörter, Satzgedächtnis							
Ergebniswerte:	Kritische Werte für die Screening-Entscheidung sowie ergänzend T-Werte (50; 10) und Prozentränge zur differenzierten Leistungsbeurteilung							
Bemerkungen:	Dem Verfahren liegt eine Demonstrations-CD bei, welche die Einarbeitung in die Durchführung sehr gut unterstützt.							

Konzeption

Für das SSV wurde aus dem SETK 3-5 eine Screeningvariante herausgelöst, die bei geringem Untersuchungsaufwand ein hohes Maß an Entscheidungssicherheit liefern soll. Es wurden aus dem SETK 3-5 je nach Alter des Kindes jeweils zwei Untertests ausgewählt, mit denen der Sprachentwicklungsstand abgeschätzt werden kann und eine gute prognostische Aussage ermöglicht wird.

Aufgaben

Das SSV wird in zwei altersbezogenen Varianten durchgeführt, die jeweils auf unveränderte Untertests des SETK 3-5 zurückgreifen.

Dreijährige absolvieren folgende Teiltests:
- *Phonologisches Arbeitsgedächtnis für Nichtwörter (PGN):* Das Kind soll vorgesprochene Kunstwörter nachsprechen (z. B. Billop, Kalifeng, Krapselistong).
- *Morphologische Regelbildung (MR):* Pluralbildungen sollen mit Unterstützung von Abbildungen durchgeführt werden (z. B. Fisch, Bild, Apfel).

Vier- und Fünfjährigen werden folgende Teiltests vorgelegt:
- *Phonologisches Arbeitsgedächtnis für Nichtwörter (PGN):* Das Kind soll vorgesprochene Kunstwörter nachsprechen (s. o.), wobei die Liste der Wörter um fünf erweitert wird (z. B. Nebatsubst, Skatagurp).

- *Satzgedächtnis (SG):* Das Kind soll vorgesprochene Sätze nachsprechen, dabei mögliche (z. B. „Die graue Maus wird von der Katze gejagt.") wie unmögliche Sätze (z. B. „Auf einer dummen Flasche strickt ein kaputter Vogel.").

Der handliche Testkoffer enthält das Testhandbuch (DIN B5, 58 Seiten), jeweils zehn Protokollbögen für Dreijährige und Vier- bis Fünfjährige (DIN A4, je 4 Seiten), zehn Bildkarten (DIN A5, jeweils die Darstellung von Objekten in der Einzahl und Mehrzahl), einen Figurensatz (14 gestanzte Fantasiewesen) sowie einer Demonstrations-CD zur Einarbeitung in die Durchführung und Auswertung.

Durchführung

Die Durchführung entspricht einer verkürzten Durchführung des SETK 3-5, das SSV ist als Einzeltest durchzuführen und erfordert etwa zehn Minuten. Aussprache, Sprechtempo und Sprechrhythmik sind auf der beigefügten CD gut demonstriert. Mit Dreijährigen wird der Untertest Phonologisches Arbeitsgedächtnis für Nichtwörter (PGN) unter Zuhilfenahme des Figurensatzes spielerisch durchgeführt, bei den Vier- und Fünfjährigen wird auf die Figuren verzichtet.

Auswertung

Die Untertests werden (wie beim SETK 3-5 bereits beschrieben) ausgewählt, es wird zu jedem Untertest der Rohpunktwert ermittelt. Der Rohwert wird untertestspezifisch mit einem altersabhängigen kritischen Wert verglichen, es sind unterschiedliche kritische Werte für die Altersbereiche 3;0 bis 3;11 Jahre, 4;0 bis 4;5 Jahre, 4;6 bis 4;11 Jahre und 5;0 bis 5,11 Jahre angegeben. Die Auswertung nimmt etwa drei Minuten in Anspruch.

Interpretation

Es wird grundsätzlich folgende Interpretation nahe gelegt:
- Sind beide kritischen Werte erreicht, ist das Screening bestanden.
- Wurde ein kritischer Wert verpasst, besteht ein Sprachentwicklungsrisiko und es ist eine ausführliche Sprachdiagnostik indiziert.
- Wurde einer der beiden kritischen Werte verpasst, ist das Kind weiter zu beobachten und eine Wiederholung des Screenings zu einem späteren Zeitpunkt vorzunehmen.

In Ergänzung zu den kritischen Werten stellt das Handbuch für die Rohwerte altersspezifische T-Werte (50; 10) und Prozentränge zur Verfügung, so dass eine differenzierte Leistungseinschätzung möglich ist.

Normierung

Die Normdaten entsprechen im Wesentlichen den Normdaten des SETK 3-5 und gehen auf Daten von 495 Kindern zurück, die in sieben Regionen um deutsche Großstädte erhoben wurden. Im Unterschied zum SETK 3-5 wurden die dortigen Altersgruppen 3;0 bis 3;5 Jahre und 3;6 bis 3;11 Jahre zu einer Altersgruppe zusammengefasst.

Gütekriterien

Die Durchführung erfolgt standardisiert, die Auswertung erfolgt klar regelgeleitet, die Interpretation anhand der kritischen Werte sowie der standardisierten Werte ist eindeutig vorzunehmen, somit ist für das SSV Objektivität gegeben.

Es gelten die gleichen Konsistenzen wie bereits im SETK 3-5 referiert, die Werte (Cronbachs Alpha) liegen im Wertebereich zwischen .62 und .98. Es wurde jedoch keine neue Berechnung der Konsistenz der neuen Altersgruppe für das gesamte vierte Lebensjahr unternommen. Eine Einschätzung der Differenzierungsfähigkeit der einzelnen Aufgaben kann anhand der referierten Aufgabenschwierigkeiten und Trennschärfen vorgenommen werden.

Es wurde für die Altersbereiche diejenige Untertestauswahl vorgenommen, die eine möglichst gute Vorhersage für den SETK 3-5-Gesamtwert erlauben. Dabei sind die Zusammenhänge zwischen den SSV-Untertests und dem entsprechenden mittleren T-Wert des SETK 3-5 mit Korrelationen zwischen .66 und .83 durchweg signifikant und in ihrer Höhe für ein Kurzverfahren absolut zufrieden stellend. Die Zusammenhänge zwischen den SSV-Untertests untereinander sind mit Werten zwischen .32 und .63 ausreichend gering, so dass von einer ausreichenden inhaltlichen Unabhängigkeit ausgegangen werden kann. Mit den altergruppenspezifischen Untertestzusammenstellungen lässt sich der Sprachentwicklungsstand gut vorhersagen.

Weiter werden in Anlehnung an die Entscheidung „auffällig“ nach differenzierter Diagnostik (SETK 3-5 insgesamt) Sensitivitäten zwischen .80 und .90 sowie Spezifitäten im Bereich zwischen .91 und .97 referiert. Diese Angaben beziehen sich sowohl auf eine anfallende (die Normierungs-)Stichprobe als auch auf klinische Gruppen (Frühgeborene, dysphasische Kinder) was als bemerkenswert zuverlässiges Screening-Ergebnis zu bewerten ist.

Kritik

Das SSV erlaubt eine gute Vorhersage des SETK-3-5-Gesamtergebnisses und stellt somit eine zeitökonomische Alternative zum Gesamttest dar. Lediglich die Interpretation bei nur einem verpassten kritischen Wert erscheint etwas unsicher, es wären für solche Fälle noch Interpretationshilfen, eventuell unter Bezugnahme auf die standardisierten Ergebniswerte (T-Werte) wünschenswert. Insgesamt liegt mit dem SSV ein zuverlässiges, aktuelles Kurzverfahren vor, dessen Einsatz auch in der Routineversorgung zu empfehlen ist.

5.4 Motorik

Aktuell liefert die entwicklungspsychologische Literatur keine allgemein anerkannte, umfassende Theorie zur motorischen Entwicklung im Kindesalter. Die Beschreibungen isolierter motorischer Auffälligkeiten erfolgen eher unspezifisch, häufig werden motorisch beeinträchtigte Kinder global als tollpatschig oder ungeschickt beschrieben, ohne dass hieraus eine spezifische Diagnose ableitbar wäre.

Deutliche motorische Beeinträchtigungen treten besonders im Rahmen neurologischer Erkrankungen, zum Beispiel infolge cerebraler Bewegungsstörungen auf. Häufig ist jedoch kein Nachweis einer organischen Ursache möglich; in diesen Fällen weisen die Kinder eher feinneurologische Symptome auf und ihre Beeinträchtigungen werden im Rahmen einer umschriebenen Entwicklungsstörung der motorischen Funktionen klassifiziert, deren Prävalenz bei etwa 3 bis 6 % anzunehmen ist. Motorische Beeinträchtigungen sind im Weiteren auch bei geistig behinderten Kindern häufig zu beobachten.

Bös (2001, S. 2 ff.) differenziert zwischen Fähigkeiten wie Ausdauer und Kraft auf der einen Seite und koordinativen Fähigkeiten wie präzise Bewegungskontrolle und Koordination unter Zeitdruck auf der anderen Seite. Moderiert werden diese beiden Komplexe von verschiedenen Komponenten der Schnelligkeit (Aktions-, Reaktionsschnelligkeit) und der Beweglichkeit. Motoriktests für Kinder legen ihren Schwerpunkt grundsätzlich auf den *koordinativen Bereich*, nicht zuletzt wegen dessen weitgehender Unabhängigkeit von konstitutionellen Eigenschaften des Kindes.

Die Erfassung motorischer Leistungen ist grundsätzlich auch Bestandteil allgemeiner Entwicklungsdiagnostik, wenn auch dort nur elementare Leistungen erhoben werden. Im Säuglings- und Kleinkindalter ist dies insbesondere durch die Schwierigkeit begründet, während der Untersuchung Beobachtungen unter standardisierten Bedingungen vorzunehmen. Ab dem Vorschulalter (ab ca. 4 Jahre) sind jedoch auch an Zeitvorgaben oder an die Anstrengungsbereitschaft eines Kindes gebundene motorische Leistungen gut überprüfbar, so dass mit Motoriktests differenzierte Motorikprofile erstellt werden können.

5.4.1 Diagnostisches Inventar motorischer Basiskomponenten bei lern- und entwicklungsauffälligen Kindern im Grundschulalter (DMB)

<table>
<tr><td>Autor/ Verlag:</td><td colspan="9">Eggert, D. (2000) (3. Aufl.)
Dortmund: verlag modernes lernen</td></tr>
<tr><td>Alter</td><td colspan="2">Dauer</td><td>Normen</td><td colspan="2">Standardisierung</td><td colspan="3">Gütekriterien</td></tr>
<tr><td rowspan="2">ca. 7–10 J.</td><td>Durchführung</td><td>Auswertung</td><td rowspan="2">ja</td><td>Material</td><td>Durchführung</td><td>Objektivität</td><td>Reliabilität</td><td>Validität</td></tr>
<tr><td>20–90 Min.</td><td>5–30 Min.</td><td>teilweise</td><td>ja</td><td>teilweise</td><td>ja</td><td>ja</td></tr>
<tr><td>Was wird erfasst?</td><td colspan="8">Motorische Basisfähigkeiten: Gelenkigkeit, Kraft, Ausdauer, Schnelligkeit, Gleichgewicht, Wahrnehmung.</td></tr>
<tr><td>Ergebniswerte:</td><td colspan="8">Es liegen Normen für Summenwerte vor.</td></tr>
<tr><td>Bemerkungen:</td><td colspan="8">Es sind Kurzformen durchführbar, eine Gruppentestung ist möglich.
Das Verfahren enthält eine besonders vielfältige Zusammenstellung von motorischen Aufgaben.</td></tr>
</table>

Konzeption

Das DMB knüpft an die Tradition der neueren Oseretzky-Tests an, welche auf die „Metrische Stufenleiter zur Untersuchung der motorischen Begabung bei Kindern" zurückgehen. Der Autor präsentiert ein hypothetisches Entwicklungsmodell motorischer Basisfaktoren, die eine Entsprechung in der Skalenaufteilung des Verfahrens finden:

- *Gelenkigkeit:* Flexibilität des Stütz- und Bewegungsapparats als Voraussetzung für die Entwicklung von
- *Kraft* und
- *Schnelligkeit,* diese wiederum als Voraussetzung für die Entwicklung der
- *Ausdauer;* in der Summe notwendige Voraussetzungen für die

Gleichgewichtserhaltung als die Fähigkeit, den Körper angesichts wechselnder physikalischer Bedingungen aufrecht zu erhalten.

Der Autor möchte dabei eher inventarisieren als testen und in diesem Sinne ein breites Spektrum von Leistungen erfassen. Um die Testsituation alltagsnah zu verankern, wird weitgehend offen gehalten, womit auch eine Durchführung in Gruppen möglich ist.

Aufgaben

Das Verfahren gliedert sich in 24 Kernaufgaben, die teilweise auf mehreren Skalen signieren:

1. *Spannbogen* (Kraft, Ausdauer): Das Kind legt sich bäuchlings auf den Boden und hält für zehn Sekunden die Arme und Beine gleichzeitig in die Höhe.
2. *Schlusssprung vorwärts* (Kraft).
3. *Dreieckslauf* (Schnelligkeit): Es werden die Bohnensäckchen auf im Dreieck angeordneten Matten zunächst abgelegt und dann wieder eingesammelt.
4. *Springen im Wechsel* (Kraft, Ausdauer, Schnelligkeit): Das Kind wechselt in möglichst rascher Folge der Füße an einer Balkenkante.
5. *Über Gymnastikstab steigen* (Gelenkigkeit).
6. *Zehenspitzenstand* (Gleichgewicht): Zunächst ohne, danach mit geschlossenen Augen.
7. *Einbeinstand* (Gleichgewicht).
8. *Balancieren* (Gleichgewicht).
9. *Ball hinter den Kopf heben* (Gelenkigkeit): Der Ball wird in der Rückenlage mit den Füßen über den Kopf geführt.
10. *Weg nachzeichnen* (grobmotorisch; Gelenkigkeit, Schnelligkeit, visuelle Wahrnehmung): Möglichst schnelles Nachzeichnen eines Weges auf einer an der Wand befestigten Vorlage.
11. *Bohnensäckchen werfen* (Schnelligkeit, Gelenkigkeit): Das Säckchen wird in die Luft geworfen und dabei in die Hände geklatscht.
12. *Bohnensäckchen kicken* (Schnelligkeit, Gelenkigkeit, Gleichgewicht): Das Säckchen wird mit dem Fußrücken in die Luft geschleudert und mit den Händen gefangen.
13. *Ball um den Fuß führen* (Gelenkigkeit, Gleichgewicht): Ein Führungsbein führt den Medizinball um das Standbein herum.
14. *Gummitwist* (Schnelligkeit, [Bewegungskoordination]).
15. *Drehen im Sprung* (Kraft-Ausdauer, Schnelligkeit): Vierteldrehung sowie halbe Drehung um die Körperlängsachse.
16. *Lochplatte stechen* (Schnelligkeit, Gelenkigkeit, visuelle Wahrnehmung): Der Gymnastikstab wird vom Kind in die Öffnungen der senkrecht aufgestellten Lochplatte geführt.
17. *Richtungshören* (auditive Wahrnehmung).
18. *Klingendes Tor* (auditive Wahrnehmung): Zwei Geräuschquellen markieren akustisch einen Durchgang, den das Kind mit verbundenen Augen finden soll.
19. *Umfahren geometrischer Formen* (visuelle Wahrnehmung, Schnelligkeit): Aus einer zeichnerischen Vorlage mit vielfältigen, übereinander angeordneten Formen soll das Kind die Dreiecke identifizieren und mit einem Stift nachzeichnen.
20. *Geometrische Formen kennzeichnen* (visuelle Wahrnehmung, Schnelligkeit): Auf einem Formblatt mit regelmäßig angeordneten Dreiecken, Kreisen und Quadraten sollen möglichst viele Dreiecke mit einem Stift markiert werden.
21. *Blind Formen tasten und legen* (taktile Wahrnehmung).
22. *Kugeln umstecken* (Schnelligkeit, visuelle Wahrnehmung): Kugelsteckbrett.

23. *Weg nachzeichnen* (feinmotorisch; visuelle Wahrnehmung, Schnelligkeit, Gelenkigkeit): Möglichst rasches Nachzeichnen eines Weges auf einer Vorlage im Sitzen.
24. *Ausschneiden* (visuelle Wahrnehmung, Feinmotorik).

Aus diesen Kernaufgaben können unterschiedliche Kurzformen (Screening: 8 Aufgaben; erweiterte Kurzfassung: 11 Aufgaben) gebildet werden. Zusätzlich sind im Handbuch für die Bereiche Sehfähigkeit, Hörfähigkeit, manuelle Tastfähigkeit, pedale Tastfähigkeit, visuo-motorische Koordination, grobmotorische Übungen, Schnelligkeit/Ausdauer, Kraft/Ausdauer, Gleichgewicht/Gelenkigkeit sowie Koordination/Reaktion eine Vielzahl motodiagnostischer Situationen (nicht normierter Übungen) beschrieben, die der vertiefenden qualitativen Diagnostik dienen können.

Der Testsatz umfasst neben dem Handbuch (DIN A5, geringt, 280 Seiten) zehn Protokollblätter (DIN A4, 8 Seiten) sowie einen Satz Übungsblätter (DIN A4, 28 Seiten). Die im Weiteren erforderlichen Materialien wie Gymnastikstab, Ball, Medizinball, Gummimatten, Bohnensäckchen (als Wegmarkierung), Wachsfolie und Stifte, Twistgummi, Langbank (Balancieren), Kugelsteckbrett, Formensteckbrett (Kreis, Quadrat, Dreieck), Knackfrösche, Glöckchen, Hupe, Schere sowie eine Stoppuhr müssen separat besorgt werden.

Durchführung

Das Verfahren ist als Gruppeninventar angelegt, wobei im Normalfall das DMB mit maximal 12 Kindern durchgeführt wird, die Kinder jedoch den überwiegenden Teil der Aufgaben nacheinander durchführen. Ursprünglich ist das DMB für den Schulalltag entwickelt worden (Durchführung in einer Turnhalle oder einem Gymnastikraum). Für einige Aufgaben besteht zumindest ein gewisser Platzbedarf, nur wenige Aufgaben müssen an einem Tisch sitzend durchgeführt werden. Einige Aufgaben erfordern zwei Übungsleiter.

Die Aufgaben können weitgehend auch ohne verbale Anweisungen, das heißt allein durch Demonstration vermittelt werden. Die Bewertung der Kernaufgaben erfolgt mit 0 (nicht geschafft) oder 1 (geschafft). Der Autor regt die unstandardisierte, möglichst detaillierte Protokollierung weiterer Beobachtungen und diagnostischer Hypothesen an.

Für die Durchführung des Kernaufgabensatzes (24 Aufgaben) sind je nach Durchführungsmodus (Gruppendurchführung) etwa 90 Minuten zu veranschlagen, eine Durchführung der Screening-Aufgaben (7 Aufgaben) als Einzeltest benötigt etwa 20 Minuten.

Auswertung

Nach Auffassung des Autors ist von der Berechnung von Summenwerten im Einzelfall eher abzuraten, da die Aufgaben sehr heterogen sind. Es wird tendenziell eine qualitative und interventionsorientierte Auswertung empfohlen.

Die Dauer der Auswertung ist stark abhängig von der Art und Anzahl der ausgewählten Aufgaben und von der Art und Weise der Beobachtungen und Protokollierung. Eine rein quantitative Auswertung vor dem Hintergrund der Altersnormen erfordert etwa zwischen fünf Minuten für die Screening-Aufgaben und zehn Minuten für alle 24 Kernaufgaben. Die Dauer einer vertiefenden qualitativen Auswertung lässt sich nicht beziffern.

Interpretation

Das DBM möchte spezifische förderdiagnostische Fragestellungen beantworten. Eine Interpretation der quantitativen Ergebnisse auf der Grundlage des Normenvergleichs im Sinne von unauffällig (durchschnittlich) oder unterdurchschnittlich sollte nur mit großer Zurückhaltung erfolgen.

Normierung

Es werden Vergleichsdaten von insgesamt 361 norddeutschen Kindern präsentiert, die vor 1984 erhoben wurden. Die Kinder verteilen sich auf drei Gruppen: Grundschule (n = 167), Sonderschule S (sprachbehinderte Kinder n = 61) sowie Sonderschule L (lernbehinderte Kinder; n = 133). Zu diesen Stichproben werden – außer Alter und Geschlecht – keine weiteren soziodemografischen Daten referiert.

Es werden Aufgabenschwierigkeiten und Trennschärfen vorgelegt, die sich auf eine 22 Aufgaben umfassende Gesamtskala beziehen, die mit der oben beschriebenen Gesamtstichprobe normiert wurde. Weiterhin liegen altersspezifische (7-Jährige, 8-Jährige, 9-Jährige, 10-Jährige) und schultypspezifische Vergleichswerte für die Aufgabenschwierigkeiten, die Mittelwerte der Gesamtpunktsummen vor; ebenso die Mittelwerte der Leistungen in den einzelnen Basiskategorien Gelenkigkeit, Kraft/Ausdauer, Schnelligkeit, Gleichgewicht und Wahrnehmung, die jedoch auf verkürzte Formen des Kernaufgabensatzes (20 bzw. 21 Aufgaben) zurückgehen.

Gütekriterien

Zur Objektivität werden keine Angaben gemacht, die Materialien sind teilstandardisiert, die Durchführungs- und Auswertungsanweisungen sind hinreichend gut verständlich. Für die Interpretation wird ein gewisses Ausmaß von Subjektivität als notwendig und sinnvoll erachtet.

Die interne Konsistenz für eine 22 Kernaufgaben umfassende Gesamtskala beträgt .81 (Cronbachs Alpha), die durchschnittliche Aufgabeninterkorrelation beträgt für die Gesamtstichprobe .16. Diese Wertebereiche werden auch in den schultypbezogenen Untergruppen erreicht, wobei die Werte für die Grundschüler eher etwas geringer ausfallen. Die Aufgabenschwierigkeiten bewegen sich zwischen .47 und .92, die mittlere Aufgabenschwierigkeit beträgt .71. Die Aufgabentrennschärfen bewegen sich zwischen .18 und .54, was auf den heterogenen Charakter der Gesamtskala deutet.

Die Gruppenleistungen der verschiedenen Altersstufen und Schultypen variieren erwartungskonform, was für die inhaltliche Validität des DMB spricht. Statistisch nicht bedeutsam (für das Gesamtergebnis) war jedoch das Geschlecht der Kinder, was zumindest den Grundannahmen des Autors zuwider läuft.

Die Skaleninterkorrelationen (Basiskomponenten Gelenkigkeit, Kondition, Schnelligkeit, Gleichgewicht, Wahrnehmung, Koordination) bewegen sich mit Werten zwischen .59 und .89 im mittleren bis hohen Bereich, am geringsten korrelieren dabei die motorischen Subskalen mit dem Wahrnehmungsbereich.

Mit dem DMB lässt sich der motorische Entwicklungsverlauf gut beschreiben und vorhersagen (87,5 % Varianzaufklärung). Entgegen den ursprünglichen Erwartungen kommt dabei jedoch dem Gleichgewicht mit lediglich 18 % an der Varianzaufklärung ein deutlich geringerer Anteil zu, andere Skalen hingegen scheinen bedeutsamer zu sein als ursprünglich angenommen (z. B. Schnelligkeit, Varianzaufklärung in Bezug auf den Gesamtwert 38 %). In der Folge diskutiert der Autor eine empirisch gestützte Modellalternative, in der der Gelenkigkeit eine grundlegendere Position im Entwicklungsverlauf zugestanden wird, während eher die Schnelligkeit den Endpunkt im Intervall sieben und 12 Jahren einnimmt.

Weitere Studien mit hörgeschädigten und ausländischen Kindern können die Einschätzung der Validität des Verfahrens unterstützen. Ebenso wurden Gruppenvergleiche zwischen Stadt- und Landkindern vorgenommen, in denen die Landkinder in der Tendenz bessere Leistungen zeigten, insbesondere in den Bereichen Kraft und Gleichgewicht.

Von besonderer Bedeutung sind für verschiedene Schulformen vorgenommene Leistungsvergleiche zwischen Schülern in den Jahren 1985 und 1995. In der Tendenz wurde hier ein einheitlicher und deutlicher Leistungsrückgang über das Jahrzehnt dokumentiert, wodurch die eingeschränkte Gültigkeit der Altersnormen belegt wird.

Kritik

Das DMB stellt eine umfangreiche Zusammenstellung von Aufgaben aus verschiedenen motorischen Bereichen zur Verfügung. Dabei ist es die Vielzahl und der Variantenreichtum dieses Inventars, das seinen besonderen diagnostischen Wert ausmacht. Die Aufgaben und ihre Bewertung sind umfassend dokumentiert und sehr gut verständlich beschrieben, womit auch für die kinderärztliche Praxis eine Untersuchung feinneurologischer Symptome im Schulalter ermöglicht wird. Weniger zufrieden stellend sind die Ergebnisse im Bereich der Messgenauigkeit und Validität. Dies ist jedoch weniger dem Verfahren anzulasten, sondern eher der bislang weitgehend ungeklärten Relationen zwischen motorischen Basiskomponenten und ihrer Entwicklung im Altersverlauf.

Der über die Jahre rückläufige Leistungstrend der Kinder mahnt zur Vorsicht beim Normenvergleich. Ähnlich wie bei Intelligenzleistungen ist eine zuverlässige Leistungsüberprüfung mit relativen Aussagen (z. B. durchschnittlich, unterdurchschnittlich) auch im motorischen Bereich nur auf der Grundlage aktueller Normen möglich.

Insgesamt repräsentiert das DMB jedoch ein reichhaltiges Basisdiagnostikum, mit dem für eine große Vielzahl von förderdiagnostischen Fragestellungen im Schulalter eine standardisierte Datensammlung erfolgen kann.

5.4.2 Lincoln-Oseretzky-Skala Kurzform (LOS KF 18)

Autor/ Verlag:	Eggert, D. (1974) (2. Aufl.) Weinheim: Beltz Test							
Alter	Dauer		Normen	Standardisierung		Gütekriterien		
	Durchführung	Auswertung		Material	Durchführung	Objektivität	Reliabilität	Validität
5;0–13;11 J.	ab 25 Min.	ca. 3 Min.	ja	ja	ja	ja	ja	ja
Was wird erfasst?	Globale motorische Entwicklung							
Ergebniswerte:	Altersspezifische T-Werte zum Gesamtwert bei Angabe von 95 %-Konfidenzintervallen; Prozentränge							
Bemerkungen:	Das Verfahren stellt zusätzlich klinische Normen bereit.							

Konzeption

Die 1974 aus der motometrischen Stufenleiter Oseretzkys entwickelte Kurzform legt ihren besonderen Schwerpunkt auf den klinischen Einsatz im Sinne guter Differenzierbarkeit sowohl zwischen als auch innerhalb klinischer Gruppen. Eine theoretische Herleitung des Verfahrens wird nicht vorgenommen. Mit dem Verfahren kann die motorische Entwicklung global eingeschätzt werden. Hierbei sind Aspekte der statischen und dynamischen Koordination der Extremitäten und des gesamten Körpers, der Bewegungsgeschwindigkeit sowie der Präzision gleichzeitiger und isolierter Bewegungen bedeutsam.

Aufgaben

Das Verfahren legt 18 Aufgaben vor:

1. *Nase berühren:* Jeweils beide Zeigefinger werden aus den ausgestreckten Armen zur Nase geführt.
2. *Klopfen mit Fingern im Takt:* Gleichzeitiges rhythmisches Klopfen mit Fuß und gleichseitigem Zeigefinger (beide Seiten).
3. *Rückwärts gehen:* Gerades Rückwärtsbalancieren ohne Orientierungsmarkierung, Fuß vor Fuß.
4. *Seilspringen:* Beidfüßig geschlossener Sprung über ein 40 cm hoch aufgehängtes Seil.
5. *Einbeinstand:* Ruhiger Stand auf einem Bein bei geöffneten Augen.

6. *Kreise in die Luft schreiben:* Seitliche Kreise mit den Zeigefingern bei ausgestreckten Armen.
7. *Ballfangen:* Einhändiges Fangen eines zugeworfenen Tennisballs (nur bevorzugte Hand).
8. *Streichhölzer sortieren:* Einzelnes Aufnehmen und Ablegen von Streichhölzern.
9. *Hochspringen und Fersen berühren:* Beidseitiges Berühren der Fersen mit den Händen nach Sprung aus dem Stand.
10. *Fingerbewegung:* Feinmotorische Koordination von Daumen und Zeigefingern.
11. *Beidhändig Pfennige und Streichhölzer einsammeln* (gleichzeitig).
12. *Labyrinth durchfahren:* Nachzeichnen eines vorgezeichneten Weges.
13. *Balancieren auf Zehenspitzen mit geschlossenen Augen.*
14. *Kreis ausschneiden* (nach Vorlage).
15. *Öffnen und Schließen der Hände mit Drehen:* Wechselseitig koordinierte, gleichzeitige Handbewegungen.
16. *Füße klopfen und Finger kreisen:* Abwechselndes Klopfen der Füße auf den Boden, Finger wie Aufgabe 6 (im Sitzen).
17. *Einbeinstand mit geschlossenen Augen.*
18. *Hochsprung mit dreimaligem Händeklatschen.*

Das Testpaket enthält neben dem Handbuch (DIN A5, 104 Seiten, geringt) 40 Protokollbögen (DIN A4, doppelseitig), einen Tennisball, einen Zollstock (1 m), zwei Streichholzschachteln (20 bzw. 40 Hölzer ohne Kopf), eine Streichholzschachtel mit 20 Münzen (Einpfennigstücke), Paketschnur, Tafelkreide, eine Kunststoffschere sowie je 40 Zeichen- und Ausschneidevorlagen.

Durchführung

Die LOS KF 18 wird als Einzeltest durchgeführt und erfordert nur einen Tisch und Stühle. Alle Aufgaben werden vom Testanwender demonstriert. Die Bewertung erfolgt als 0 (nicht gelöst) oder 1 (gelöst). Für die Durchführung sind etwa 30 Minuten für normalentwickelte Kinder zu veranschlagen, bei geistig behinderten Kindern ist ein entsprechender Mehraufwand einzukalkulieren.

Auswertung

Die Gesamtpunktsumme liefert den Rohwert und wird in altersspezifische T-Werte (50; 10) überführt; Prozentränge können ermittelt werden. Es sind 95 %-Konfidenzintervalle angegeben.

Interpretation

Bei Interpretation wird der Gesamtwert zu Grunde gelegt und anhand der Normen in hoch, gut, normal, unternormal oder behindert eingeteilt. Eine vertiefende qualitative Interpretation der Testleistungen wird durch das Verfahren nicht unterstützt, für die einzelnen Aufgaben werden jedoch die Schwierigkeiten angegeben.

Normierung

Das Verfahren wurde an 556 normalentwickelten Kindern in zehn über das gesamte Bundesgebiet verteilten Städten geeicht. Die Daten der lernbehinderten (n = 447) und der geistig behinderten (n = 1.102) Kinder basieren auf älteren Studien, mit denen die Testbatterie für geistig behinderte Kinder (TBGB) standardisiert wurde. Es werden Referenzdaten für drei Gruppen in Jahresschritten vorgelegt:

- *Normalentwickelte Kinder:* 5;0 bis 13;11 Jahre (11;0 bis 13;11 zusammengefasst).
- *Lernbehinderte Kinder:* 8;0 bis 12;11 Jahre.
- *Geistig behinderte Kinder:* 7;0 bis 13;11 Jahre.

Neben den T-Werten, Prozenträngen, Aufgabenschwierigkeiten sind jeweils die Standardmessfehler und die 95 %-Konfidenzintervalle für diese drei Gruppen angegeben.

Gütekriterien

Die Durchführung ist klar beschrieben und erfolgt mit standardisierten Materialien. Die Auswertung ist klar regelgeleitet und kann eindeutig vorgenommen werden; die Beobachterübereinstimmung liegt zwischen .86 und .97. Zur Interpretation sind eindeutige Kategorien vorgegeben.

Die Retest-Reliabilität – je nach Untersuchungsintervall (4 Wochen bis neun Monate) und Patientengruppe – liefert Werte im Bereich zwischen .63 und .98. Dabei ist tendenziell von einer höheren Stabilität der Testwerte für auffällige als für normalentwickelte Kinder auszugehen. Angaben zur Skalenhomogenität werden nicht gemacht.

Für die LOS KF 18 kann – empirisch gesichert – davon ausgegangen werden kann, dass sie entwicklungsbezogene Leistungen abbildet. Bedeutsame Leistungsunterschiede zwischen den Geschlechtern wurden nicht nachgewiesen, so dass eine geschlechtsspezifische Normierung nicht notwendig erscheint. Es werden verschiedene Zusammenhänge zwischen dem Verfahren und anderen Motorik- sowie Intelligenztests referiert. In Bezug auf andere Motoriktests werden vorwiegend mittlere Übereinstimmungen berichtet, die jedoch in Abhängigkeit von der Art und dem Ausmaß der Beeinträchtigung der Kinder recht unterschiedlich ausfallen: Die höchsten Übereinstimmungen wurden für geistig behinderte Kinder, die geringsten Übereinstimmungen für normalentwickelte Kinder ermittelt. Darüber hinaus wird für geistig behinderte Kinder auch ein geringer bis mittlerer Zusammenhang zwischen intelligenzbezogenen Testleitungen und den Leistungen in der LOS KF 18 deutlich, was für lernbehinderte sowie normalentwickelte Kinder nicht der Fall ist.

Kritik

Mit der LOS KF 18 liegt ein Verfahren vor, das zeitökonomisch vielfältige Aspekte motorischer Leistungen abbildet. Die Aufgaben können ohne besondere Anforderungen an Räumlichkeiten, Mobiliar oder zusätzliches Testmaterial durchgeführt werden.

Wie bei anderen Motoriktests sticht auch hier die nur unzureichende theoretische Fundierung ins Auge. Der daraus erwachsenden Unsicherheit begegnen andere Verfahren jedoch durch eine sorgfältigere Dokumentation statistischer Beziehungen zwischen den Aufgaben und der Aufgaben zu den Skalen (z. B. Trennschärfen), was bei der LOS KF 18 nur sehr global erfolgt. Dieser Tatbestand erschwert es, den inhaltlichen Aussagebereich des Verfahrens abzuschätzen.

Als besonders nützlich erweisen sich jedoch die nach klinischen Gruppen differenzierten Altersnormen. Auch wenn auf Grund der mangelnden Aktualität eine normorientierte Einschätzung des Leistungsstands, insbesondere für normalentwickelte Kinder, nur mit einer gewissen Zurückhaltung erfolgen sollte, erlauben doch die ausgewiesenen Leistungsdifferenzen zwischen den Gruppen auch heute noch eine gute Einschätzung im unteren Leistungsbereich. Bei deutlichen motorischen Beeinträchtigungen sind die LOS KF 18 somit auch heute noch ein zuverlässiges und empfehlenswertes Verfahren.

5.4.3 Motoriktest für vier- bis sechsjährige Kinder (MOT 4-6)

Autor/ Verlag:	Zimmer, R. & Volkamer, M. (1987) (2., überarb. u. erw. Aufl.) Weinheim: Beltz Test							
Alter	**Dauer**		**Normen**	**Standardisierung**		**Gütekriterien**		
	Durchführung	**Auswertung**		**Material**	**Durchführung**	**Objektivität**	**Reliabilität**	**Validität**
4;0–6;11 J.	**20–30 Min.**	**ca. 5 Min.**	**ja**	**ja**	**ja**	**ja**	**ja**	**ja**
Was wird erfasst?	Koordinationsfähigkeit, Feinmotorik, Gleichgewicht, Reaktionsfähigkeit, Sprungkraft, Bewegungsgeschwindigkeit, Bewegungssteuerung							
Ergebniswerte:	Standardwerte (wahlweise T-Werte, C-Werte, Stanine-Werte oder Motorikquotient) sowie Prozentränge für den Gesamttestwert. Es sind Konfidenzintervalle angegeben.							
Bemerkungen:	–							

Konzeption

Die Autoren gehen von sieben Basisfaktoren der Motorik aus, die durch folgende 18 Testaufgaben erfasst werden:
- gesamtkörperliche Gewandtheit und Koordinationsfähigkeit (5 Aufgaben),
- feinmotorische Geschicklichkeit (3 Aufgaben),
- Gleichgewichtsvermögen (5 Aufgaben),
- Reaktionsfähigkeit (2 Aufgaben),
- Sprungkraft (2 Aufgaben),
- Bewegungsgeschwindigkeit (3 Aufgaben) und
- Bewegungssteuerung (2 Aufgaben).

Einige der Testaufgaben sind dabei mehreren Skalen zugeordnet.

Aufgaben

Das Verfahren umfasst 18 Testaufgaben:
1. *Sprung in einen Reifen* (Aufwärmaufgabe): Beidbeiniger Sprung in den Gymnastikreifen hinein und wieder hinaus.
2. *Balancieren vorwärts:* Vorwärts abschreiten des Teppichstreifens.
3. *Punktieren* (Tapping): Unter Zeitbegrenzung sollen mit dem Filzstift möglichst viele Punkte auf ein Blatt Papier gemacht werden.
4. *Mit den Zehen ein Tuch aufgreifen:* Das Kind greift ein Tuch mit den Zehen auf und übergibt es dem Testanwender (beide Seiten).

5. *Seil seitlich überspringen:* Unter Zeitbegrenzung soll das Kind möglichst häufig seitlich über das Seil springen.
6. *Stab auffangen:* Nach dem der Testanwender den Stab ohne Ankündigung loslässt, soll das Kind den Stab, um dessen unteres Ende es bereits seine (bevorzugte) Hand lose geöffnet herum hält, auffangen.
7. *Tennisbälle in Kartons legen:* Die Tennisbälle sollen unter Zeitdruck einzeln von einem Karton zu einem vier Meter entfernten Karton gebracht werden.
8. *Balancieren rückwärts:* Rückwärtiges Abschreiten des Teppichstreifens.
9. *Zielwurf auf Scheibe:* Das Kind soll mit vier Würfen möglichst häufig die 3 m entfernte Zielscheibe treffen.
10. *Streichhölzer einsammeln:* Die Streichhölzer sollen beidhändig jeweils einzeln in die Schachtel eingesammelt werden.
11. *Durch den Reifen winden:* Das Kind soll sich durch den aufrecht gehaltenen Reifen bewegen, ohne den Reifen zu berühren.
12. *Einbeiniger Sprung in einen Reifen:* Das Kind soll in den Reifen springen und fünf Sekunden auf einem Bein stehen bleiben.
13. *Tennisring auffangen:* Der Ring wird aus vier Metern zugeworfen und soll mit beiden Händen gefangen werden.
14. *Hampelmannsprung:* Abwechselnder Sprung von der Grätsch- in die Schlussstellung mit gleichzeitigem Wechsel der Armstreckung nach oben bzw. nach unten (10 sec.).
15. *Sprung über ein Seil:* Das Seil wird in 35 cm, danach in 45 cm Höhe angebracht; das Kind soll das Seil vorwärts im geschlossenen Sprung überqueren.
16. *Rollen um die Längsachse:* Aus der Rückenlage soll das Kind mit gestreckten Armen um die Körperlängsachse rotieren und über die Bauchlage wieder in die Rückenlage gelangen.
17. *Aufstehen und Setzen mit Halten eines Balles:* Das Kind soll aus dem Schneidersitz in den Stand gelangen, während es einen Ball über dem Kopf hält.
18. *Drehsprung in einen Reifen:* Das Kind springt aus dem Stand beidbeinig in den Reifen hinein und sofort wieder hinaus, jeweils mit 180° Körperdrehung.

Der Testkoffer enthält neben dem Manual (DIN A4, 52 Seiten) 40 Protokollbögen (DIN A4, 2 Seiten), drei Tennisbälle, ein ca. zwei Meter langes Seil, einen Gymnastikstab aus Holz (ca. 80 cm), einen Gymnastikreifen sowie einen Gymnastikball, Tennisring, eine runde Zielscheibe aus stabilem Karton (Durchmesser ca. 40 cm), eine Schachtel mit 40 Hölzern (Streichhölzer ohne Kopf), einen Teppichstreifen (2 m lang, 10 cm breit), ein Stofftuch (40 cm lang, 40 cm breit), ein Zentimetermaß, Klebestreifen, einen Schreibblock (A4) und einen Filzstift.

Durchführung

Der MOT 4-6 wird als Einzeltest durchgeführt. Für einige Aufgaben (s. Nr. 7 und 13) besteht dabei ein gewisser Raumbedarf. Jede Aufgabe ist nach einem dreikategoriellen Punktschema zu bewerten: nicht erfolgreiche Ausführung (0 Punkte), Teilausführung (1 Punkt) oder vollständige Ausführung (2 Punkte). Für die Durchführung sind etwa 20 bis 30 Minuten zu veranschlagen, es ist eine Vorbereitungszeit von etwa fünf Minuten mit einzukalkulieren.

Auswertung

Die Punktzahlen der einzelnen Testaufgaben werden zu einem Rohwert addiert. Diese können zu verschiedenen Standardwerten (T-Werte, C-Werte, Stanine-Werte, Motorikquotienten) sowie zu Prozentrangwerten in Beziehung gesetzt werden. Zur Einschätzung der Messgenauigkeit sind zusätzlich 68 %-Vertrauensintervalle angegeben.

Eine einfache Auswertung kann innerhalb von zwei Minuten erfolgen, eine vertiefende Betrachtung auf der Ebene der einzelnen Leistungsbereiche wird auf dem Auswertungsformular sowie in den Normentabellen nicht unterstützt und ist somit beträchtlich aufwändiger. Auch eine geschlechtsspezifische Betrachtung ist möglich, kann aber nur aufwändig unter Rückgriff vereinzelter Informationen aus dem Handbuch erfolgen, in solchen Fällen können für die Auswertung auch schon einmal 20 bis 30 Minuten erforderlich sein.

Interpretation

Der Gesamtwert ist leicht zu interpretieren. Eine förderorientierte Einschätzung spezifischer Leistungen erfolgt stark subjektiv und ist nur durch den Einbezug zusätzlich gewonnener qualitativer Beobachtungen möglich.

Normierung

Die Referenzdaten wurden bis 1987 an 548 Kindergartenkindern und 53 Grundschülern erhoben. Die Stichprobe ist im Hinblick auf ihre regionale Herkunft und hinsichtlich demografischer Eigenschaften nicht weiter spezifiziert. Für alle Aufgaben sind Schwierigkeiten und Trennschärfen angegeben. Die Normdaten für die standardisierten Gesamtwerte werden für den Altersbereich 4;0 bis 6;11 Jahre in Halbjahresschritten vorgelegt.

Gütekriterien

Die Durchführung und Auswertung wird klar beschrieben und ist objektiv vorzunehmen. Es wird eine Studie zitiert, nach der die Auswertungsobjektivität zwischen fünf Testanwendern mit .88 bei 32 untersuchten Kindern korreliert. Eine objektive Interpretation ist nur bezüglich des Gesamtwerts möglich, der jedoch im Einzelfall wichtige diagnostische Informationen nicht ausreichend deutlich wiedergibt.

Die Retest-Reliabilität wurde über einen Zeitraum von vier Wochen bei 47 Kindern mit .85 ermittelt. Die Splithalf-Reliabilität wird mit .80 beziffert, für die interne Konsistenz der Gesamtskala wurde ein Cronbachs Alpha von .81 berechnet.

Über die Altersgruppen steigt der Gesamtwert an, was auf die Erfassung entwicklungsbezogener Leistungen deutet. Für die kriteriengebundene Validität wurde Zusammenhang mit dem KTK untersucht, wobei der KTK nur die Ganzkörperkoordination (ohne Feinmotorik) erfasst. Die Übereinstimmung zwischen den beiden Tests betrug .78, was zusätzlich im Sinne diskriminanter Validität interpretierbar ist. Weiterhin ist der MOT 4-6 in der Lage, zwischen auffälligen und unauffälligen Kindern zu unterscheiden. In einer Studie mit insgesamt 151 entwicklungsauffälligen Kindern (Sprachstörungen, Verhaltensauffälligkeiten und minimaler cerebraler Dysfunktion) zeigten diese in allen Altersbereichen signifikant schlechtere motorische Leistungen als unauffällige Kinder.

Kritik

Der MOT 4-6 bildet in umfassender Weise die ganzkörperbezogenen motorischen Leistungen von Kindern im Vorschulalter ab. Er ist dabei in hohem Maße praktikabel, da sich mit ihm Kinder gut motivieren lassen und er prinzipiell in normalen Räumen (ohne Sportgeräte) durchgeführt werden kann.

Obwohl der MOT 4-6 nur ansatzweise theoretisch fundiert ist, stellt dieser Tatbestand keinen spezifischen Mangel dar – dies teilt er mit allen Motoriktests des Kindesalters. Wünschenswert wären weitere Studien zur Validität des Verfahrens, insbesondere zu prognostischen Validität von Kindern im Bereich zwischen Normalität und Auffälligkeit. Auch in Bezug auf die Normen ist Vorsicht geboten, da davon auszugehen ist, dass die motorischen Leistungen in der Bevölkerung seit der Normierung des MOT 4-6 nachgelassen haben (vgl. DMB). Insgesamt liegt mit dem MOT 4-6 jedoch ein Inventar vor, mit dem ein guter Kompromiss zwischen den Anforderungen standardisierten Testens und den Anforderungen an eine gute allgemeine Durchführbarkeit im Vorschulalter gelungen ist.

6 Umschriebene Leistungsbereiche

Ab dem Grundschulalter gewinnt die Diagnostik schulbezogener Fertigkeiten zunehmend Bedeutung. Besonders Kinder mit Auffälligkeiten im Wahrnehmungsbereich sowie im Bereich räumlicher Leistungen weisen ein erhöhtes Risiko für umschriebene Entwicklungsstörungen schulischer Fertigkeiten auf. Es besteht die Gefahr, dass diese Kinder in der Schule massive Lernprobleme entwickeln und sozial isoliert werden. Die rasche Feststellung einer umschriebenen Entwicklungsstörung in Abgrenzung von psychosozial bedingten Schulleistungsproblemen bildet eine Voraussetzung für effektive Förder- und Therapiemaßnahmen.

6 Umschriebene Leistungsbereiche	Testname		Alter	Zeitbedarf		Seite
				Durchführung	Auswertung	
6.1 Screenings	ATK	Abzeichentest für Kinder	7;0–12;0 J.	10–15 Min.	ca. 5 Min.	176
	BISC	Bielefelder Screening zur Früherkennung von Lese-Rechtschreibschwierigkeiten	ca. 5–6 J.	20–30 Min.	ca. 10 Min.	180
	BUEVA	Basisdiagnostik für umschriebene Entwicklungsstörungen im Vorschulalter	4;0–5;11 J.	20–30 Min.	5–10 Min.	185
	DCS	Diagnosticum für Cerebralschädigungen	ab 6;0 J.	20–40 Min.	ca. 10 Min.	190
6.2 Rechentests	OTZ	Osnabrücker Test zur Zahlbegriffsentwicklung	5;0–7;5 J.	ca. 30 Min.	ca. 5 Min.	194
	RZD 2-6	Rechenfertigkeiten- und Zahlenverarbeitungs-Diagnostikum für 2. bis 6. Klassen	2.–6. Schuljahr	30–45 Min.	ca. 15 Min.	197
	ZAREKI	Testverfahren zur Dyskalkulie	7;6–10;11 J.	15–30 Min.	ca. 10 Min.	202

6.1 Screenings

6.1.1 Abzeichentest für Kinder (ATK)

Autor/ Verlag:	Heubrock, D., Eberl, I. & Petermann, F. (2004) Göttingen: Hogrefe							
Alter	**Dauer**		**Normen**	**Standardisierung**		**Gütekriterien**		
7;0–12;0 J.	**Durchführung**	**Auswertung**	**ja**	**Material**	**Durchführung**	**Objektivität**	**Reliabilität**	**Validität**
	10–15 Min.	**ca. 5 Min.**		**ja**	**teilweise**	**ja**	**k. A.**	**ja**
Was wird erfasst?	Raumanalytische und räumlich-konstruktive Fähigkeiten und deren Störungen in Bezug auf Formerfassung, Vollständigkeit, Einbezug von Markierungshilfen, räumliche Ausrichtung und Größe einer Figur							
Ergebniswerte:	Altersspezifische Cut-off-Werte erlauben eine Entscheidung darüber, ob eine „räumlich-konstruktive Störung" vorliegt.							
Bemerkungen:	Zusätzlich zur Diagnostik räumlich-konstruktiver Fähigkeiten kann eine qualitative Fehleranalyse zur Interventionsplanung erfolgen.							

Konzeption

Im Unterschied zum freien Zeichnen und Malen verlangt das Abzeichnen die Beachtung verschiedener Aspekte wie Größenverhältnisse, Raumaufteilung, Abstand und detailgetreue Reproduktionen. Das Abzeichnen ist daher besonders gut geeignet, grundlegende Funktionsstörungen der visuellen Wahrnehmung, der Raumorientierung und der räumlich-konstruktiven Fähigkeiten zu erkennen und im Rahmen einer kindgerechten Tätigkeit zu diagnostizieren. Zudem haben sich Störungen der räumlich-konstruktiven Leistungen als sensibler Indikator bei Hirnfunktionsstörungen bei Kindern erwiesen und sind entscheidende Vorläuferfunktionen für das Lesen, Schreiben und Rechnen. Räumlich-konstruktive Leistungen wie das Bauen, Schreiben, Zeichnen oder Ausschneiden werden aber auch durch viele andere Teilfunktionen beeinflusst, zu denen die Sehfähigkeit, die feinmotorische Geschicklichkeit, aber auch bereits erworbene Kenntnisse, die Konzentration oder die Motivation gehören. An ein psychodiagnostisches Verfahren, das raumanalytische und räumlich-konstruktive Funktionen und ihre Störungen erfassen soll, sind daher folgende Anforderungen zu stellen: das Verfahren soll

- eine Aussage darüber erlauben, ob überhaupt eine Störung vorliegt, also eine bedeutsame Abweichung von altersbezogenen Norm- und Erwartungswerten vorliegt,
- die zu Grunde liegende Störung spezifizieren und damit einer nachfolgenden Behandlung zugänglich machen können und

– das Ausmaß der Störung quantifizieren, um Veränderungen der Störung, entweder durch Spontanremissionen oder als Therapieeffekt, erkennen zu können.

Hierzu muss die räumlich-konstruktive Störung von anderen Störungen abgegrenzt und die individuelle Symptomausprägung der räumlich-konstruktiven Störung identifiziert werden können.

Im Unterschied zu anderen Zeichentests, die noch in der Tradition älterer Hirnschadenskonzepte (z. B. minimale cerebrale Dysfunktion, hirnorganisches Psychosyndrom) stehen, ist die Durchführung des ATK nicht durch visuelle, feinmotorische oder Gedächtnisstörungen verzerrt, da diese bei der Auswertung keine Rolle spielen. Der ATK ist daher besonders zur Diagnostik raumanalytischer und räumlich-konstruktiver Fähigkeiten und zum Nachweis entsprechender Funktionsstörungen geeignet. Sein Anwendungsspektrum umfasst die Klinische Kinderpsychologie, die Kinderneuropsychologie und die Kinder- und Jugendlichenpsychotherapie sowie auch die Schul- und Ausbildungsberatung und die Legasthenie- und Dyskalkulietherapie.

Aufgaben

Der ATK setzt sich aus insgesamt neun Aufgaben zusammen, aus denen je nach Alter des zu untersuchenden Kindes eine Auswahl getroffen wird. Es handelt sich dabei um standardisierte Vorlagen mit geometrischen Mustern unterschiedlicher Komplexität, die in der oberen Hälfte des Testblattes abgebildet sind und in der unteren Hälfte des Test-

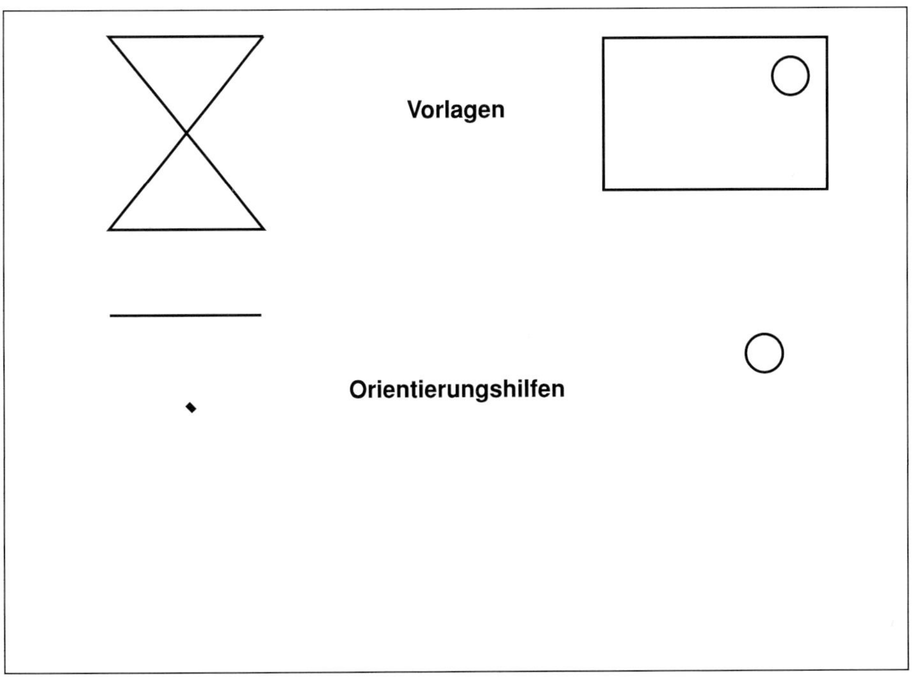

Abbildung 10: Aufgabenbeispiele aus dem ATK.

blattes abgezeichnet werden sollen. Als Orientierungshilfen sind Elemente der Vorlage bereits vorgegeben, die in die Reproduktion einbezogen werden müssen. Auf diese Weise wird eine Diagnostik hirnfunktionell bedingter Störungen ermöglicht, da die Integration vorgegebener Hilfen Kindern mit einer räumlich-konstruktiven Störung schwerer fällt als das Abzeichnen ohne Hilfen; die Aufgaben haben sich als besonders aussagefähig für räumlich-konstruktive Leistungen erwiesen.

Der Testsatz umfasst neben dem Manual (DIN A4, 69 Seiten) 20 Testhefte sowie einen Satz Auswertungsschablonen aus transparenten Folien.

Durchführung

Die Durchführung erfolgt im Einzelversuch ohne Zeitvorgabe. Hierbei werden die im Testmanual vorhandenen Testhefte vorgelegt, die in vier alterspezifischen Versionen für

- 7-Jährige (drei Aufgaben),
- 8-Jährige (vier Aufgaben),
- 9- bis 10-Jährige (sieben Aufgaben) und
- 11- bis 12-Jährige (alle neun Aufgaben)

Kinder vorliegen.

Für die Durchführung sind etwa 15 Minuten zu veranschlagen.

Auswertung

Die Auswertung erfolgt anhand übersichtlich und farbig gestalteter Schablonen, die neben einer quantitativen auch eine qualitative Analyse und damit eine interventionsbezogene Diagnostik ermöglichen. Es werden für jede Zeichnung gemäß der Auswertungsrichtlinien die Aspekte Formerfassung, Vollständigkeit, Einbezug der Markierungshilfen, räumliche Ausrichtung sowie Größe über die Schablonenelemente visualisiert und daraus abgeleitet eine Bewertung jeder einzelnen Zeichnung als „richtig" oder „falsch" vorgenommen. Abschließend wird die Summe falscher Zeichnungen ermittelt.

Die Auswertungsschritte werden im Manual anhand von drei unterschiedlichen Anwendungsbeispielen schrittweise erläutert und verdeutlicht. Neben der Ermittlung der Cut-off-Werte zur Störungsdiagnostik wird auch die sich anschließende qualitative Fehleranalyse dargestellt, die Hinweise darauf ergibt, welche Störungsmerkmale vorliegen (z. B. feinmotorische Auffälligkeiten, eine Beeinträchtigung der visuellen Perzeption). Für die quantitative Auswertung werden in etwa fünf Minuten benötigt, für eine vertiefende qualitative Analyse etwas mehr.

Interpretation

Für jede Altersgruppe sind Cut-off-Werte angegeben, welche die Entscheidung ermöglichen, ob eine räumlich-konstruktive Störung vorhanden ist. Als Grenzwert für eine räumlich-konstruktive Störung wurde je nach Altersgruppe diejenige Anzahl an Aufgaben herangezogen, die von weniger als 80 bis 90 % der Altersstichprobe richtig bearbeitet wurde. Dies bedeutet, dass dieser Cut-off-Wert von höchstens 10 bis 20 % der Kinder erreicht wurde.

Normierung

Der Abzeichentest für Kinder wurde an insgesamt 350 unauffälligen Kindern im Alter von 7 bis 12 Jahren normiert, es liegen Altersnormen in Jahresschritten mit Anzahlen zwischen n = 29 (7 Jahre) und n = 89 (12 Jahre) vor, die eine schuljahrgangs- und schulstufenbezogene Beurteilung erleichtern. Die Geschlechter entfallen dabei auf die Gesamtstichprobe etwa hälftig, jeweils mit einem leichten Überhang der Mädchen; geschlechtsspezifische Normen sind nicht ausgewiesen.

Gütekriterien

Die Durchführung und die Auswertung erfolgen standardisiert, die Interpretation anhand der Cut-off-Werte ist eindeutig vorzunehmen, so dass die Objektivität in diesen Punkten gegeben scheint. Zur Reliabilität werden keine Angaben gemacht.

Für alle Testaufgaben wurde im Wesentlichen ein kontinuierlicher Schwierigkeitsverlauf über die Altersspanne bei tendenziell abnehmender Variationsbreite dokumentiert, was die Entwicklungsbezogenheit des überprüften Leistungskomplexes und somit die Altersgruppenstruktur des Verfahrens stützt. Die Gültigkeit der aus der gesunden Normierungsstichprobe gewonnenen Cut-off-Werte wurde an einer klinischen Stichprobe überprüft, die aus 50 zufällig ausgewählten Kindern bestand, die innerhalb eines Jahres in der Kinderambulanz der Universität Bremen untersucht wurden. In dieser Stichprobe wurde die Übereinstimmung der Cut-off-Werte des ATK kriteriengebunden mit dem Ergebnis im Mosaiktest (MT) des HAWIK-R oder des HAWIK-III verglichen. Der festgelegte Kriteriumswert von vier Wertpunkten im Mosaiktest wurde von acht Kindern (16 %) der klinischen Stichprobe unterschritten. Sieben der acht Kinder, die im Mosaiktest das Kriterium einer räumlich-konstruktiven Störung erfüllt hatten, unterschritten auch die altersentsprechenden Cut-off-Werte im ATK. Die Übereinstimmung zwischen Mosaiktest-Ergebnissen und ATK-Cut-off-Werten von 87,5 % kann als Hinweis auf die klinische Brauchbarkeit des ATK bewertet werden.

Kritik

Mit dem ATK können solche Kinder leicht identifiziert werden, die Symptome räumlich-konstruktiver Schwächen aufweisen. Das Verfahren ist mit geringem Aufwand und rasch durchzuführen sowie mithilfe der Schablonen schnell und einfach auszuwerten.

Beim Screening-Verfahren kommt der Ermittlung von Konsistenzwerten und der Split-half-Reliabilität zwar eine verminderte Bedeutung zu, jedoch müsste die Retest-Reliabilität des ATK noch bestimmt werden. Die Sensitivität und die Spezifität des Verfahrens sollten in weiteren klinischen Studien vertiefend dokumentiert werden.

Neben seiner guten Praktikabilität kann der ATK vor allem auf Grund seiner aktuellen Normen empfohlen werden, die ähnlich den Intelligenzleistungen von Kindern auch erheblichen kohortenspezifischen Veränderungen unterliegen.

6.1.2 Bielefelder Screening zur Früherkennung von Lese-Rechtschreibschwierigkeiten (BISC)

Autor/ Verlag:	Jansen, H., Mannhaupt, G., Marx, H. & Skowronek, H. (2002) (2., überarb. Aufl.) Göttingen: Hogrefe							
Alter	**Dauer**		**Normen**	**Standardisierung**		**Gütekriterien**		
ca. 5–6 J.	**Durchführung**	**Auswertung**	**ja**	**Material**	**Durchführung**	**Objektivität**	**Reliabilität**	**Validität**
	20–30 Min.	**ca. 10 Min.**		**ja**	**ja**	**ja**	**ja**	**ja**
Was wird erfasst?	Phonologische Bewusstheit, Aspekte des Lang- und Kurzzeitgedächtnisses, Teilkomponenten visueller Aufmerksamkeit							
Ergebniswerte:	Die Testleistungen werden aus der Basis von Risikopunkten zur Entscheidung herangezogen.							
Bemerkungen:	Die präzise Durchführung wird zum Teil durch die Laut- und Wortpräsentation mittels CD unterstützt.							

Konzeption

Das Bielefelder Screening ist ein Verfahren zur Früherkennung von Lese-Rechtschreibschwierigkeiten, das bei Vorschulkindern zehn beziehungsweise vier Monate vor der Einschulung einsetzbar ist. Damit lassen sich Präventionsmaßnahmen zum Schriftspracherwerb vor Schuleintritt gezielt einsetzen. Mit dem BISC kann man auch die Wirksamkeit solcher Präventionsprogramme überprüfen; das BISC unterstützt damit die gezielte Förderplanung. Um Risikokinder identifizieren zu können, wurden im Wesentlichen solche Aufgaben in das Screening aufgenommen, die eine Differenzierung im unteren Leistungsdrittel ermöglichen.

Dem BISC liegt die Annahme zu Grunde, dass Kinder beim Schriftspracherwerb an bereits vorhandene Kenntnisse und Fertigkeiten anknüpfen und somit die Ursachen für viele Probleme beim Schriftspracherwerb entwicklungsbedingt bereits frühzeitig identifiziert werden können. Folgende Leistungsbereiche sind von Bedeutung:

- *Phonologische Bewusstheit:* Der Schriftspracherwerb erfordert Einsicht in die phonologische Struktur der Sprache und die Analyse und Synthese phonologischer Einheiten.
- *Schneller Abruf aus dem Langzeitgedächtnis:* Für einen erfolgreichen Schriftspracherwerb müssen Schrift-Sprach-Verbindungen rasch abgerufen werden können, das heißt, es ist ein schneller Zugang zum phonologischen Code im Langzeitgedächtnis notwendig.

- *Phonetisches Rekodieren im Kurzzeitgedächtnis:* Verbale Informationen im Arbeitsgedächtnis müssen mit hinreichender Genauigkeit phonetisch rekodiert werden können. Für Lesen und Schreiben sind ein kurzfristiges Präsenthalten der verbalen Informationen im Kurzzeitgedächtnis sowie eine genügend große Gedächtnisspanne und der anschließende rasche, fehlerfreie Abruf aus dem Kurzzeitgedächtnis unerlässlich.
- *Steuerung visueller Aufmerksamkeit:* Die Verarbeitung von Schrift erfordert die aufmerksamkeitskontrollierte Beachtung von relevanten sowie die aktive Nichtbeachtung von irrelevanten Reizen und die Bewusstmachung der Verarbeitungsrichtung.

Aufgaben

Die oben genannten Leistungsbereiche werden durch neun Untertests wie folgt repräsentiert:

- *Phonologische Bewusstheit*
  - Untertest „Reimen“ (R; 10 Aufgaben): Das Kind soll die Klangähnlichkeit von Wortpaaren bestimmen.
  - Untertest „Silben-Segmentieren“ (SS; 10 Aufgaben): Es sollen vorgesprochene Wörter unter Zuhilfenahme des Silbenklatschens in Sprechsilben untergliedert werden.
  - Untertest „Laut-zu-Wort“ (LZW; 10 Aufgaben): Es soll entscheiden werden, ob ein zunächst isoliert vorgesprochener (Doppel-)Vokal in vorgegebenen Wörtern vorhanden ist.
  - Untertest „Laute-Assoziieren“ (LA; 10 Aufgaben): Dem Kind wird pro Aufgabe eine Bildkarte mit vier Abbildungen von Objekten vorgelegt (z. B. Zange, Pinsel, Zebra, Schlange). Dann wird eine darauf bezogene Bezeichnung in deutlicher Weise (z. B. „ts“-„ange“) vorgesprochen. Das Kind soll das gesprochene Wort erkennen und den Gegenstand auf der Bildkarte zeigen.
- *Abrufgeschwindigkeit aus dem Langzeitgedächtnis*
  Untertests „Schnelles-Benennen-Farben“ (SBF-1 und SBF-2; je 6 Aufgaben): Aufgabe des Kindes ist es zunächst, für schwarz-weiß dargestellte Objekte (Obst und Gemüse) die entsprechend richtige Farbe so schnell wie möglich zu benennen (SBF-1). Im Untertest SBF-2 soll zu farbig falsch dargestellten Objekten die richtige Farbe so schnell wie möglich genannt werden. Diese Untertests werden durch einen nicht zu bewertenden Untertest „Schnelles-Benennen-Wissen“ (SBW) eingeleitet, der das Erkennen der Objekte sowie die Fähigkeit der korrekten Farbzuordnung überprüft und einübt.
- *Gedächtnisspanne und Artikulationsgenauigkeit*
  Untertest „Pseudowörter-Nachsprechen“ (PWN; 10 Aufgaben): Es sollen unterschiedlich lange, unbekannte Silbenfolgen (z. B. „bunitkonos“) kurzfristig behalten und reproduziert werden.
- *Visuelle Aufmerksamkeit*
  Untertest „Wort-Vergleich-Suchaufgabe“ (WVS; 12 Aufgaben): Das Kind soll anhand des Schriftbildes ein Wort mit vier Buchstaben unter vier Antwortalternativen durch visuelles Vergleichen herausfinden.

Der Testkoffer enthält neben dem Handbuch (DIN A4, 72 Seiten) eine geringte Bildvorlagenmappe (DIN A5), zehn Protokollbögen (DIN A4, vierseitig) je Altersgruppe und eine Demonstrations-CD.

Durchführung

Das Verfahren wird als Einzeltest durchgeführt und kann in etwa 20 bis 30 Minuten absolviert werden. Neben den mitgelieferten Testmaterialien (Manual, Vorlagenmappe, Protokollbögen und Tonträger) werden ein Abspielgerät, ein Stoppuhr und ein Bleistift benötigt. Je nach Testzeitpunkt (zehn bzw. vier Monate vor Einschulung) werden unterschiedliche Protokollbögen benutzt. Testanweisung und Durchführung sind im Manual sehr detailliert beschrieben. Die festgelegte Reihenfolge der Testaufgaben ist unbedingt einzuhalten. Zu jeder Aufgabe existieren Beispiele, an denen den Kindern das Vorgehen demonstriert wird und gegebenenfalls ein ungünstiges Antwortverhalten verbessert werden kann. In der eigentlichen Testphase darf dem Kind dann keine Rückmeldung mehr über seine Leistung gegeben werden. Bei einigen Untertests erfolgen die Instruktionen vom Testanwender direkt; bei den folgenden Aufgaben wird die Instruktion von einer Tonkassette abgespielt. Die Untertests „Wort-Vergleich-Suchaufgabe“ und „Schnelles-Benennen-Farben“ beinhalten eine Zeitkomponente.

Auswertung

Die Punktwerte für die einzelnen Aufgaben können anhand differenzierter Auswertungshinweise und Bewertungskriterien ermittelt werden. Die Auswertungsdauer beträgt etwa zehn Minuten. Bei den Punktwerten für die Untertests mit Zeitkomponente wird zuerst der Median der Bearbeitungszeit bestimmt und mithilfe einer Umrechnungstabelle in Punktwerte umgewandelt. Die ermittelten Punktwerte für die einzelnen Untertests werden dann in einem Profil eingetragen. Hieraus werden unterdurchschnittliche Untertestleistungen schnell identifizierbar und diese dann in die Summe der Risikopunkte überführt.

Interpretation

Das BISC ist so konzipiert, dass ab vier Risikopunkten die Entwicklung von Lese-Rechtschreibschwierigkeiten als wahrscheinlich angenommen wird. Bei drei Risikopunkten wird die Möglichkeit der Kompensation durch andere beteiligte Fertigkeiten angenommen. Von den vier Leistungsbereichen müssen zumindest zwei betroffen sein, um eine Risikoklassifikation zu rechtfertigen. Eine sichere Einschätzung ist nach Auffassung der Testautoren nur durch eine Testwiederholung gewährleistet, die nach Möglichkeit auch durchgeführt werden sollte. Führen beide Untersuchungen zu Ergebnissen im Risikobereich beziehungsweise im Grenzbereich, so ist mit hoher Wahrscheinlichkeit mit der Ausbildung von Lese-Rechtschreibschwierigkeiten bis zum Ende des zweiten Schuljahrs zu rechnen.

Normierung

Die Normdaten gehen zurück auf eine 1986/87 begonnene Längsschnittstudie. Das BISC wurde dabei zum Zeitpunkt T1 (zehn Monate vor der Einschulung) an 1.120 Kindern, zum Zeitpunkt T2 (vier Monate vor der Einschulung) an 177 Kindern normiert, die aus der Ausgangsstichprobe nach Alter und Geschlecht durch Zufall ausgewählt und durch neun Risikokinder ergänzt wurden. Die Kinder stammten aus 84 Kindergärten im Raum Bielefeld. Es liegen Tabellen mit der Angabe von Risikobereichen für die einzelnen Subtests sowie für den Gesamtscore vor.

Gütekriterien

Die Durchführung erfolgt hochstandardisiert, die Auswertung ist klar angeleitet, es wird von einer Studie berichtet, in der nicht-signifikante Unterschiede zwischen verschiedenen Testanwendern bestanden. Die Testinterpretation ist eindeutig vorzunehmen, somit ist für alle Bereiche Objektivität anzunehmen.

Für die internen Konsistenzen der Untertests liegen je nach Untersuchungszeitpunkt mit r = .53 bis r = .84 zufrieden stellende Werte vor. Die Retest-Reliabilität des Gesamtscores (.82), der Subtestgruppenscores zur phonologischen Bewusstheit (.74) sowie zu Aufmerksamkeit und Gedächtnis (.76) sind ebenfalls zufrieden stellend, während sie auf der Ebene einzelner Untertests zum Teil noch deutlich geringer ausfallen.

Es wurden verschiedene Zusammenhänge der Testleistung im BISC mit der Schreibfähigkeit, der Lesefähigkeit, der Schriftsprache, der Mathematikleistung und Intelligenz untersucht. Zusammenfassend zeigen die Befunde, dass das Screening eine gute individuelle Vorhersage von Lese-Rechtschreibschwierigkeiten erlaubt und nicht sprachgebundene Leistungsdefizite erwartungskonform mit deutlich geringerer Zuverlässigkeit vorhergesagt werden. Dabei zeigt sich in allen Fällen das BISC einer Prognose auf der Grundlage eines Erzieherratings oder einer informellen Elternbefragung überlegen. Die Sensitivitäten liegen zehn Monate vor der Einschulung mit Werten um .73 für Schriftsprachprobleme und .71 für Leseschwierigkeiten im zufrieden stellenden Bereich, für die Schreibfähigkeit liegt sie mit lediglich .48 in einem Bereich, welcher der Sensitivität in Bezug auf Mathematikleistungen (.44) nahe kommt. Schwierig zu interpretieren ist dabei die Tatsache, dass die Sensitivitäten vier Monate vor der Einschulung abnehmen.

Faktorenanalysen bestätigen im Wesentlichen das Vorhandensein unterscheidbarer Komponenten in Bezug auf phonologische Bewusstheit sowie Aufmerksamkeit und Gedächtnis, wobei sich vier Monate vor der Einschulung eine differenziertere Faktorenstruktur abzeichnet als noch zehn Monate vor der Einschulung.

Kritik

Mit dem BISC liegt ein ökonomisches, standardisiertes Instrument zur Erfassung der Vorläuferfertigkeiten des Schriftspracherwerbs vor. Es erweitert die diagnostischen Möglichkeiten grundlegend und erlaubt gezielte Indikationsstellungen für die Förderung. Die Zeitpunktgebundenheit schränkt zwar die Anwendbarkeit des Verfahrens ein. Die Möglichkeit der zweimaligen Messung erhöht jedoch die Sicherheit des diagnostischen Urteils und erlaubt gleichzeitig die Überprüfung von Fördermaßnahmen.

Das Handbuch dokumentiert nicht, auf welche Weise die Risikobereiche berechnet oder auf welcher Grundlage sie festgelegt wurden. Weiter wären zusätzliche Angaben zu besonderen Risikogruppen (wie z. B. „late talkers“ oder Kinder mit rezidivierender Otitis media) hilfreich, um die Beurteilungssicherheit des Verfahrens einzuschätzen.

6.1.3 Basisdiagnostik für umschriebene Entwicklungsstörungen im Vorschulalter (BUEVA)

Autor/ Verlag:	Esser, G. (2002) Göttingen: Beltz Test							
Alter	**Dauer**		**Normen**	**Standardisierung**		**Gütekriterien**		
4;0–5;11 J.	**Durchführung**	**Auswertung**	**ja**	**Material**	**Durchführung**	**Objektivität**	**Reliabilität**	**Validität**
	20–30 Min.	**5–10 Min.**		**ja**	**ja**	**ja**	**ja**	**ja**
Was wird erfasst?	Verschiedene Teilleistungen im Bereich sprachlicher und motorischer Funktionen; bei Fünfjährigen zusätzlich Aufmerksamkeitskomponenten							
Ergebniswerte:	T-Werte und Prozentränge							
Bemerkungen:	Es ist eine verkürzte Version im Rahmen von Einschulungsfragestellungen mit separaten Normen durchführbar.							

Konzeption

Das BUEVA verwendet Untertests aus verschiedenen etablierten Intelligenz- und Leistungstests mit dem Ziel, frühzeitig beeinträchtigte Teilleistungen zu erfassen, die für die Entwicklung der Sprache oder motorischer Funktionen relevant sind. Das Verfahren möchte spezifische Beeinträchtigungen von allgemeiner Retardierung abgrenzen. Im Einzelnen sollen erfasst werden: Artikulationsstörungen, rezeptive und expressive Sprachstörungen, umschriebene Störungen motorischer Funktionen und für ausgewählte Altersbereiche Aufmerksamkeitskomponenten. Für das BUEVA wurden Tests aufgenommen, die mit tendenziell leichten Aufgaben auch beeinträchtigten Kindern eine faire Testung ermöglichen. Hiermit unterscheidet sich das Verfahren von vielen anderen Leistungstests, die eher im mittleren Leistungsbereich genau messen wollen. Aus diesem Grund sind die Aufgaben vieler Testverfahren für entwicklungsverzögerte Kinder zu schwierig, was zu einer niedrigen Testmotivation und somit oft zu verfälschten Testleistungen beiträgt.

Um Kinder mit allgemeiner Retardierungen auszuschließen, wird der Testbatterie ein Screening allgemeiner Intelligenz vorangestellt. Als Kriterium für die Diagnose einer umschriebenen Entwicklungsstörung wurde dabei eine Diskrepanz zwischen dem allgemeinen Intelligenzniveau und den spezifischen Teilleistungen von 1,5 Standardabweichungen festgelegt.

Aufgaben

Der Aussagebereich des Verfahrens bezieht sich auf die nonverbale Intelligenz, Sensumotorik, Artikulation, rezeptive und expressive Sprache sowie für Fünfjährige zusätzlich auf die Aufmerksamkeit. Hierzu wurden aus etablierten Verfahren folgende Tests oder Subtests ausgewählt:

- *Nonverbale Intelligenz*
  Columbia Mental Maturity Scale (CMM; Schuck, Eggert & Raatz, 1975): Aus einer Bildmotivauswahl soll dasjenige Motiv bestimmt werden, das nicht zu den anderen passt.
- *Artikulation*
  Moehring-Test (Kurzform; nach Moehring, 1938): Vom Kind vorzunehmende Bildbenennungen führen zwangsläufig zur Artikulation von Lauten und Lautkombinationen.
- *Expressive Sprache*
  Grammatiktest aus dem Psycholinguistischen Entwicklungstest (PET; Angermaier, 1977): Vorgesprochene, unvollendete Sätze sind vom Kind unter Zuhilfenahme von Bildvorlagen grammatisch korrekt zu vervollständigen.
- *Rezeptive Sprache*
  Wörterergänzen aus dem Psycholinguistischen Entwicklungstest (PET; Angermaier, 1977): Unvollständig vorgesprochene Wörter (Scho-olade) müssen identifiziert und korrigiert (vervollständigt) nachgesprochen werden.
- *Sensumotorik*
  Visuo-motorische Koordination aus Frostigs Entwicklungstest der visuellen Wahrnehmung (FEW; Lockowandt, 1976): In verschiedene Zeichenvorlagen soll das Kind Verbindungslinien zeichnen. Die Aufgabenauswahl und Auswertungsrichtlinien wurden dabei gegenüber dem FEW geändert.
- *Aufmerksamkeit (nur Fünfjährige)*
  (1) Frankfurter Test für Fünfjährige – Konzentration (FTF-K): Auf einem Testblatt mit in Reihen unregelmäßig angeordneten Äpfeln und Birnen sollen innerhalb von 90 Sekunden möglichst viele Birnen durchgestrichen werden.
  (2) Zahlenfolgegedächtnis (ZFG) aus dem Psycholinguistischen Entwicklungstest PET von Angermaier (1977): Das Kind soll Zahlenfolgen mit im Testverlauf zunehmender Länge nachsprechen.

Die Teiltests wurden für das BUEVA teilweise modifiziert, so wurde die Aufgabenanzahl verringert oder die Durchführungsbestimmungen umformuliert.

Der Testkoffer enthält neben dem Manual (DIN A4, 84 Seiten) jeweils zehn Testhefte (DIN A4, 8 Seiten) und zehn Ergebnisbögen (DIN A4, eine Seite), einen Bildkartensatz zum Untertest CMM (60 Karten, DIN A4, spiralgebunden), 25 Zeichenvorlagen und einen Auswertungsschablonensatz zum Untertest Visuo-motorische Koordination, einen Bildvorlagensatz für den Moehring-Test und Grammatiktest (DIN A5, spiralgebunden, 35 Motive) sowie zehn Testbögen zum Frankfurter Test für Fünfjährige – Konzentration (DIN A4, 2 Seiten). Zur Durchführung des Zeichentests wird zusätzlich ein dünner Filzschreiber benötigt.

Durchführung

Das Verfahren wird als Einzeltest durchgeführt, die Reihenfolge der Subtests ist streng einzuhalten. Das Testheft enthält für den Testanwender kurze Aufgabeninstruktionen und Hinweise für den Fall, wenn Komplikationen bei der Testdurchführung auftreten.

Die Auswahl der Subtests variiert in Abhängigkeit vom Alter des Kindes; so absolvieren Fünfjährige zusätzlich die beiden Subtests zum Aufmerksamkeitsbereich. Insgesamt benötigt man für die Durchführung bei Vierjährigen etwa 20 bis 25 Minuten und bei Fünfjährigen etwa 25 bis 30 Minuten. Die verkürzte Version zur Einschulung kann in etwas mehr als 20 Minuten durchgeführt werden.

Auswertung

Die Aufgaben werden nach spezifischen Kriterien bewertet, zu jedem Subtest wird danach die Punktsumme ermittelt. Die Auswertung für den Subtest „Visuo-motorische Koordination" wird mit Auswertungsschablonen durchgeführt, mit denen zum Beispiel Toleranzbereiche für Linienabweichungen angegeben sind. Im nächsten Schritt werden die einzelnen Ergebniswerte in T-Wert (50; 10) überführt und die zugehörigen Prozentränge ermittelt. Diese bilden die Grundlage zur Interpretation des Gesamttests. Für die Auswertung sind in etwa fünf bis zehn Minuten erforderlich.

Interpretation

Zunächst wird anhand des Subtests zur allgemeinen Intelligenz eine möglicherweise vorliegende Minderbegabung eingeschätzt. Dabei werden T-Werte im Bereich zwischen 30 und 39 als leichte, T-Werte unter 30 als erhebliche Minderbegabung bewertet. Liegt eine Minderbegabung vor, ist per Definition eine umschriebene Entwicklungsstörung ausgeschlossen. Ein T-Wert von weniger als 40 in beiden Untertests zur Aufmerksamkeit wird als Störung der Aufmerksamkeit bewertet.

Normierung

Die Normierung geht auf Daten zurück, die 1980 in drei industriell geprägten mittelgroßen Städten in Nordrhein-Westfalen an insgesamt 657 Kindergartenkindern erhoben wurden. Dabei sind Jungen und Mädchen etwa gleich verteilt, Kinder mit ausländischer Staatsangehörigkeit wurden aus der Stichprobe ausgeschlossen. Für den Vorschulbereich liegen Normen in Halbjahresschritten (4;0 bis 4;5, 4;6 bis 4;11, 5;0 bis 5;5 sowie 5;6 bis 5;11 Jahre) vor, wobei die Normen der Altersgruppen 4;6 bis 4;11 und 5;6 bis 5;11 empirisch erhoben und während die Normen für die beiden verbleibenden Altersbereiche regressionsanalytisch geschätzt wurden.

Die Normdaten für die Testversion zur Einschulung gehen auf die Daten von 1.930 Kindern aus Schleswig-Holstein zurück, die zur Einschulungsuntersuchung vorgestellt wurden. Die Normen orientieren sich dabei an den Leistungen derjenigen Kinder, die regulär eingeschult wurden. Mit einer hieraus entnommenen, 286 Kinder umfassenden Teilstichprobe im Altersbereich zwischen 5;6 und 5;11 Jahre wurde diese Altersgruppe zusätzlich normiert, so dass die Normentabelle für die zweite Hälfte des sechsten Lebensjahres mit geringfügig abweichenden Werten doppelt vorhanden ist.

Gütekriterien

Die Durchführung der Subtests erfolgt hochstandardisiert, die Auswertung erfolgt klar regelgeleitet, die Interpretation auf der Grundlage der T-Werte und T-Wert-Differenzen kann eindeutig vorgenommen werden. Somit ist in allen Bereichen Objektivität gegeben. Die Objektivität der Auswertung und Interpretation wird durch die angegebenen Fallbeispiele im Handbuch zusätzlich unterstützt.

Die Angaben zur Reliabilität gehen für die einzelnen Untertests auf Daten zurück, die unter zum Teil deutlich abweichenden Bedingungen gewonnen wurden. So werden überwiegend die Befunde aus den Originalnormierungen oder ältere Studien zitiert und dabei verschiedene Reliabilitätsmaße mitgeteilt.

CMM: Es werden unter verschiedenen Bedingungen ermittelte Maße zur Splithalf-Reliabilität referiert, die sich um .95 bewegen.

Moehring-Test: Es werden Maße zur Konsistenz (Cronbachs Alpha) referiert, die sich im Bereich zwischen .77 und .83 bewegen, wobei ein Trend zur Zunahme der Konsistenz bei den älteren Altersgruppen zu beobachten ist.

Grammatiktest: Splithalf-Reliabilität .84, Retest-Reliabilität zwischen .90 und .93, interne Konsistenz zwischen .79 und .85.

Wörterergänzen: Interne Konsistenz (Cronbachs Alpha) zwischen .67 und .79., Retestkoeffizienten zwischen .93 und .96;

Visuo-motorische Koordination: Retest-Reliabilität zwischen .33 und .98, Splithalf-Reliabilität zwischen .54 und .64.

Konzentrationstest: Retest-Reliabilität zwischen .79 und .85.

Zahlenfolgegedächtnis: Splithalf-Reliabilität .93, Retest-Reliabilität um .90.

Zu allen Aufgaben werden Aufgabenschwierigkeiten und die Trennschärfen referiert, die jedoch nicht für alle Tests neu berechnet wurden. Die vorliegenden Angaben deuten dabei auf ausreichende Sensitivität des Verfahrens im unteren Leistungsbereich und stützen somit den Screeningcharakter des Verfahrens.

Um die kriteriengebundene Validität einzuschätzen, wurde der Gesamtwert des BUEVA mit einem aus dem Wiener Entwicklungstest (WET) abgeleiteten Summenwert korreliert (=.79). Die Konstruktvalidität wurde faktorenanalytisch bestimmt, wobei sich eine gewisse Unabhängigkeit der Subtests herausstellte, diese jedoch mit den Leistungen der Aufmerksamkeitstests korrelierte. Die prognostische Validität wurde durch Daten aus der Mannheimer Längsschnittstudie bewertet. Hiernach weist das Verfahren in seiner Gesamtheit eine tendenziell gute Spezifität, jedoch eine unbefriedigende Sensitivität auf.

Kritik

Das BUEVA untersucht hochstandardisiert und durchaus ökonomisch ausgewählte Leistungsbereiche, die mit umschriebenen Entwicklungsstörungen assoziiert sind. Dabei bleiben jedoch die Möglichkeiten des Verfahrens, tatsächliche Risikokinder zu identifizieren, im Unklaren. Dies bezieht sich zum einen auf die veraltete Normierung, zum anderen auf die empirische Basis der Angaben zu Gütekriterien und Skalenkennwerten. Auch die Eignung als Einschulungstest lässt sich inhaltlich nicht ausreichend stützen und kann nicht empfohlen werden. Der Einsatz des Verfahrens als Screening in der kinderärztlichen Routineversorgung erscheint somit problematisch, allerdings können einzelne Untertests durchaus dazu beitragen, aus Vorbefunden abgeleitete Verdachtsdiagnosen abzusichern.

6.1.4 Diagnosticum für Cerebralschädigung (DCS)

<table>
<tr><td>Autor/ Verlag:</td><td colspan="8">Weidlich, S. & Lamberti, G. (2001) (4., erw. u. erg. Aufl.)
Bern: Huber</td></tr>
<tr><td>Alter</td><td colspan="2">Dauer</td><td>Nor-men</td><td colspan="2">Standardi-sierung</td><td colspan="3">Gütekriterien</td></tr>
<tr><td rowspan="2">ab 6;0 J.</td><td>Durch-füh-rung</td><td>Aus-wertung</td><td rowspan="2">ja</td><td>Material</td><td>Durch-füh-rung</td><td>Objekti-vität</td><td>Reliabi-lität</td><td>Validi-tät</td></tr>
<tr><td>20–40 Min.</td><td>ca. 10 Min.</td><td>ja</td><td>ja</td><td>ja</td><td>ja</td><td>ja</td></tr>
<tr><td>Was wird erfasst?</td><td colspan="8">Selektive Aufmerksamkeitszuwendung, Gestaltwahrnehmung, Gestaltspeicherung (Merkfähigkeit und Gedächtnis), Gestaltreproduktion und Feinmotorik</td></tr>
<tr><td>Ergebnis-werte:</td><td colspan="8">Aus der quantitativen (fehlerlose Reproduktion der Zeichen) und qualitativen Auswertung (Perseverationen, Drehungen, Klappungen) wird ein Diskriminanzwert abgeleitet, welcher zu einem kritischen Wert (Cut-off) in Beziehung gesetzt wird.</td></tr>
<tr><td>Bemer-kungen:</td><td colspan="8">Es ist eine Parallelversion verfügbar.</td></tr>
</table>

Konzeption

Das DCS richtet sich primär an Patienten, bei denen mnestische Hirnfunktionen im Bereich der visuell-figuralen Merkfähigkeit überprüft werden sollen. Das Verfahren ist grundsätzlich ab sechs Jahren einsetzbar; im Kindesalter dient es hauptsächlich der orientierenden Diagnostik neuropsychologischer Beeinträchtigungen.

Das DCS wird für den Bereich figuraler mnestischer Leistungen eingesetzt, wobei folgende Funktionen überprüft werden:
- Selektive Aufmerksamkeitszuwendung,
- Gestaltwahrnehmung,
- Gestaltspeicherung (Merkfähigkeit, Gedächtnis) und
- Gestaltreproduktion unter Einbezug der Feinmotorik.

Das DCS differenziert zwischen hirngeschädigten und nicht hirngeschädigten Patienten und bezieht sich (unter Einbeziehung gestaltpsychologischer Ansätze) auf Lern- und Gedächtnisleistung für figurales Material. Das Verfahren bietet dabei auch die Möglichkeit, Therapieverläufe exakt zu erfassen, da eine Parallelform vorliegt.

Aufgaben

Dem Kind werden insgesamt neun verschiedene sinnfreie, aber assoziationsfähige Zeichen vorgelegt, die mit jeweils fünf Holzstäben nachzulegen sind (vgl. Abb. 11).

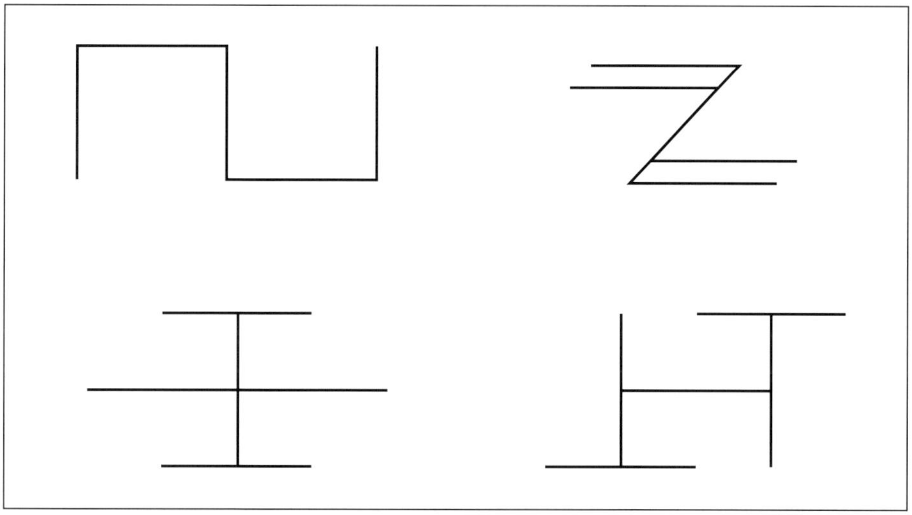

Abbildung 11: Aufgabenbeispiele aus dem DCS.

Die Testmappe enthält das Manual (DIN A4, 73 Seiten), je neun Testkarten zur Original- und zur Parallelform mit Abbildungen der figuralen Anordnungen, fünf Holzstäbchen zum Reproduzieren der Abbildungen sowie 50 Protokoll- und Auswertungsbögen (DIN A4, einseitig).

Durchführung

Das DCS ist als Einzeltest durchzuführen. Zunächst erfolgt die Vorlage sämtlicher Anordnungen ohne Zeitbegrenzung, so dass sich das Kind die Zeichen sukzessive einprägen kann. In der Folge sollen dann möglichst viele der Zeichen vollständig (ohne zeitliche Beschränkung) reproduziert werden. Bei unvollständiger Reproduktion werden dem Kind wiederholt sämtliche Zeichen vorgelegt, und es kann den Versuch wiederholen; insgesamt sind dabei fünf Wiederholungen vorgesehen (= 6 Lerndurchgänge).

Der Testanwender hat nach jedem Lernversuch die Lösungsvorschläge des Kindes zu protokollieren und dabei die Reihenfolge, Reproduktionsfehler, wie Drehungen oder Klappungen, zu beachten. Werden vor Ablauf des sechsten Lerndurchgangs alle Zeichen korrekt nachgelegt, wird die Testdurchführung beendet. Die Dauer beträgt, abhängig von den Lernleistungen des Kindes, zwischen 20 und 40 Minuten.

Auswertung

Die Auswertung wird zunächst für jeden Lerndurchgang einzeln durchgeführt und umfasst folgende qualitative und quantitative Kriterien:
- *Anzahl richtig reproduzierter Zeichen* (RR);
- *Perseverationen* (PE), hier im Sinne genauer Wiederkehr bzw. wiederkehrender Variation eines bereits gelegten Zeichens;

- *Drehungsfehler* (DR), bezieht sich ausschließlich auf 90°-Drehungen;
- *Klappungsfehler* (KL), bezieht sich auf entweder 180°-Drehungen oder dreidimensionale Drehungen, eine Kombination hiervon muss jedoch als Klappdrehung separat vermerkt werden.

Zusätzlich wird die Anzahl der „Vergesser" (Zeichen, die im vorherigen Durchgang noch richtig reproduziert wurden) notiert, aus denen sich ein Labilitätsindex (LI) ableiten lässt. Die qualitative Auswertung ist häufig schwierig vorzunehmen, weshalb im Handbuch umfangreiche Beispielprotokolle angeführt sind. Insgesamt sind für die Auswertung etwa zehn Minuten zu veranschlagen.

Interpretation

Aus der Anzahl der quantitativ richtigen Reproduktionen und der qualitativ ausgewerteten Fehlervariablen wird der Diskriminanzwert ermittelt und mit einem kritischen Trennwert (Cut-off-Wert) verglichen, wobei die Gewichtung deutlich auf dem Lernverlauf, also der korrekten (quantitativen) Reproduktion und dem Labilitätsindex (LI) liegt. Bei einem Cut-off > 2,0 gehört das Kind eher der Gruppe der hirngesunden Personen an, bei einem Wert unter 2,0 steigt die Wahrscheinlichkeit einer Beeinträchtigung im Bereich des Figuralgedächtnisses an. Liegen bei den Kindern zudem Wahrnehmungs- oder motorische Störungen vor, müssen die Ergebnisse vorsichtig interpretiert werden.

Normierung

Für das Kindesalter liegen Normen in Jahresschritten vor, die auf zwei Stichproben hirngesunder (n = 199 aus dem Jahre 1969) und schädelhirntraumatisierter (n = 28) Kinder zurückgehen.

Gütekriterien

Die Durchführung erfolgt standardisiert; qualitative Auswertung wird durch umfangreiche Falldarstellungen objektiviert. Für die Interpretation der erzielten Ergebnisse kann man sich an einem kritischen Wertebereich orientierten. Zur Retest-Reliabilität wird eine Studie mit hirngesunden Patienten zitiert, nach der im zeitlichen Abstand von einem Jahr eine Übereinstimmung von 1.0 für das Erreichen des Lernkriteriums und von .68 im Hinblick auf die benötigten Lerndurchgänge ermittelt wurde. Da diese Überprüfung ohne Paralleltest durchgeführt wurde, sind Übungseffekte nicht auszuschließen, dennoch können die Ergebnisse als befriedigend bezeichnet werden.

In einer weiteren Studie mit gesunden Patienten wurde für einen Zeitraum von drei bis vier Monaten ein relativ niedriger Retestkoeffizient von .56 ermittelt. Nach statistischer Korrektur des Übungseinflusses wird dieser Stabilitätskoeffizient mit .83 beziffert. Eine Studie mit hirngeschädigten Patienten im Abstand von einer Woche lieferte eine Übereinstimmung von .92.

Das Manual liefert mehrere Studien, die belegen, dass hirngeschädigte Erwachsene gut mit dem DCS identifiziert werden können. Die Interkorrelationen mit anderen psychologischen Leistungstests (LPS, Jenaer Gedächtnistest, Benton-Test) fallen eher mäßig aus, was für eine gewisse Eigenständigkeit des DCS spricht. Die relativ hohen Übereinstimmungen mit dem Luria-Lerntest weisen das DCS als Lerntest aus. Die inhaltliche Gültigkeit des Verfahrens wird dadurch unterstützt, dass man Alltagsgedächtnisleistungen gut damit einschätzen kann.

Kritik

Mit dem DCS kann man spezifisch hirngeschädigte Kinder und Erwachsene ökonomisch identifizieren. Dabei ist zu berücksichtigen, dass sich die Angaben zu den Gütekriterien im Wesentlichen auf Erwachsene beziehen; der Normierung für das Kindesalter liegt eine vergleichsweise geringe Fallzahl zu Grunde. Das Verfahren sollte bei geringem Intelligenzniveau (IQ < 85) nicht angewandt werden, da die Gefahr von Fehlklassifikationen in diesen Fällen steigt. Das DCS hat sich in der Praxis jedoch vielen anderen Screening-Verfahren als überlegen erwiesen.

6.2 Rechentests

6.2.1 Osnabrücker Test zur Zahlbegriffsentwicklung (OTZ)

Autor/ Verlag:	Luit, J. E. H. v., Rijt, B. A. M. v. d. & Hasemann, K. (2001) Göttingen: Hogrefe							
Alter	**Dauer**		**Normen**	**Standardisierung**		**Gütekriterien**		
	Durchführung	**Auswertung**		**Material**	**Durchführung**	**Objektivität**	**Reliabilität**	**Validität**
5;0–7;5 J.	**ca. 30 Min.**	**ca. 5 Min.**	**ja**	**ja**	**ja**	**ja**	**ja**	**ja**
Was wird erfasst?	Vergleichen, Klassifizieren, Eins-zu-eins-Zuordnung, Reihenfolgen ordnen, Benutzung von Zahlwörtern, Zählen, Anwendung von Zahlenwissen							
Ergebniswerte:	Summenwerte werden fünf verschiedenen Leistungsniveaus zugeordnet.							
Bemerkungen:	Es ist eine Parallelversion verfügbar.							

Konzeption

Der Osnabrücker Test zur Zahlbegriffsentwicklung (OTZ) kann bei Kindern zwischen fünf und siebeneinhalb Jahren eingesetzt werden. Die Aufgabenkonstruktion orientierte sich an acht definierten Komponenten zum zahlenbezogenen und nicht-numerischen Mengenwissen. Aus diesen Komponenten setzt sich der frühe Zahlenbegriff zusammen; er entwickelt sich bereits vor der Einschulung. Die acht Untertests stellen die Operationalisierung der Komponenten dar und sind ihnen entsprechend benannt.

Der zu erfassende frühe Zahlenbegriff bildet die Grundlage für das im Mathematikunterricht vermittelte Wissen. Die individuelle Entwicklung der mathematischen Kompetenz vor Schulbeginn bzw. bei Schulanfang weist große Unterschiede zwischen den Kindern auf. Der OTZ soll den Stand dieser Entwicklung und einen möglichen individuellen Förderbedarf ermitteln.

Aufgaben

Der OTZ setzt sich aus acht Testteilen zusammen. Jeder Teil besteht aus fünf Aufgaben. Neben der Testversion A liegt eine Parallelform B vor. Im Einzelnen beinhalten die Testteile:

– *Vergleichen:* Es wird ermittelt, ob das Kind Begriffe versteht, die Relationen und Ordnungen angeben (etwa „höher“ oder „wenigsten“).

- *Klassifizieren:* Es wird erfasst, ob das Kind Objekte nach Übereinstimmungen und Unterschieden zusammenfassen kann.
- *Eins-zu-eins-Zuordnen:* Hier wird erhoben, ob das Kind die Größe von Mengen anhand von Eins-zu-eins-Zuordnungen erfassen kann.
- *Nach Reihenfolge ordnen:* Es wird geprüft, ob die Kinder inkorrekte bzw. korrekte Anordnungen von Objekten nach vorgegebenen Kriterien, etwa von „hell" nach „dunkel" oder von „klein" nach „groß" erkennen können.
- *Zahlwörter benutzen:* Das Kind soll in einem Zahlenraum von 20 verbale Zählaufgaben bewältigen.
- *Synchrones und verkürztes Zählen:* Es wird geprüft, wie Objektmengen erfasst und Zahlbildern spontan erkannt werden.
- *Resultatives Zählen:* Hier wird das Zählen (ohne mit den Fingern auf die Objekte zu zeigen) von strukturierten und unstrukturierten Objektmengen überprüft.
- *Anwenden von Zahlenwissen:* Das Kind soll sein Zahlenwissen in alltäglichen Problemsituationen anwenden.

Die Testmappe enthält neben dem Manual (DIN A4, 44 Seiten) zwei Testhefte (eines je Parallelform) zur Aufgabenpräsentation (DIN A5, geringt, je 40 Aufgaben), 20 Holzwürfel (Kantenlänge 1,5 cm) sowie je 25 Ergebnisbögen (DIN A4, zweiseitig) zu jeder Testform und 25 Gruppenlisten (DIN A4).

Durchführung

Der OTZ kann als Einzel- oder Gruppentest durchgeführt werden. Die Anweisungen werden dem Kind durch den Testanwender mündlich vorgegeben; die Instruktionen sind dem Manual zu entnehmen. Das Kind soll seine Lösung auf den Bildern des beigefügten Testheftes zeigen, benennen oder ohne das Bildmaterial Tätigkeiten ausführen. Der Testanwender protokolliert die einzelnen Antworten des Kindes auf dem Ergebnisbogen der jeweiligen Testversion (A oder B). Im Manual finden sich für jeden Testteil kurze Hinweise zur Beobachtung der Lösungsstrategien. Die Durchführungsdauer für den OTZ wird mit 25 bis 30 Minuten angegeben.

Auswertung

Die richtigen Antworten aus den acht Testteilen werden zu einem Gesamtergebnis aufsummiert. Anhand dieses Testergebnisses kann das altersentsprechende Niveau der Zahlbegriffsentwicklung auf Grund der Kennwerte im Manual ermittelt werden. Möchte der Anwender die Leistungen mehrere Kinder miteinander vergleichen, so kann er die Ergebnisse in die Gruppenliste eintragen.

Interpretation

Zur Bestimmung der Zahlbegriffsentwicklung liegen Normen für fünf Altersgruppen vor: Das Entwicklungsniveau ist fünffach gestuft, wobei zwischen Niveau A „Gut bis sehr gut" bis zu Niveau E „Sehr schwach bis schwach" unterschieden wird. Die Niveaustufen ergeben sich aus den Prozenträngen, so befinden sich auf dem Niveau A die leistungsstärksten 25 Prozent und auf dem Niveau E die leistungsschwächsten zehn Prozent der Altersgruppe.

Normierung

Die niederländische Version hat für beide Parallelformen Normen für Kinder im Alter von 4;7 bis 7;6 Jahren, diese wurden an 823 Kindern erhoben. Die deutsche Version gibt Normen für fünf- bis siebeneinhalbjährige Kinder an, die Normierung erfolgte an 330 Kindern.

Gütekriterien

Das Verfahren ist standardisiert durchzuführen, die Auswertung sowie die Interpretation ist eindeutig vorzunehmen. Die interne Konsistenz ist als durchschnittlich bis hoch einzustufen. Sie liegt in Deutschland bei .88 (Testversion A) beziehungsweise .84 (Testversion B) und für die Niederlande bei .90 beziehungsweise .94. Die Retest-Reliabilität, hier als Korrelationen zwischen den ursprünglichen drei Testversionen A, B und C, bewegt sich im Wertebereich zwischen .45 und .65. Die 40 Testaufgaben, die einer Itemsammlung entnommen wurden, konnten in einem mehrstufigen Verfahren (Expertenurteil, Korrelationen, Faktorenanalyse) überprüft werden.

Kritik

Der OTZ ist ein objektives und zuverlässiges Verfahren zur Erhebung der frühen Zahlbegriffsentwicklung. Faktorenanalysen weisen auf eine homogene Konzeption des Verfahrens hin. Das Material ist altersentsprechend und abwechslungsreich gestaltet. Die Durchführungsdauer ist der Konzentrationsfähigkeit von Fünf- bis Siebenjährigen angemessen. Momentan existiert im deutschen Sprachraum kein vergleichbares standardisiertes Verfahren zur Früherkennung von Beeinträchtigungen der Zahlbegriffsentwicklung. Diese Früherkennung unterstützt die Einleitung individueller vorschulischer (präventiver) Förderung der Zahlenverarbeitungskompetenzen. Die Autoren geben allerdings keine Hinweise auf die Vorhersagekraft der ermittelten Ergebnisse. Somit fehlt der empirische Beleg für einen direkten Zusammenhang zwischen dem frühen Zahlenbegriff und der späteren Rechenleistung.

6.2.2 *Rechenfertigkeiten- und Zahlenverarbeitungs-Diagnostikum für 2. bis 6. Klassen (RZD 2-6)*

<table>
<tr><td>Autor/ Verlag:</td><td colspan="8">Jacobs, C. & Petermann, F. (2005a)
Göttingen: Hogrefe</td></tr>
<tr><td>Alter</td><td colspan="2">Dauer</td><td>Normen</td><td colspan="2">Standardisierung</td><td colspan="3">Gütekriterien</td></tr>
<tr><td rowspan="2">2.–6. Schuljahr</td><td>Durchführung</td><td>Auswertung</td><td rowspan="2">ja</td><td>Material</td><td>Durchführung</td><td>Objektivität</td><td>Reliabilität</td><td>Validität</td></tr>
<tr><td>30–45 Min.</td><td>ca. 15 Min.</td><td>ja</td><td>ja</td><td>ja</td><td>ja</td><td>ja</td></tr>
<tr><td>Was wird erfasst?</td><td colspan="8">Arbeitsgüte und Arbeitsgeschwindigkeit bei der Rechenleistung</td></tr>
<tr><td>Ergebniswerte:</td><td colspan="8">Kritische und nicht-kritische Prozentränge für die Einzel- und Gesamtleistungen</td></tr>
<tr><td>Bemerkungen:</td><td colspan="8">Das Verfahren ist ab dem Ende der 2. Klasse bis zum Beginn der 6. Klasse einsetzbar. Zur detaillierten Einordnung des Verfahrens liegt ein Kompendium zum Thema „Rechenstörungen“ vor (Jacobs & Petermann, 2005b).</td></tr>
</table>

Konzeption

Mit dem RZD 2-6 liegt ein Leistungstest zur Erfassung einer Rechenstörung vor. Die Zusammenstellung der Untertests basiert auf den Vorgaben zur Diagnostik einer Rechenstörung nach den Leitlinien der DGKJP (Deutsche Gesellschaft für Kinder- und Jugendpsychiatrie und Psychotherapie, 2003). Demnach müssen basale Fähigkeiten der Zahlenverarbeitung und altersentsprechende Fertigkeiten des Rechnens überprüft werden. Hierunter fallen insbesondere

- Mengenschätzungen,
- Zuordnungen von Zahlen zu analogen Repräsentationen (z. B. Zahlenstrahl),
- Zahlenwissen/Zählfertigkeiten,
- die Übertragung von Zahlen aus einer Kodierung (z. B. „sieben“) in eine andere (z. B. „7“),
- das Lösen von Kopfrechen-, Sach- und schriftlichen Rechenaufgaben sowie
- das intuitive Erfassen von mathematischen Regeln (z. B. 2 + 2 + 2 = 3 x 2).

Die Auswahl und Schwierigkeit der Aufgaben orientierte sich zunächst an den Lehrplänen der Länder Bremen und Niedersachsen sowie gängigen Schulrechenbüchern. Die Zusammenstellung der Aufgaben wurde nach einer Vorstudie in ihren Anforderungen reduziert, da sich einige Aufgaben als zu schwierig erwiesen. Insbesondere leichte

Aufgaben wurden beibehalten, um im unteren Leistungsbereich gut differenzieren zu können.

Bei der Konzipierung des RZD 2-6 wurde ein besonderer Fokus auf die Unterscheidung zwischen der Arbeitsgüte (Power-Komponente) und der Arbeitsgeschwindigkeit (Speed-Komponente) gelegt. Dadurch kann man beurteilen, wie *gut* das Kind rechnen kann und *wie lange* es für die Lösung braucht.

Mit dem RZD 2-6 soll zwar primär das Vorliegen einer Rechenstörung quantitativ beurteilt werden, jedoch kann man prinzipiell durch die Analyse der Leistungen bestimmter Untertests Hinweise auf basale Störungen der Informationsverarbeitung identifizieren und damit auch eine qualitative Fehleranalyse durchführen (Jacobs & Petermann, 2005b).

Aufgaben

Das RZD 2-6 umfasst insgesamt 18 Untertests. In Abhängigkeit von der jeweiligen Klassenzugehörigkeit variiert die Anzahl der vorzulegenden Untertests zwischen 16 (für die 2. und 3. Teststufe) und 17 (für die 4. und 5. Teststufe). Die Reihenfolge der Untertests ist bestimmt durch den zunehmenden Grad der Aufgabenkomplexität, zum Beispiel vom Zählen hin zur flexiblen Anwendung von Regeln. Im Einzelnen handelt es sich um:

1a) Zahlen transkodieren – visuelle Darbietung (Zahlen lesen) *ZL*
1b) Zahlen transkodieren – verbale Darbietung (Zahlen schreiben) *ZS*
2a) Abzählen vorwärts *AV*
2b) Abzählen rückwärts *AR*
3) Positionen auf dem Zahlenstrahl *PZ*
4) Mengenschätzen *MS*
5) Kontextbezogene Mengenschätzung *KO*
6a) Größenvergleiche von Zahlen (visuelle Darbietung) *Gvi*
6b) Größenvergleiche von Zahlen (verbale Darbietung) *Gve*
7a) Kopfrechnen Addition *KA*
7b) Kopfrechnen Subtraktion *KS*
7c) Kopfrechnen Multiplikation *KM*
7d) Kopfrechnen Division *KD*
8) Schriftliches Rechnen *SR*
9) Flexibles Anwenden *FA*
10) Regelverständnis *RV*
11) Zählrahmen *ZR*
12) Textaufgaben *TA*

Die Materialien für das RZD 2-6 sind (bis auf Stoppuhr und Schreibstift) vollständig im Testkoffer enthalten. Der Test besteht aus fünf Ringbuchblöcken (Größe DIN A6 und DIN A4) sowie einem Zählrahmen (modifizierter Abakus). Der Protokollbogen ist für alle Klassenstufen gleich. Die Auswertungsbögen, die auch zur Erstellung eines Profils dienen, sind klassenstufenspezifisch.

Durchführung

Das RZD 2-6 ist ausschließlich als Einzeltest durchführbar. Die Dauer ist abhängig von der Klassenzugehörigkeit des Kindes und variiert im Mittel zwischen 30 (untere Klassen) und 45 Minuten (obere Klassen). Die Zuordnung des Kindes zu einer Teststufe ist unabhängig vom Alter, sondern bezieht sich auf die besuchte Schulklasse. Dadurch werden keine Anforderungen an das Kind gestellt, die es in der Schule noch nicht kennengelernt hat.

Im Handbuch werden wortgenaue Instruktionen sowie umfassende Durchführungs- und Bewertungsvorgaben für jeden Untertest beschrieben. Für jede Teststufe liegen festgelegte Ein- und Ausstiegskriterien vor. Diese finden sich, neben einer Zusammenfassung wichtiger Informationen zur Durchführung und Bewertung, auf dem Protokollbogen wieder. Auf diese Weise sind die Besonderheiten der Durchführung einzelner Untertests während der Testung direkt verfügbar. Für einige Untertests (z. B. Kopfrechnen, Schriftliches Rechnen, Textaufgaben) werden drei kritische Zeitintervalle vorgegeben, anhand derer die Geschwindigkeit für die Aufgabenlösung eingeschätzt werden kann. Diese Intervalle unterscheiden zwischen einer unauffälligen, einer verlangsamten und einer deutlich verlangsamten Arbeitsgeschwindigkeit. Auf dem Bogen können auch Verhaltensbeobachtungen notiert werden; diese liefern wichtige qualitative Hinweise auf (ineffektive) Lösungswege.

Auswertung

Die einzelnen Rohwerte der Untertests werden auf das jeweilige (stufenspezifische) Auswertungsblatt übertragen. Für jede Teststufe existiert eine spezifische Normtabelle für die Arbeitsgüte (Power-Komponente) und die Arbeitsgeschwindigkeit (Speed-Komponente). Hier können die Prozentränge der Untertestleistungen abgelesen werden. Die Rohwerte der Speed- und der Power-Komponente werden jeweils aufsummiert; aus den Normtabellen können für diese Gesamtwerte enge Prozentrangbänder abgelesen werden. Anschließend können alle Prozentränge sowohl für die Arbeitsgüte als auch für die Arbeitsgeschwindigkeit in das Auswertungsprofil auf dem Blatt eingetragen werden.

Interpretation

Eine Rechenstörung liegt vor, wenn das für den Gesamttestwert ermittelte Prozentrangband den Prozentrang 10 mit einschließt bzw. diesen Wert unterschreitet. Dies gilt für die Power-Komponente und/oder die Speed-Komponente. Durch die Prozentrangbänder können die Leistungen des Kindes sicherer eingeschätzt werden.

Für jeden Untertest sind kritische Prozentränge markiert; damit wird eine qualitative Analyse spezifischer Schwächen möglich. Die beiden Ergebnisprofile auf dem Auswertungsbogen können direkt miteinander verglichen werden, um wertvolle Informationen über die Arbeitsgüte und Arbeitsgeschwindigkeit miteinander zu verknüpfen. So wäre es etwa möglich, dass das Kind keine Probleme mit Rechenoperationen an sich hat, sondern es nur sehr langsam rechnet. Dies würde sich in Form einer unterdurchschnittlichen Bearbeitungszeit bei einer durchschnittlichen Bearbeitungsgüte zeigen. Die qualitativen Bewertungen können also Hinweise auf eine mögliche – der Rechenstörung zu Grunde liegenden – Störung (z. B. Antriebsstörung oder visuell-räumliche Störung) geben.

Normierung

Die Normierung wurde in den Jahren 2003 und 2004 durchgeführt. Insgesamt wurden 497 Kinder der Klassen 2 bis 6 aus Bremen und Niedersachsen in die Normstichprobe mit einbezogen. Für jede Teststufe existieren Prozentrangtabellen zu den Bereichen der Arbeitsgüte (Power) und der Arbeitsgeschwindigkeit (Speed); bedeutsame Geschlechtsunterschiede zeigten sich nicht.

Gütekriterien

Es liegen wortgenaue Instruktionen und ausführliche Testanweisungen vor, wodurch die Durchführungsobjektivität gegeben ist. Die vorgegebenen Bewertungsanweisungen und Normtabellen ermöglichen eine standardisierte Auswertung. Die Feststellung, ob eine Rechenstörung vorliegt oder nicht, kann durch die spezifische Angabe kritischer Wertbereiche vorgenommen werden. Für die Reliabilität nach Cronbach Alpha ergeben sich hohe Werte von .89 bis .95 für die Power- und Speed-Komponente; Angaben zur Retest-Reliabilität liegen nicht vor.

Die inhaltliche Validität ist durch die Leitlinien der DGKJP (2003) zur standardisierten Erfassung der Rechenleistung gegeben. Im Weiteren wurden Eltern und Lehrer gebeten, die mathematischen Fähigkeiten der Kinder in Form einer Schulnote zu bewerten. Diese Bewertungen hängen bedeutsam mit dem individuellen Testergebnis zusammen. So zeigt sich, dass diejenigen Kinder, die in dem RZD 2-6 schlechter abschnitten, auch von ihren Eltern und Lehrern mit einer schlechteren Note bewertet wurden (und umgekehrt).

Kritik

Das RZD 2-6 ist ein zuverlässiges Verfahren, um eine Rechenstörung in Einzeltests abzuklären. Im Gegensatz zu mathematischen Schulleistungstests erfolgte die Normierung ausschließlich in der Einzelsituation und ist daher besonders für die Individualdiagnostik geeignet. Mit dem RZD 2-6 erfolgt eine klassenstufen-bezogene Bewertung der Rechenleistung. Dies führt dazu, dass Kinder, die eine Klasse wiederholen, oder spät eingeschult wurden, nicht auf Grund ihres Alters zu schwierige Aufgaben vorgelegt bekommen und dadurch in ihrer Leistungsfähigkeit systematisch unterschätzt werden.

Die Power- und Speed-Komponente ermöglicht einen differenzierteren Einblick in die Rechenleistungen. Verfahren, die eine Zeitbegrenzung vorgeben, verdecken die Information, ob das Kind die Aufgaben hätte bearbeiten können, wenn es mehr Zeit gehabt hätte. Auf diese Weise können langsame Rechner und „schlechte“ Rechner nur ungenau unterschieden werden.

Die Durchführungszeit ist durch die umfassende Abprüfung sowohl von basalen Zahlenfertigkeiten als auch von erlernten Rechenfertigkeiten besonders für die höheren Klassenstufen (im Vergleich zu Schulleistungstests) lang. Durch den Anspruch, neben der Lösungshäufigkeit auch die Bearbeitungsgeschwindigkeit standardisiert beurteilen zu können, erweist sich die Auswertung als aufwändig. Das Ergebnis liefert allerdings ein verfeinertes Bild zur Bewertung mathematischer Kompetenzen. Es ist zu beachten, dass das Verfahren vor allem im unteren Leistungsbereich differenziert. Das heißt, es trifft besonders genaue Unterscheidungen zwischen weniger guten und sehr schlechten Rechnern; mit dem RZD 2-6 können mathematisch besonders begabter Schüler nicht identifiziert werden.

6.2.3 Testverfahren zur Dyskalkulie (ZAREKI)

Autor/ Verlag:	Aster, M. v. (2001) Frankfurt/M.: Harcourt Test Services							
Alter	**Dauer**		**Normen**	**Standardisierung**		**Gütekriterien**		
7;6–10;11 J.	**Durchführung**	**Auswertung**	**ja**	**Material**	**Durchführung**	**Objektivität**	**Reliabilität**	**Validität**
	15–30 Min.	**ca. 10 Min.**		**ja**	**ja**	**ja**	**ja**	**ja**
Was wird erfasst?	Wesentliche Aspekte der Zahlenverarbeitung und des Rechnens bei Grundschülern							
Ergebniswerte:	Prozentränge für die einzelnen Untertests, für drei definierte Indizes und für den Gesamtwert							
Bemerkungen:	–							

Konzeption

Die ZAREKI ist ein diagnostisches Testverfahren zur Abklärung einer Dyskalkulie (Rechenstörung). Die Entwicklung der Untertests ist angelehnt an die von Deloche (1995) konstruierte Akalkuliebatterie für Erwachsene EC 301. Hierbei wurden die Untertests „Zahlenstrahl“ und „Rückwärtszählen“ direkt aus dieser Batterie übernommen, die restlichen Untertests wurden an das Kindesalter adaptiert. Das Verfahren ist ein Paper-and-pencil-Test und ausschließlich für die Einzeldiagnostik anwendbar.

Mit dem Test sollen qualitative und quantitative Einblicke in wesentliche Aspekte der Zahlenverarbeitung und des Rechnens bei Grundschulkindern gewonnen werden. Diese Hinweise sollen für eine vertiefende Diagnostik und eine gezielte Therapie nutzbar gemacht werden.

Die theoretische Grundlage des Tests bildet das Konzept über Störungen lateralisierter Basisfunktionen nach Rourke (1993) und das Triple-Code-Modell von Dehaene et al. (1992). Beide Konzepte werden in die Theorie der „Minimalen kognitiven Architektur“ nach Anderson (1992) integriert. Rourke und seine Mitarbeiter unterscheiden zwei Subtypen der Rechenstörung. Eine Reifungsstörung der rechten Hemisphäre beeinträchtigt nach diesem Konzept die visuell-räumliche Verarbeitung und eine Reifungsstörung der linken Hemisphäre führt zu Defiziten in der Verarbeitung sprachlicher Informationen. Somit kann der Informationsaufnahme auf zwei Wegen gestört sein und führt zu verschiedenen Ausprägungsformen einer Rechenstörung.

Aufgaben

Die ZAREKI beinhaltet elf Untertests, insgesamt werden 63 Aufgaben gestellt. Unabhängig vom Alter des Kindes werden alle Aufgaben bearbeitet. Es gibt keine Ein- oder Ausstiegskriterien. Die Aufgaben werden mündlich oder schriftlich vorgegeben.

- *Abzählen:* Als Eisbrecheraufgabe soll das Kind in einen vorgegebenen Kasten zehn Kreise malen (diese Aufgabe geht nicht in die Bewertung mit ein). Anschließend werden dem Kind nacheinander vier Vorlagen mit Kreisen gezeigt, die es mit den Fingern abzählen und die ermittelte Zahl aufschreiben soll.
- *Zählen rückwärts mündlich:* Das Kind erhält die Anweisung aus dem Kopf von 23 rückwärts bis 1 zu zählen.
- *Zahlenschreiben:* Dem Kind werden zwei- bis vierstellige Zahlen vorgelesen, die es als arabische Zahlen niederschreiben soll.
- *Kopfrechnen:* Dem Kind werden Rechenaufgaben vorgelesen, die es im Kopf lösen soll. Zuerst werden Additionsaufgaben, anschließend Subtraktionsaufgaben dargeboten.
- *Zahlenlesen:* Ein- bis vierstellige arabische Zahlen werden schriftlich dargeboten, das Kind soll jede Zahl vorlesen.
- *Anordnen von Zahlen auf einem Zahlenstrahl:* Es wird jeweils ein Zahlenstrahl von 0 (unten) bis 100 (oben) dargeboten, dieser enthält mehrere Querstriche. Einer der Striche repräsentiert die Position einer ebenfalls dargebotenen Zahl, dieser soll von dem Kind gefunden werden.
- *Zahlenvergleich* (Worte)*:* Der Testanwender bezeichnet jeweils seine linke und rechte Hand (verbal) mit einer Zahl. Das Kind soll nun die Hand zeigen, die die größere Zahl repräsentiert.
- *Perzeptive Mengenbeurteilung:* Eine Menge von Objekten wird kurz visuell dargeboten (5 Sekunden), das Kind soll schätzen, wie viele Gegenstände abgebildet waren. Eine richtige Antwort entspricht einer Nennung in einem weiten Toleranzbereich.
- *Kognitive (kontextuelle) Mengenbeurteilung:* Dem Kind wird eine Menge von Objekten in einem semantischen Zusammenhang verbal dargeboten (z. B. „zwei Wolken am Himmel"). Das Kind soll beurteilen, ob die genannte Anzahl in diesem Kontext viel, wenig oder eine normale Menge darstellt.
- *Textaufgaben:* Es werden kurze Textaufgaben vorgelesen, die einen unterschiedlichen Anspruch an die Rechenfertigkeiten und das Arbeitsgedächtnis stellen (mehrere Rechenschritte). Das Kind soll die Aufgaben im Kopf lösen und die Lösung mündlich mitteilen.
- *Zahlenvergleich (Ziffern):* Hier werden Zahlenpaare (in Ziffernform) schriftlich gegenübergestellt, das Kind soll die jeweils größere Zahl umkringeln.

Durchführung

Der Test besteht aus einem Manual, Protokollbögen, einem Testvorlagen-Block und den benötigten Arbeitsblättern für das Kind. Zusätzlich kann eine Stoppuhr bereitgelegt werden. Die einzelnen Untertests werden in der beschriebenen Reihenfolge durchgeführt, die Instruktionen sind auf dem Protokollbogen vorgegeben. Für jeden Aufgabenbereich wird dem Kind eine Übungsaufgabe vorgegeben. Allen Kindern werden dieselben Aufgaben vorgelegt; dies kann dazu führen, dass den jungen Kindern Aufgaben vorgelegt werden, die sie auf Grund ihres fehlenden Wissens noch nicht lösen können. Diesem Problem wird etwa beim Untertest Zahlenlesen mit der Anweisung begegnet: „Wenn du erkennst, dass du eine Zahl noch nicht weißt, weil du sie in der Schule noch nicht gelernt hast, dann sag mir einfach, wie du glaubst, dass die Zahl heißen könnte."

Auf dem Protokollbogen werden die Antworten, aber auch andere Äußerungen (z. B. verbalisierte Rechenwege, Zählen mithilfe der Finger) des Kindes notiert. Zeitvorgaben gibt es nicht – bis auf die Darbietungszeit im Untertest „Perzeptive Mengenbeurteilung". Die Durchführungsdauer wird mit 15 bis 30 Minuten angegeben, ältere Kinder brauchen hier in der Regel deutlich weniger Zeit als junge Kinder.

Auswertung

Die Bewertung der Antworten kann direkt während der Testdurchführung erfolgen; die Kriterien zur Vergabe von Punkten sind auf dem Protokollbogen neben der eigentlichen Aufgabenstellung notiert. Richtige Antworten werden entweder mit einem oder mit zwei Punkten bewertet; in Abhängigkeit von der Aufgabe wird hier abgestuft bepunktet, ob die Fragestellung wiederholt werden musste oder das Kind sich selbst korrigiert. Die Punktwerte der Untertests werden durch einfache Addition ermittelt und auf dem Bewertungs- und Protokollbogen notiert. Der Gesamtwert wird durch die Aufsummierung der einzelnen Untertest-Rohwerte ermittelt. Anschließend werden die zu einem Index gehörenden Untertest-Rohwerte aufsummiert und ebenfalls auf dem Auswertungsbogen schriftlich festgehalten. Für jeden dieser drei Indizes liegen Prozentrangnormen vor; außerdem werden Prozentrangnormen für den Gesamtwert und für die einzelnen Subtests angegeben. Die im Manual angegebenen Tabellen markieren den Cut-off-Wert von Leistungen unter einer Standardabweichung ($PR \leq 16$) und für den Gesamtwert zusätzlich einen Toleranzbereich von $PR \leq 26$.

Interpretation

Die Diagnose einer Rechenstörung erscheint gerechtfertigt, wenn
- der Gesamtscore unter einer Standardabweichung liegt oder
- der Gesamtscorewert sich im Grenzbereich befindet und mindestens ein Indexwert oder drei Subtests unterhalb einer Standardabweichung vom Mittelwert liegen.

Im Manual findet sich ein kurzer Hinweis zur Analyse der einzelnen Untertests, die mithilfe einer Tabelle veranschaulicht wird. Es wird jedoch nicht genau erläutert, wie die Analyse durchzuführen ist. Hinweise auf die Interpretation der qualitativen Vermerke (etwa Verhaltensbeobachtung) sind im Manual nicht vorgegeben.

Normierung

Die Normierung erfolgte an 279 Kindern aus der zweiten, dritten und vierten Klasse aus Schulen des Kantons und der Stadt Zürich. Es existieren Normen für Grundschulkinder im Alter zwischen 7;6 und 10;11 Jahren, wobei diese in drei Altersgruppen unterteilt sind:

- 7;6 bis 8;11 Jahre,
- 9;0 bis 9;11 Jahre und
- 10;0 bis 10;11 Jahre.

Gütekriterien

Die standardisierten Instruktionen und Auswertungsrichtlinien gewährleisten eine objektive Durchführung und Auswertung. Mit den angegebenen Normwerten können die Leistungen als durchschnittlich oder unterdurchschnittlich interpretiert werden.

Die Zuverlässigkeit der ZAREKI wird im Manual unter Bezug auf die interne Konsistenz (Cronbachs Alpha) angegeben. Die interne Konsistenz nach Cronbach variiert zwischen .22 und .78; zur Berechnung dieser Werte wurden teilweise Aufgabenbereiche zusammengefasst, für den Gesamttest ergibt sich ein Reliabilitätskoeffizient von .89.

Die Konstruktvalidität wird durch Aufgabeninterkorrelationen zwischen den Ergebnissen der Eich- und der klinischen Stichprobe sowie eine Faktorenanalyse beschrieben. Die Ergebnisse einzelner Untertests der klinischen Stichprobe zeigen höhere Aufgabeninterkorrelationen als die der Eichstichprobe. Dies weist auf eine weniger modularisierte Zahlenverarbeitung in der klinischen Stichprobe hin. Es ergeben sich bei diesen Kindern vermehrt umfassende Minderleistungen, die nicht auf ein einziges Modul (z. B. nur Defizite im Umgang mit arabischen Zahlen) begrenzt sind.

Die Gültigkeit des Verfahrens wurde zusätzlich anhand eines abgegebenen Lehrerurteils („Schwierigkeiten beim Rechnenlernen“) untersucht. Die Kinder, die nach dem Lehrerurteil Schwierigkeiten beim Rechnenlernen haben (21 %), zeigen deutlich schlechtere Testleistungen in der ZAREKI als die als unauffällig eingestuften Schüler. Außerdem wird die Korrelation zwischen der ICD-10-Diagnose („umschriebene Rechenstörung“) und dem ZAREKI-Gesamtpunktwert angegeben, die Übereinstimmung beträgt zwischen 87,5 bis 90 %.

Kritik

Das ZAREKI ermöglicht einen schnellen Überblick über spezifische Aspekte der kindlichen Rechenleistungen. Die Messung kann objektiv erfolgen, der Gesamttestwert weist eine ausreichende Zuverlässigkeit auf. Die ZAREKI besteht überwiegend aus leichten Aufgaben, dadurch kann das Verfahren vor allem im unteren Leistungsbereich differenzieren. Die leichten Aufgaben und die geringe Aufgabenanzahl führen dazu, dass die Kinder in der Regel bei der Testdurchführung gut mitarbeiten.

Die Herleitung eines kognitiv-neuropsychologischen Modells zur Entwicklung von Zahlenverarbeitungsfertigkeiten wird im Manual sehr gut verständlich und prägnant ausgeführt. Hierbei wird auf verschiedene Erkenntnisse der Klinischen Kinderneuropsychologie zurückgegriffen. Anregungen für einen vertiefenden Einstieg in das Thema werden gegeben.

Die Normwerte der ZAREKI sind nicht direkt auf deutsche Schulkinder zu übertragen; es zeigen sich deutliche Unterschiede zwischen dem Schulsystem in Deutschland und in der Schweiz. Auch die Altersnormierung führt zu Problemen bei der Leistungsbewertung. Die abgefragten Inhalte hängen weniger mit dem Alter, als vielmehr mit den bereits in der Schule durchgenommenen Lerninhalten zusammen. Die Normgruppen hätten sich also besser auf die besuchte Klassenstufe, als auf das Alter des Kindes beziehen sollen.

Da das mathematische Wissen mit steigender Klassenstufe deutlich zunimmt, ist nicht nachzuvollziehen, warum allen Kindern, unabhängig vom Alter, alle Aufgaben vorgelegt werden. Eine Anpassung der Anforderungen an die Klassenstufen wäre wünschenswert gewesen. Für die älteren Schüler hätten zusätzlich Multiplikations- und Divisionsaufgaben gestellt werden können, die die Aussagekraft des Verfahrens hätte steigern können.

Die diagnostischen Leitlinien der Deutschen Gesellschaft für Kinder- und Jugendpsychiatrie und Psychotherapie (DGKJP, 2003) fordern für das Vorliegen einer Rechenstörung einen Prozentrang von 10 in einem standardisierten Rechentest. Die ZAREKI geht bereits bei einem Gesamtwert unterhalb des Prozentranges von 16 von dem Vorliegen einer Rechenstörung aus. Das zweite Kriterium fällt noch weicher aus: Hier muss der Gesamtwert unter einem Prozentrang von 26 liegen und ein Indexwert oder drei Subtestwerte einen Prozentrang von 16 aufweisen. Somit ist die Spezifität des Verfahrens eingeschränkt, es wird also nicht ausreichend zwischen rechenschwachen und rechengestörten Kindern unterschieden.

7 Emotionaler Bereich (Explorationshilfen)

Vielfach deuten beobachtete oder berichtete Probleme eines Kindes auf emotionale Beeinträchtigungen, welche die soziale Integration erschweren und somit besondere Risiken für die weitere Entwicklung darstellen.

Um den häufig situationsbedingten oder unspezifischen Eindruck zu objektivieren, müssen zusätzliche Informationsquellen zur Absicherung der Einschätzung herangezogen werden: Hier kann das Eltern- oder Erzieherurteil auf ökonomische Weise helfen, die emotionale Entwicklung eines Kindes anhand von Alltagsbeobachtungen zu differenzieren. Häufig ist es jedoch nicht möglich, über Fremdeinschätzungen zuverlässige Angaben zu erhalten. In solchen Fällen stellt die gemeinsame Exploration des emotionalen Erlebens mit dem Kind im Rahmen einer Spielsituation eine Möglichkeit dar, die Ursachen und das Ausmaß emotionaler Probleme sowie deren Bedeutung für verschiedene Lebensbereiche abzuklären.

	Testname		Alter	Zeitbedarf		Seite
				Durchführung	**Auswertung**	
7 Emotionaler Bereich (Explorationshilfen)	EEE U6-U9	Elternfragebögen zur ergänzenden Entwicklungsbeurteilung bei den kinderärztlichen Vorsorgeuntersuchungen U6 bis U9	U6–U9	5–10 Min.	ca. 2 Min.	208
		Scenotest	ab ca. 3 J.	10–60 Min.	k. A.	211

7.1 Elternfragebögen zur ergänzenden Entwicklungsbeurteilung bei den kinderärztlichen Vorsorgeuntersuchungen U6 bis U9 (EEE U6-U9)

<table>
<tr><td>Autor/ Verlag:</td><td colspan="8">Petermann, F. & Macha, T. (2003b)
Frankfurt/M.: Harcourt Test Services</td></tr>
<tr><td>Alter</td><td colspan="2">Dauer</td><td>Normen</td><td colspan="2">Standardisierung</td><td colspan="3">Gütekriterien</td></tr>
<tr><td rowspan="2">U6–U9</td><td>Durchführung</td><td>Auswertung</td><td rowspan="2">ja</td><td>Material</td><td>Durchführung</td><td>Objektivität</td><td>Reliabilität</td><td>Validität</td></tr>
<tr><td>5–10 Min.</td><td>ca. 2 Min.</td><td>ja</td><td>ja</td><td>ja</td><td>k. A.</td><td>ja</td></tr>
<tr><td>Was wird erfasst?</td><td colspan="8">Lebenspraktische Fertigkeiten und sozial-emotionaler Bereich</td></tr>
<tr><td>Ergebniswerte:</td><td colspan="8">Skalenspezifische Summenwerte werden als unauffällig, Entwicklungsdefizite oder gravierende Entwicklungsdefizite interpretiert.</td></tr>
<tr><td>Bemerkungen:</td><td colspan="8">–</td></tr>
</table>

Konzeption

Die Elternfragebögen (EEE U6-U9) erheben im Sinne eines Screenings Leistungen und Verhaltensweisen eines Kindes, die altersgemäß zu erwarten sind; damit werden Aussagen über den Entwicklungsstand möglich. Das Verfahren versteht sich als Vorstufe und Ergänzung einer testgestützten allgemeinen Entwicklungsdiagnostik. Das Screening essenzieller Entwicklungsbereiche ermöglicht es, den Eindruck aus der Vorsorgeuntersuchung ökonomisch mit den Elternurteilen abzugleichen und im Bedarfsfall das weitere Vorgehen zu fundieren.

Aufgaben

Das Verfahren orientiert sich an den Intervallen der Vorsorgeuntersuchungen; dies bedeutet im Einzelnen: die U6 (10. bis 12. Lebensmonat), die U7 (21. bis 24. Lebensmonat), das Ende des dritten Lebensjahres (33. bis 36. Lebensmonat), die U8 (43. bis 48. Lebensmonat) und die U9 (60. bis 64. Lebensmonat). Die EEE erheben in allen Altersbereichen

- *lebenspraktische Fertigkeiten* (LF) und den
- *sozial-emotionalen Bereich* (SE).

Die Skalen umfassen (je nach Altersgruppe) elf bis 19 Fragen, die sich auf einfach zu beobachtende und zuverlässig zu berichtende Verhaltensweisen beziehen.

Tabelle 7: Beispielfragen aus den EEE U6-U9.

	Skala	Altersgruppe
Es isst mit Fingern: große und/oder kleine Nahrungsstücke werden ergriffen und selber in den Mund geführt.	LF	U6
Es winkt unaufgefordert, wenn ein vertrauter Erwachsener „Tschüss" sagt oder seinerseits winkt.	SE	U6
Es braucht beim Händewaschen keine Hilfe mehr.	LF	33.–36. LM
Es stellt sich von sich aus in einer Reihe an (z. B. in einer Schlange vor der Rutsche, an einer Kasse).	SE	33.–36. LM
Es zieht sich alleine an: alle Knöpfe können geschlossen werden (ohne Schleifen).	LF	U9
Es beginnt und beteiligt sich an Regelspielen (Brettspiele, Kartenspiele, Sportspiele).	SE	U9

Anmerkungen: LF = lebenspraktische Fertigkeiten; SE = sozial-emotionaler Bereich; LM = Lebensmonat.

Die Testmappe enthält neben dem Manual (DIN A4, 36 Seiten) jeweils 25 Elternfragebögen zu den fünf Altersgruppen U6, U7, 33. bis 36. Lebensmonat, U8 und U9.

Durchführung

Die Fragebögen können im Rahmen der Vorsorgeuntersuchungen oder auch zu Hause ausgefüllt werden. Die Bearbeitung erfordert vom Elternteil etwa fünf bis zehn Minuten.

Auswertung

Die Auswertung ist einfach vorzunehmen, es werden zwei skalenspezifische Summenwerte ermittelt und in ein Ergebnisprofil eingetragen; dies erfordert etwa zwei Minuten.

Interpretation

Die beiden Summenwerte lassen sich in drei Kategorien einordnen: unauffällig, Entwicklungsdefizite, gravierende Entwicklungsdefizite.

Normierung

Das Verfahren wurde im Jahr 2002 an einer anfallenden Stichprobe (Gesamtstichprobenumfang: N = 588) im Rahmen von Vorsorgeuntersuchungen normiert. Auf die einzelnen Vorsorgezeitpunkte entfallen dabei Teilstichproben zwischen 114 und 166 Kindern, der Zeitpunkt zwischen dem 33. und 36. Lebensmonat ist mit lediglich 21 Kindern normiert. Die Altersnormen beziehen sich auf ausgewiesene Altersabschnitte, die sich an den tatsächlich beobachteten Untersuchungszeitpunkten orientieren (z. B. U6: 11.–13. Lebensmonat).

Gütekriterien

Die Durchführung und Auswertung erfolgt standardisiert, die Interpretation erfolgt eindeutig. Zur Reliabilität liegen keine Angaben vor. Die Aufgabenzusammenstellungen sind inhaltlich plausibel, Angaben zur Differenzierungsfähigkeit in Bezug auf klinische Stichproben (Sensitivität, Spezifität) liegen nicht vor.

Kritik

Die EEE sind ein sehr ökonomisches Verfahren, das gezielt auf die Erfordernisse der Routineversorgung in der kinderärztlichen Praxis hin konstruiert wurde. Der zeitliche Aufwand für das Praxispersonal beträgt etwa zwei Minuten, der für die Eltern in etwa fünf bis zehn Minuten.

Wünschenswert wären jedoch weitere Angaben zur klinischen Aussagekraft. Als besonders vorteilhaft erscheint dagegen die Anpassung der Normen an die gängige Praxis, Kinder tendenziell gegen Ende der U-Intervalle und häufig auch etwas später einzubestellen. Mit dieser Praxis werden Normdaten häufig unpräzise sowie Meilensteine unbrauchbar und es besteht dann die Gefahr, Kinder in ihrem Entwicklungsstand zu überschätzen und vorliegende Defizite zu übersehen. Somit werden mit den EEE U6-U9 präzise und zuverlässige Entwicklungsaussagen möglich.

7.2 Scenotest

<table>
<tr><td>Autor/ Verlag:</td><td colspan="9">Staabs, G. v. (8. Aufl.) (1995)
Bern: Huber</td></tr>
<tr><td>Alter</td><td colspan="2">Dauer</td><td>Normen</td><td colspan="2">Standardisierung</td><td colspan="3">Gütekriterien</td></tr>
<tr><td rowspan="2">ab ca. 3 J.</td><td>Durchführung</td><td>Auswertung</td><td rowspan="2">nein</td><td>Material</td><td>Durchführung</td><td>Objektivität</td><td>Reliabilität</td><td>Validität</td></tr>
<tr><td>10–60 Min.</td><td>k. A.</td><td>ja</td><td>teilweise</td><td>k. A.</td><td>k. A.</td><td>k. A.</td></tr>
<tr><td>Was wird erfasst?</td><td colspan="8">Gestalterischer Ausdruck bewusster sowie unbewusster Prozesse, in Ansätzen Persönlichkeitsmerkmale, Neigungen sowie Spiel- und Ausdruckstil</td></tr>
<tr><td>Ergebniswerte:</td><td colspan="8">Es ergeben sich qualitative Aussagen, mit deren Hilfe weitergehende Annahmen formuliert werden können.</td></tr>
<tr><td>Bemerkungen:</td><td colspan="8">Es liegt ein überarbeitetes Handbuch von Ermert (1997) vor.</td></tr>
</table>

Konzeption

Der Scenotest beruht auf der Annahme, dass bei der spielerischen Beschäftigung mit den Testvorgaben bewusste und unbewusste Erlebnisinhalte aktiviert werden. Auf diese Weise sollen Informationen über persönliche Eigenschaften, vorliegende Probleme und Konflikte gewonnen werden. Durch die gezielte Auswahl und Beschränkung des Spielmaterials soll eine weitgehende Vergleichbarkeit hergestellt werden, dabei wird auch auf Personen aus dem Alltagsumfeld Bezug genommen. Somit eröffnet sich die Möglichkeit, bereits bei der Erstuntersuchung Einblick in emotionale Prozesse zu gewinnen. Darüber hinaus ist das Verfahren im Rahmen therapeutischer Zwecke einsetzbar.

Aufgaben

Der Testkasten enthält als Spielzeug verschiedene flexible menschliche Figuren wie Großvater und Großmutter, Vater und Mutter (jeweils einmal im Haus- und Straßenbekleidung), einen Arzt, eine Hausgehilfin, ein Schulmädchen und Schuljungen, ein kleines Mädchen und einen kleinen Jungen, einen blau sowie einen rosa bekleideten Zwilling, eine Prinzessin und ein Baby. Weiter sind unterschiedliche Tiere wie eine Kuh mit Euter, ein Fuchs, ein Krokodil, ein Ganter, ein Hund, ein Storch, zwei Schweine, eine Henne mit zwei Küken, ein Affe sowie ein Vogel vorhanden. Zudem sind verschiedene Gegenstände wie Fahrzeuge (Eisenbahn, Stadtwagen, Rennauto) und Alltagsgegenstände (Klosett, Nachttopf, Waschbottich, Melkeimer, Spaten, Teppichklopfer, roter Karfunkelstein, Litfasssäule, Fell, Deckchen), diverse Bäume, Früchte und Blumen sowie Symbolfiguren (Schneemann, Heinzelmann, Engel) und letztlich verschiedene Bausteine enthalten. Der separat erhältliche Zusatzmaterial-Satz enthält einen Prinzen, einen Löwen, ein Einhorn, einen Elefanten, einen Fernseher, einen Schrubber und einen farblosen Karfunkelstein.

Neben dem Originaltextband ist ein neues Handbuch (Ermert, 1997) beigefügt, das neben Hinweisen zur Durchführung und Auswertung der Originalautorin empirische Befunde zum Scenotest zusammenstellt; zudem werden verschiedene Einsatzmöglichkeiten des Verfahrens vorgestellt.

Durchführung

Das Verfahren ist mit Kindern ab etwa drei Jahren und mit Jugendlichen als Einzeltest durchzuführen. Das Setting und die Anordnung der Spielelemente wird standardisiert vorgegeben; die Instruktionen sind altersgemäß zu formulieren. Das Kind wird angehalten, dem Testanwender mitzuteilen, wann der Aufbau einer Szene beendet ist. Während des Aufbaus müssen direktive oder suggestive Einflüsse vermieden werden. Ist eine komplette Szene erstellt, soll das Kind mitteilen, was es aufgebaut hat. Neben der Protokollierung der aufgebauten Szene ist der Testanwender angehalten, zusätzlich Aspekte aus der Verhaltensbeobachtung festzuhalten. Dabei sollte das Ergebnis mithilfe eines Fotoapparates oder einer Videokamera dokumentiert werden. Es ist keine Zeitbegrenzung für die Durchführung vorgesehen, somit kann sich diese auf einen Zeitraum zwischen etwa zehn Minuten und einer Stunde erstrecken.

Auswertung und Interpretation

Es werden sowohl formale Aspekte des Aufbaus bewertet als auch eine inhaltliche Deutung vorgenommen. Dabei sind auch der Kontext der Untersuchungssituation sowie das Verhalten des untersuchten Kindes zu berücksichtigen. Die Auswertung und Interpretation setzt entwicklungspsychologische und tiefenpsychologische Kenntnisse voraus. Die Auswertung erfolgt zu einem Teil während der Durchführung, es kann aber ein beträchtlicher zeitlicher Aufwand über die Testsituation hinaus erforderlich sein.

Normierung

Das Verfahren stellt keine quantitativen Vergleichsdaten zur Verfügung.

Gütekriterien

Die Durchführung erfolgt teilstandardisiert. Im Handbuch werden zahlreiche unterstützende Hinweise zur Auswertung und Interpretation gegeben. Die Auswertungsobjektivität erscheint auf Grund der vielfältigen Bedeutungen der Materialien fraglich. Es liegen keine aussagekräftigen Studien zur Reliabilität vor, was zu einem großen Teil durch die Struktur des Verfahrens und durch die Tatsache begründet ist, dass keine quantitativen Aussagen angestrebt werden.

Im Handbuch werden eine Reihe von Studien zitiert, die ein Gespür für die Erfassung unbewusster Prozesse ermöglichen. Die Objektivität, aber auch die Reliabilität und Validität der Aussagen ist dann erhöht, wenn der Testanwender tiefenpsychologisch ausgebildet ist.

Kritik

Mit dem Scenotest ist es möglich, unter Zuhilfenahme von Testmaterial (mit hohem Aufforderungscharakter) auf ökonomische Weise die gestalterischen Ausdrucksmöglichkeiten eines Kindes zu erheben. Das Verfahren ist bereits viele Jahrzehnte in der Praxis im Einsatz, so dass auf einen reichhaltigen Erfahrungsschatz zurückgegriffen werden kann.

Der Scenotest ist jedoch nicht als Test im engeren Sinne zu bewerten, sondern kann als Explorationshilfe im Rahmen einer Anamnese eingesetzt werden. Der Einsatz zur tiefenpsychologisch orientierten Diagnostik kann nicht ohne Vorbehalt empfohlen werden. Der Scenotest eignet sich in der kinderärztlichen Praxis eher als Vorstufe und Ergänzung zur psychometrischen Diagnostik, als Ausdrucksmittel und als Explorationshilfe. Besonders für den Bereich des Vorschul- und Grundschulalters empfiehlt er sich als diagnostisches Hilfsmittel, mit dem Kinder zur (weiteren) Mitarbeit motiviert werden können.

Literatur

Aber, J. L., Jones, S. & Cohen, J. (2000). The impact of poverty on the mental health and development of very young children. In C. H. Zeanah (Ed.), *Handbook of infant mental health* (2nd ed., pp. 113–128). New York: Guilford.

Anderson, M. (1992). *Intelligence and development. A cognitive theory.* Oxford: Blackwell.

Angermaier, M. J. W. (1977). *Psycholinguistischer Entwicklungstest (PET)* (2., korr. Aufl.). Weinheim: Beltz Test.

Aster, M. von (2001). *Testverfahren zur Dyskalkulie (ZAREKI).* Frankfurt/M.: Harcourt Test Services.

Barth, K. (2000). *Lernschwächen früh erkennen.* München: Reinhardt.

Barth, K. (2002). *Diagnostische Einschätzskalen (DES) zur Beurteilung des Entwicklungsstandes und der Schulfähigkeit* (3. Aufl.). München: Reinhardt.

Bayley, N. (1993). *Bayley Scales of Infant Development* (2nd ed.). San Antonio: The Psychological Corporation.

Benton, A. L. (1996). *Benton-Test (BT)* (7., vollst. überarb. Aufl.). Bern: Huber.

Bondy, C., Cohen, R., Eggert, D. & Lüer, G. (1969). *Testbatterie für geistig behinderte Kinder.* Weinheim: Beltz Test.

Bös, K. (Hrsg.) (2001). *Handbuch Motorische Tests* (2., vollst. überarbeit. Aufl.). Göttingen: Hogrefe.

Bradley, R.-H., Whiteside, L., Mundfrom, D.-J., Casey, P.-H., Lellerher, K. J. & Pope, S. K. (1994). Early indications of resilience and their relation to experiences in the home environment of low birth weight, premature children living in poverty. *Child Development, 65,* 346–360.

Brandt, I. (1999). *Griffiths-Entwicklungsskalen (GES) zur Beurteilung der Entwicklung in den ersten beiden Lebensjahren. 1. Teil: Untersuchung eines 6 Monate alten Jungen (Robert) (Video).* Lübeck: Hansisches Verlagskontor.

Brandt, I. (2000). *Griffiths-Entwicklungsskalen (GES) zur Beurteilung der Entwicklung in den ersten beiden Lebensjahren. 2. Teil: Untersuchung eines 12 Monate alten Mädchens (Jasmin) (Video).* Lübeck: Hansisches Verlagskontor.

Brandt, I. & Sticker, E. J. (2001). *Griffiths-Entwicklungsskalen zur Beurteilung der Entwicklung in den ersten beiden Lebensjahren* (2., überarb. u. erw. Aufl.). Göttingen: Beltz Test.

Bühler, C. & Hetzer, H. (1932). *Kleinkindertests. Entwicklungstests vom 1. bis 6. Lebensjahr.* Leipzig: Barth.

Bulheller, S. & Häcker, H. (2002). *Coloured Progressive Matrices* (dt. Version; 3., neu norm. Aufl.). Frankfurt/M.: Harcourt Test Services.

Carlson, J. S. & Jensen. C. M. (1980). The factorial structure of the Raven Coloured Progressive Matrices Test: A reanalysis. *Educational and Psychological Measurement, 40,* 1111–1116.

Cattell, R. B. (1971). *Abilities: Their stucture, growth and action.* Boston: Houghton Mifflin.

Cattell, R. B., Weiß, R. H. & Osterland, J. (1997). *Grundintelligenztest Skala 1 (CFT 1)* (5., rev. Aufl.). Göttingen: Hogrefe.

Cicchetti, D., Rogosch, F. A. & Toth, S. L. (1998). Maternal depressive disorder and contextual risk: Contributions to the development of attachment insecurity and behavior problems in toddlerhood. *Development and Psychopathology, 10,* 283–300.

Cicchetti, D. & Tucker, D. (1994). Development and self-regulatory structures of the mind. *Development and Psychopathology, 6,* 533–549.

Cohler, B. J., Stott, F. M. & Musick, J. S. (1995). Adversity, vulnerability, and resilience: Cultural and developmental perspectives. In D. Cicchetti & D. J. Cohen (Eds.), *Developmental psychopathology, Vol. 2* (pp. 753–800). New York: Wiley.

Conger, R. D., Neppl, T., Kim, K. J. & Scaramella, L. (2003). Angry and aggressive behavior across three generations: A prospective, longitudinal study of parents and children. *Journal of Abnormal Child Psychology, 31,* 143–160.

Curtis, W. J. & Cicchetti, D. (2003). Moving research on resilience into the 21st century: Theoretical and methodological considerations in examining the biological contributors to resilience. *Development and Psychopathology, 15,* 773–810.

Daniel, B. & Wassel, S. (Eds.) (2002). *Assessing and promoting resilience in vulnerable children.* London: Jessica Kingsley Publishers.

Daseking, M. (2004). Testbesprechung: Basisdiagnostik für umschriebene Entwicklungsstörungen im Vorschulalter (BUEVA). *Zeitschrift für Klinische Psychologie, Psychiatrie und Psychotherapie, 52,* 189–196.

Dehaene, S. (1992). Varieties of numerical abilities. *Cognition, 44,* 1–42.

Deloche, G. (1995). *EC301 R: Batterie standardisée d'evaluation du calcul et du traitement des nombres.* Salvador: Editora Sarah Letras.

Deutsche Gesellschaft für Kinder- und Jugendpsychiatrie und Psychotherapie (2003). *Leitlinien zur Diagnostik und Therapie von psychischen Störungen im Säuglings-, Kindes- und Jugendalter* (2., überarb. Aufl.). Köln: Deutscher Ärzte Verlag.

Eggert, D. (1974). *Lincoln-Oseretzky-Skala Kurzform* (2. Aufl.). Weinheim: Beltz Test.

Eggert, D. (Hrsg.) (1975). *Hannover-Wechsler-Intelligenztest für das Vorschulalter.* Bern: Huber.

Eggert, D. (2000). *Diagnostisches Inventar motorischer Basiskomponenten bei lern- und entwicklungsauffälligen Kindern im Grundschulalter (DMB)* (3. Aufl.). Dortmund: verlag modernes lernen.

Ermert, C. (1997). *Scenotest Handbuch.* Bern: Huber.

Esser, G. (2002). *Basisdiagnostik für umschriebene Entwicklungsstörungen im Vorschulalter (BUEVA).* Göttingen: Beltz Test.

Ettrich, C., Prothmann, S., Krumbiegel, P. & Ettrich, K. U. (2002). Biopsychosoziale Einflüsse auf die kognitive und soziale Entwicklung von Klein- und Vorschulkindern. *Kindheit und Entwicklung, 11,* 21–28.

Ettrich, K. U. (2000). *Entwicklungsdiagnostik im Vorschulalter.* Göttingen: Vandenhoeck & Ruprecht.

Evans, G.W. (2003). A multi-methodological analysis of cumulative risk and allostatic load among rural children. *Developmental Psychology, 39,* 924–933.

Flehmig, I., Schloon, M., Uhde, J. & Bernuth, H. v. (1973). *Denver-Entwicklungsskalen.* Hamburg: Harburger Spastikerverein.

Flehmig, I. (1996). *Normale Entwicklung des Säuglings und ihre Abweichungen* (5., unveränd. Aufl.). Stuttgart: Thieme.

Flynn, J. R. (1987). Massive IQ gains in 14 nations: What IQ tests really measure. *Psychological Bulletin, 101,* 171–191.

Frankenburg, W. K. & Dodds, J. B. (1967). The Denver Developmental Screening Test (DDST). *Journal of Pediatrics, 71,* 181–191.

Frankenburg, W. K., v. Doorninck, W. J., Liddell, T. N. & Dick, N. P. (1976). The Denver Prescreening Developmental Questionnaire (PDQ). *Pediatrics, 57,* 744–753.

Frankenburg, W. K., Fandal, A.W. & Kemper, M. B. (1986). Entwicklungsscreening. In W. K. Frankenburg, S. M. Thornton & M. E. Cohrs (Hrsg.), *Entwicklungsdiagnostik bei Kindern. Trainingsprogramm zur Früherkennung von Entwicklungsstörungen* (S. 17–34). Stuttgart: Thieme.
Frankenburg, W. K., Fandal A.W., Sciarillo, W. & Burgess, D. (1981). The newly abbreviated and revised Denver Developmental Screening Test. *Journal of Pediatrics, 99,* 995–999.

Gesell, A. & Amatruda, C. S. (1947). *Developmental diagnosis* (2nd ed.). New York: Harper & Row.
Gilliam, W. S. & Mayes, L. C. (2000). Developmental assessment of infants and toddlers. In C. H. Zeanak (Ed.), *Handbook of infant mental health* (2nd ed., pp. 236–248). New York: Guilford.
Greenough, W. T. (1984). Structural correlates of information storage in the mammalian: A review and hypothesis. *Trends in Neuroscience, 7,* 229–233.
Griffiths, R. (1954). *The abilities of babys. A study of mental measurement.* London: University of London Press.
Grimm, H. (2000). *Sprachentwicklungstest für zweijährige Kinder (SETK-2).* Göttingen: Hogrefe.
Grimm, H. (2001). *Sprachentwicklungstest für drei- bis fünfjährige Kinder (SETK 3-5).* Göttingen: Hogrefe.
Grimm, H. (2003a). *Sprachscreening für das Vorschulalter (SSV).* Göttingen: Hogrefe.
Grimm, H. (2003b). *Störungen der Sprachentwicklung* (2., überarb. Aufl.). Göttingen: Hogrefe.
Grimm, H. & Doil, H. (2000). *Elternfragebögen für die Früherkennung von Risikokindern (ELFRA).* Göttingen: Hogrefe.
Grimm, H. & Schöler, H. (1978). *Heidelberger Sprachentwicklungstest (HSET).* Göttingen: Hogrefe.

Hammill, D. D., Pearson, N. A. & Voress, J. K. (1993). *Developmental Test of Visual Perception* (2nd ed.). Circle Pines: American Guidance Service.
Häcker, H., Leutner, D. & Amelang, M. (Hrsg.) (1998). *Standards für pädagogisches und psychologisches Testen.* Bern: Huber.
Heimann, K., Heubrock, D. & Petermann, F. (2005). Diagnostik von Entwicklungsauffälligkeiten im Kindergartenalter. *Monatsschrift Kinderheilkunde, 152,* Heft 6.
Hellbrügge, T. (Hrsg.) (1994). *Münchener Funktionelle Entwicklungsdiagnostik (zweites und drittes Lebensjahr)* (4., korr. u. erw. Aufl.). München: Universität München, Institut für Soziale Pädiatrie und Jugendmedizin.
Hellbrügge, T., Lajosi, F., Menara, D., Schamberger, R. & Rautenstrauch, T. (2001). *Münchener Funktionelle Entwicklungsdiagnostik (erstes Lebensjahr)* (6., unveränd. Aufl.). Lübeck: Hansisches Verlagskontor.
Hellbrügge, T. & Pechstein, J. (1968). Entwicklungsphysiologische Tabellen für das Säuglingsalter. *Fortschritte der Medizin, 86,* 481–484 u. 608–609.
Heller, K. & Geisler, H. J. (1983a). *Kognitiver Fähigkeitstest – Kindergartenform (KFT-K).* Weinheim: Beltz Test.
Heller, K. & Geisler, H. J. (1983b). *Kognitiver Fähigkeitstest für erste bis dritte Klassen (KFT 1-3).* Weinheim: Beltz Test.
Heller, K. A., Kratzmeier, H. & Lengfelder, A. (1998a). *Standard Progressive Matrices (SPM; dt. Bearb.).* Göttingen: Beltz Test.
Heller, K. A., Kratzmeier, H. & Lengfelder, A. (1998b). *Advanced Progressive Matrices (APM; dt. Bearb.).* Frankfurt/M.: Harcourt Test Services.
Heubrock, D. & Petermann, F. (2000). *Lehrbuch der Klinischen Kinderneuropsychologie.* Göttingen: Hogrefe.

Heubrock, D. & Petermann, F. (2003). Klinische Kinderneuropsychologie. *Monatsschrift Kinderheilkunde, 151,* 38–42.

Heubrock, D., Petermann, F. & Eberl, I. (2004). *Abzeichentest für Kinder (ATK).* Göttingen: Hogrefe.

Holling, H., Preckel, F. & Vock, M. (2004). *Intelligenzdiagnostik.* Göttingen: Hogrefe.

Holtmann, M. & Schmidt, M. H. (2004). Resilienz im Kindes- und Jugendalter. *Kindheit und Entwicklung, 13,* 195–200.

Holtmann, M., Poustka, F. & Schmidt, M. H. (2004). Biologische Korrelate der Resilienz im Kindes- und Jugendalter. *Kindheit und Entwicklung, 13,* 201–211.

Hops, H., Davis, B., Leve, C. & Sheeber, L. (2003). Cross-generational transmission of aggressive parent behavior: A prospective, mediational examination. *Journal of Abnormal Child Psychology, 31,* 161–169.

Horn, W. (1983). *Leistungsprüfsystem (LPS)* (2., erw. u. verb. Aufl.). Göttingen: Hogrefe.

Horn, J. L. & Cattell, R. B. (1966). Refinement and test of the theory of fluid and crystallized intelligence. *Journal of Educational Psychology, 57,* 253–270.

Jacobs, C. & Petermann, F. (2005a). *Rechenfertigkeiten- und Zahlenverarbeitungs-Diagnostikum für 2. bis 6. Klassen (RZD 2-6).* Göttingen: Hogrefe.

Jacobs, C. & Petermann, F. (2005b). *Diagnostik von Rechenstörungen.* Göttingen: Hogrefe.

Jansen, H., Mannhaupt, G., Marx, H. & Skowronek, H. (2002). *Bielefelder Screening zur Früherkennung von Lese-Rechtschreibschwierigkeiten (BISC)* (2., überarb. Aufl.). Göttingen: Hogrefe.

Johnson, M. H. (2000). Functional brain development in infants: Elements of an interactive specialization framework. *Child Development, 7,* 75–81.

Kastner-Koller, U. & Deimann, P. (2002). *Wiener Entwicklungstest* (2., überarb. u. neu norm. Aufl.). Göttingen: Hogrefe.

Kaufman, A. S. & Kaufman, N. L. (1983). *Administration and scoring manual for the Kaufman Assessment Battery for Children.* Circle Pines: American Guidance Service.

Kiphard, E. J. (2002). *Wie weit ist ein Kind entwickelt?* (11. Aufl.). Dortmund: verlag modernes lernen.

Kiphard, E. J. & Schilling, F. (1974). *Körper-Koordinationstest für Kinder (KTK).* Weinheim: Beltz Test.

Köhler, G. & Egelkraut, H. (1994). *Münchener Funktionelle Entwicklungsdiagnostik. Zweites und drittes Lebensjahr* (4., korr. u. erw. Aufl.). München: Universität München, Institut für Soziale Pädiatrie und Jugendmedizin.

Kolb, B. & Frantie, B. (1997). Develpoment of the child's brain and behaviour. In C. R. Reynolds & E. Fletcher-Janzen (Eds.), *Handbook of clinical child neuropsychology* (2nd ed., pp. 17–41). New York: Plenum Press.

Krampen, G. (1996). *Kreativitätstest für Vorschul- und Schulkinder (KVS-P).* Göttingen: Hogrefe.

Kubinger, K. D. & Wurst, E. (1985). *Adaptives Intelligenz Diagnostikum (AID).* Weinheim: Beltz Test.

Kubinger, K. D. & Wurst, E. (2000). *Adaptives Intelligenz Diagnostikum 2 (AID 2).* Göttingen: Beltz Test.

Largo, R. H. & v. Siebenthal, K. (1997). Prognostische Aussagekraft von Entwicklungsuntersuchungen im 1. Lebensjahr. *Kinderärztliche Praxis, 68,* 201–207.

Lezak, M. D., Howieson, D. B. & Loring, D. W. (2004). *Neuropsychological assessment* (4th ed.). New York: Oxford University Press.

Lienert, G. A. & Raatz, U. (1998). *Testaufbau und Testanalyse* (6. Aufl.). Weinheim: Psychologie Verlags Union.

Lockowandt, O. (2000). *Frostigs Entwicklungstest der visuellen Wahrnehmung* (9., erg. Aufl.). Weinheim: Beltz Test.

Luit, J. E. H. v., Rijt, B. A. M. v. d. & Hasemann, K. (2001). *Osnabrücker Test zur Zahlbegriffsentwicklung (OTZ)*. Göttingen: Hogrefe.

Macha, T., Proske, A. & Petermann, F. (2005). Validität von Entwicklungstests. *Kindheit und Entwicklung, 14,* 150–162.

Mainberger, U. (1977). *Test zum divergenten Denken (Kreativität; TDK 4-6)*. Weinheim: Beltz Test.

Maston, A. S. & Reed, M.-G. (2002). Resilience in development. In C. R. Snyder & S. J. Lopez (Eds.), *The handbook of positive psychology* (pp. 74–88). Oxford: Oxford University Press.

McCarthy, D. (1972). *McCarthy Scales of Children's Abilities*. New York: The Psychological Corporation.

Melchers, P., Floß, S., Brandt, I., Eßer, K.-J., Lehmkuhl, G., Rauh, H. & Sticker, E. (2003). *Erweiterte Vorsorgeuntersuchung (EVU)*. Leiden: PITS.

Melchers, P. & Preuß, U. (2001). *Kaufman Assessment Battery for Children: K-ABC* (6., teilw. erg. Aufl.). Leiden: PITS.

Michaelis, R. & Niemann, G. (1999). *Entwicklungsneurologie und Neuropädiatrie. Grundlagen und diagnostische Strategien* (2., überarb. u. erw. Aufl.). Stuttgart: Thieme.

Moehring, H. (1938). Lautbildungsschwierigkeiten im Deutschen. Eine phonetisch-pädagogische Untersuchung als Beitrag zur Fibelfrage vom Standpunkte des Heilpädagogen auf Grund statistischer Erhebungen an 2.102 stammelnden Schulkindern im deutschen Sprachgebiet. *Zeitschrift für Kinderforschung, 47,* 185–235.

Nicholson, C. L. & Alcorn, C. L. (1992). *Wechsler Intelligence Scale for Children (WISC-III; 3rd ed.)*. San Antonio: Harcourt Test Services.

Niebank, K. & Petermann, F. (2002). Grundlagen und Ergebnisse der Entwicklungspsychopathologie. In F. Petermann (Hrsg.), *Lehrbuch der Klinischen Kinderpsychologie und -psychotherapie* (5., korr. Aufl., S. 57–94). Göttingen: Hogrefe.

Petermann, F. (2001). *Entwicklungsdiagnostik vom Säuglingsalter bis zur Schulreife: der ET 6-6; Durchführung im Vorschulalter* (Video). Lübeck: Hansisches Verlagskontor.

Petermann, F. (2002). Grundbegriffe und Trends in der Klinischen Kinderpsychologie und Kinderpsychotherapie. In F. Petermann (Hrsg.), *Lehrbuch der Klinischen Kinderpsychologie und -psychotherapie* (5., korr. Aufl., S. 9–26). Göttingen: Hogrefe.

Petermann, F., Döpfner, M., Lehmkuhl, G. & Scheithauer, H. (2002). Klassifikation und Epidemiologie psychischer Störungen. In F. Petermann (Hrsg.), *Lehrbuch der Klinischen Kinderpsychologie und -psychotherapie* (5., korr. Aufl., S. 29–56). Göttingen: Hogrefe.

Petermann, F. & Macha, T. (2003a). Strategien in der testgestützten allgemeinen Entwicklungsdiagnostik. *Monatsschrift Kinderheilkunde, 151,* 6–13.

Petermann, F. & Macha, T. (2003b). *Elternfragebögen zur ergänzenden Entwicklungsbeurteilung bei den kinderärztlichen Vorsorgeuntersuchungen U6 bis U9 (EEE U6-U9)*. Frankfurt/M.: Harcourt Test Services.

Petermann, F. & Macha, T. (2005). Entwicklungsdiagnostik. *Kindheit und Entwicklung, 14,* 131–139.

Petermann, F., Niebank, K. & Scheithauer, H. (Hrsg.) (2000). *Risiken in der frühkindlichen Entwicklung*. Göttingen: Hogrefe.

Petermann, F. & Renziehausen, A. (2005). *Neuropsychologisches Entwicklungs-Screening (NES)*. Bern: Huber.

Petermann, F., Stein, I. A. & Macha, T. (2004a). *Entwicklungstest sechs Monate bis sechs Jahre (ET 6-6)* (2., veränd. Aufl.). Frankfurt: Harcourt Test Services.

Petermann, F., Stein, I. A. & Macha, T. (2004b). *Entwicklungsdiagnostik mit dem ET 6-6* (2., veränd. Aufl.). Frankfurt: Harcourt Test Services.

Petermann, F. & Wiedebusch, S. (2003). *Emotionale Kompetenz bei Kindern*. Göttingen: Hogrefe.

Raatz, U. & Möhling, R. (1971). *Frankfurter Test für Fünfjährige – Konzentration (FTF-K)*. Weinheim: Beltz Test.

Rauchfleisch, U. (2001). *Kinderpsychologische Tests* (3., überarb. u. erw. Aufl.). Stuttgart: Thieme.

Raven, J. C. (1965). *Coloured Progressive Matrices (CPM)*. London: Lewis.

Raven, J. C. (2002). *Coloured Progressive Matrices (CPM)* (3., neu norm. Aufl.). Frankfurt/M.: Harcourt Test Services.

Rennen-Allhoff, B. (1990). *Testgüte von Entwicklungstests – Ergebnisse der Marburger Säuglingsstudie*. Köln: Deutscher Ärzte-Verlag.

Rennen-Allhoff, B., Allhoff, P., Bowi, U. & Laaser, U. (1993). *Elternbeteiligung bei Entwicklungsdiagnostik und Vorsorge*. Weinheim: Juventa.

Rettler, H. (1999). Normorientierte Diagnostik. In R. S. Jäger & F. Petermann (Hrsg.), *Psychologische Diagnostik* (4., korr. Aufl., S. 221–226). Weinheim: Psychologie Verlags Union.

Rogosch, F. A. & Cichetti, D. (2004). Child maltreatment and emergent personality organiziation: Perspectives from the five-factor model. *Journal of Abnormal Child Psychology, 32,* 123–145.

Rosner, R. (1999). Entwicklungsdiagnostik und Entwicklungstests in der Klinischen Entwicklungspsychologie. In R. Oerter, C. von Hagen, G. Roeper & G. Noam (Hrsg.), *Klinische Entwicklungspsychologie. Ein Lehrbuch* (S. 119–147). Weinheim: Psychologie Verlags Union.

Rourke, B. P. (1993). Arithmetic disabilities, specific and otherwise: A neuropsychological perspective. *Journal of Learning Disabilities, 26,* 214–226.

Rutter, M. (1987). Psychosocial resilience and protective mechanism. *American Journal of Orthopsychiatry, 57,* 316–331.

Rutter, M. (1989). Isle of Wight revisited: Twenty-five years of child psychiatric epidemiology. *Journal of the American Academy of Child and Adolescent Psychiatry, 28,* 633–653.

Rutter, M., Caspi, A. & Moffitt, T. E. (2003). Using sex differences in psychopathology to study causal mechanisms: unifying issues and research strategies. *Journal of Child Psychology and Psychiatry, 44,* 1092–1115.

Sameroff, A. J. & Fiese, B. H. (2000). Models of development and developmental risk. In C. H. Zeanah (Ed.), *Handbook of infant mental health* (2nd ed., pp. 3–19). New York: Guilford.

Sarimski, K. (1987). *Ordinalskalen zur sensomotorischen Entwicklung*. Weinheim: Beltz Test.

Sauter, F. C. (1979). *Prüfung optischer Differenzierungsleistungen*. Braunschweig: Westermann.

Sauter, F. C. (2001). *Prüfung optischer Differenzierungsleistungen bei Vierjährigen*. Göttingen: Hogrefe.

Schaarschmidt, U., Ricken, G., Kieschke, U. & Preuß, U. (2004). *Bildbasierter Intelligenztest für das Vorschulalter (BIVA)*. Göttingen: Hogrefe.

Schmidt, H. M. (2002). Psychische Störungen infolge von Intelligenzminderungen. In F. Petermann (Hrsg.), *Lehrbuch der Klinischen Kinderpsychologie und -psychotherapie* (5., korr. Aufl., S. 359–380). Göttingen: Hogrefe.

Schott, F. (1999). Kriteriumsorientierte Diagnostik. In R. S. Jäger & F. Petermann (Hrsg.), *Psychologische Diagnostik* (4., korr. Aufl., S. 226–232). Weinheim: Psychologie Verlags Union.

Schuck, K. D., Eggert, D. & Raatz, U. (1975). *Columbia Mental Maturity Scale (1. bis 3. Klasse; CMM 1-3).* Weinheim: Beltz Test.

Smith, E. E. & Jonides, J. (1999). Storage and executive processes in frontal lobe. *Science, 283,* 1657–1660.

Snijders, J. T., Tellegen, P. J. & Laros, J. A. (1997). Snijders-Oomen Non-verbaler Intelligenztest *(5 1/2-17 Jahre; SON-R 5 1/2-17; 2., korr. Aufl.).* Göttingen: Hogrefe.

Spearman. C. (1904). Intelligence, objectively determined and measured. *American Journal of Psychology, 15,* 201–293.

Sroufe, L. A. (1997). Psychopathology as an outcome of development. *Development and Psychopathology, 9,* 251–268.

Staabs, G. v. (1997). *Scenotest* (8. Aufl.). Bern: Huber.

Suchodeletz, W. v. (2003). Umschriebene Sprachentwicklungsstörungen. *Monatsschrift Kinderheilkunde, 151,* 31–37.

Tellegen, P. J., Laros, J. A. & Petermann, F. (2006). *Snijders-Oomen Non-verbaler Intelligenztest (2 1/2-7 Jahre; SON-R 2 1/2-7; dt. Normierung und Validierung).* Göttingen: Hogrefe.

Tellegen, P. J., Winkel, M., Wijnberg-Williams, B. J. & Laros, J. A. (1998). *Snijders-Oomen Nonverbaler Intelligenztest (2 1/2-7 Jahre; SON-R 2 1/2-7).* Göttingen: Hogrefe.

Tewes, U. (1983). *Hamburg-Wechsler-Intelligenztest für Kinder, Revision (HAWIK-R).* Bern: Huber.

Tewes, U., Rossmann, P. & Schallberger, U. (Hrsg.) (1999). *Hamburg-Wechsler-Intelligenztest für Kinder III (HAWIK-III).* Bern: Huber.

Thatcher, R. W. (1994). Psychopathology of early frontal lobe damage: Dependence on cycles of development. *Development and Psychopathology, 6,* 565–596.

Thornberry, T. P., Freeman-Gallant, A., Lizotte, A. J., Krohn, M. D. & Smith, C. A. (2003). Linked Lives: The intergenerational transmission of antisocial behavior. *Journal of Abnormal Child Psychology, 31,* 171–184.

Waligora, K. (2003). Normbrechendes Verhalten, Körperbeschwerden und depressive Symptombelastung bei Schülern und Schülerinnen – Welche Rolle spielt die soziale Unterstützung? *Kindheit und Entwicklung, 12,* 145–153.

Warnke, A. & Roth, E. (2002). Umschriebene Lese-Rechtschreibstörung. In F. Petermann (Hrsg.), *Lehrbuch der Klinischen Kinderpsychologie und -psychotherapie* (5., korr. Aufl., S. 453–476). Göttingen: Hogrefe.

Weidlich, S. & Lamberti, G. (2001). *Diagnostikum für Cerebralschädigung (DCS)* (4., erw. u. erg. Aufl.). Bern: Huber.

Weindrich, D., Jennen-Steinmetz, C., Rellum, T., Laucht, M. & Schmidt, M. H. (2005). Sprachentwicklungsstand mit 10 Monaten. Prognostische Validität für spätere Sprachentwicklungsdefizite. *Monatsschrift Kinderheilkunde, 153,* 150–156.

Werner, E. E. (1993). Risk, resilience, and recovery: Perspectives from the Kauai Longitudinal Study. *Development and Psychopathology, 5,* 503–515.

Wolfram, H., Neumann, J. & Wieczorek, V. (1986). *Jenaer Gedächtnistest.* Leipzig: Thieme.

Zeanah, C. H., Boris, N. W. & Larrieu, J. A. (1997). Infant development and developmental risk: A review of the past 10 years. *Journal of the American Academy of Child and Adolescent Psychiatry, 36,* 165–178.

Ziegenhain, U., Derksen, B. & Dreisörner, R. (2004). Frühe Förderung von Resilienz bei jungen Müttern und ihren Säuglingen. *Kindheit und Entwicklung, 13,* 226–234.

Ziler, H. (2000). *Der Mann-Zeichen-Test* (11. Aufl.). Münster: Aschendorffsche Verlagsbuchhandlung.

Zimmer, R. & Volkamer, M. (1987). *Motoriktest für vier- bis sechsjährige Kinder (MOT 4-6)* (2., überarb. u. erw. Aufl.). Weinheim: Beltz Test.

Anhang

Glossar

Äquifinalität. Modellannahme, nach der verschiedene Ausgangsbedingungen (z. B. Risikokonstellationen) im Entwicklungsverlauf zu ähnlichen Entwicklungsausgängen (z. B. einer bestimmten psychischen Störung) führen können.

Augenscheinvalidität (inhaltliche oder logische Validität). Aspekt der Validität, der sich auf die offensichtliche Plausibilität eines Testverfahrens bezieht, wobei diese anhand des Expertenurteils überprüft wird.

Außenkriterium. Bei der Validitätsprüfung eines Tests stellen Außenkriterien eine inhaltliche Vergleichsgröße zur Verfügung (z. B. einen ähnlichen Test oder die Einschätzung von Eltern oder Lehrern), anhand derer ein statistischer Zusammenhang getestet werden kann. Damit kann man angeben, inwieweit Tests Ähnliches oder Verschiedenes erfassen.

Auswertungsobjektivität. Bezeichnet das Maß, wie stark die Auswertung eines Tests vom Anwender beeinflusst wird. Die Auswertungsobjektivität lässt sich durch eindeutige, regelgeleitete Auswertungsroutinen herstellen.

Autoritativer Erziehungsstil. Dieser Erziehungsstil ist durch emotionale Wärme, angemessene Beaufsichtigung und Lenkung sowie Interesse an den Aktivitäten des Kindes gekennzeichnet. Hieraus erwachsen für das Kind günstige Bedingungen für ein positives Selbstwertgefühl, die Ausbildung prosozialer Verhaltensweisen und die Entwicklung angemessener Problemlösestrategien.

Beobachterübereinstimmung. Hierdurch wird ausgedrückt, ob verschiedene Beobachter zu dem gleichen Ergebnis kommen. Die Beobachterübereinstimmung wird üblicherweise ausgedrückt durch ein statistisches Zusammenhangsmaß (z. B. einen Korrelationskoeffizienten), wobei Werte im Bereich zwischen .8 und 1.0 als hohe Übereinstimmung gelten.

Bindungsverhalten. Verhaltensweisen, mit denen man die Qualität der emotionalen Eltern-Kind-Beziehung beschreiben kann. Studien, die das Verhalten von Kindern in Situationen untersuchen, in denen diese vorübergehend von einem Elternteil getrennt wurden, unterscheiden zwischen sicherem, unsicher-vermeidendem, ambivalent-unsicherem und desorganisiertem Bindungsverhalten.

Breitbanddiagnostik. Strategie, mit der ein breites Spektrum von Merkmalen (z. B. Leistungen, Eigenschaften) erfasst werden sollen. Dabei steht der Screening-Gedanke im Vordergrund. Solche Verfahren dienen häufig der Eingangsdiagnostik (= orientierende Diagnostik).

C-Skala. Transformation gemessener Werte auf einen standardisierten Wertebereich mit einem Mittelwert von 5 und einer Standardabweichung von 2.

Cut-off-Wert. Grenzwert in einem Testverfahren, der eine einfache Unterscheidung und somit Interpretation eines Ergebniswerts ermöglicht (z. B. unauffällig vs. auffällig).

Diagnostischer Prozess. Das systematische Sammeln und Aufarbeiten von Informationen, um damit Entscheidungen zu begründen und daraus praktisches Handeln (z. B. Förderung, Therapie) abzuleiten.

Differenzierungsfähigkeit. Es wird das Ausmaß beschrieben, inwieweit ein Test Merkmals- oder Leistungsunterschiede messgenau und zuverlässig abbildet. Die Differenzierungsfähigkeit eines Tests kann für verschiedene Leistungsbereiche beträchtlich variieren, so ist es möglich, dass im Durchschnittsbereich geringe Leistungsunterschiede abgebildet werden können, während im unterdurchschnittlichen Bereich nur noch deutliche Leistungsdifferenzen unterschieden werden können. Die Differenzierungsfähigkeit eines klinischen Tests kann aber auch in

Abhängigkeit der untersuchten klinischen Stichprobe variieren, so kann ein Verfahren in der Lage sein, die Unterschiede in den Intelligenzleistungen von Kindern mit Down-Syndrom gut zu differenzieren, während dies bei autistischen Kindern kaum gelingt.

Durchführungsobjektivität. Bezeichnet das Ausmaß, in dem die Durchführung eines Tests unabhängig vom Testanwender erfolgt. Die Durchführungsobjektivität kann besonders durch die Standardisierung der Testdurchführung (Materialien, Instruktionen, Setting) erhöht werden.

Eichstichprobe. Personen, auf dessen Grundlage der Vergleichsmaßstab (Bewertungsmaßstab) eines normierten Tests zurückgeht (= Normierungsstichprobe).

Entwicklungsdiagnostik. Eine bestimmte Form der Leistungsdiagnostik, mit deren Hilfe Entwicklungsverläufe spezifiziert werden. Mit solchen verlaufsbezogenen Aussagen lassen sich Fördermaßnahmen begründen.

Entwicklungsneuropsychologie. Neuropsychologische Sichtweise, mit der die menschliche Entwicklung über die Lebensspanne beschrieben werden kann.

Entwicklungspfad. Auf empirischen Befunden basierende Aussagen über prototypische Entwicklungsverläufe, zum Beispiel charakteristische Verläufe in der Entwicklung psychischer Störungen.

Entwicklungsprognose. Aussagen über wahrscheinliche zukünftige Verläufe auf Grund bisheriger Entwicklungsergebnisse und -bedingungen.

Entwicklungspsychopathologie. Interdisziplinärer Ansatz, der die normale und abweichende Entwicklung gegenüberstellt. Die Entwicklungspsychopathologie greift dabei die Ansätze und Perspektiven zum Beispiel der Pädiatrie, Neurowissenschaften, Kinder- und Jugendpsychiatrie, Entwicklungspsychologie, Sozialpsychologie und Epidemiologie auf und versucht, psychische Störungen zu erklären und ihnen entgegenzuwirken.

Entwicklungsquotient (EQ). Ein Entwicklungsquotient wird in Analogie zum Intelligenzquotienten gebildet und setzt den Leistungsstand (Entwicklungsalter) zum Lebensalter in Beziehung. Der Mittelwert wird dabei im Allgemeinen mit 100 festgelegt und die Abweichung mit einer Standardabweichung von 15 Punkten angegeben.

Entwicklungstest. Leistungstest, mit dem neben dem augenblicklichen Leistungsstatus auch entwicklungsbezogene Aussagen getroffen werden können.

Erfahrungsabhängige Prozesse. Grundlage solcher neuronaler Veränderungen (Organisation und Stabilisierung synaptischer Systeme) in der Entwicklung, die abhängig sind von äußeren Faktoren.

Erfahrungserwartende Prozesse. Synapsenüberproduktion in der Erwartung von Lernerfahrungen während einer kritischen (sensiblen) Phase der neuronalen Entwicklung.

Exekutive Funktionen. Bezeichnung für die höheren Hirnfunktionen des Menschen, die an der Verhaltenssteuerung (z. B. Planen, Denken, Verhaltensmodulation, Impulskontrolle) beteiligt sind.

Faktorenanalyse. Zusammenfassende Bezeichnung für eine Gruppe statistischer Analyseverfahren, mit deren Hilfe eine Datenbasis (z. B. die Testergebnisse verschiedener Personen) auf zentrale Merkmale (z. B. Gemeinsamkeiten zwischen verschiedenen Testaufgaben) untersucht wird. Die Faktorenanalyse spürt statistische Zusammenhänge (Bündelungen) auf und stellt sie in einem Faktorenmuster (Faktorenstruktur) dar, das inhaltlich interpretiert werden kann. Mit Faktorenanalysen lassen sich häufig Aussagen zur Konstruktvalidierung eines Tests machen.

Faktorenstruktur. Die Faktorenstruktur liefert statistische Zusammenhänge, die dann unter Kenntnis inhaltlicher Aspekte interpretiert werden. So könnte zum Beispiel die faktorenanalytische Betrachtung eines allgemeinen Intelligenztests eine Faktorenstruktur liefern, bei der die einzelnen Faktoren das Vorliegen eines (1) globalen Intelligenzanteils, eines (2) sprachabhängigen Intelligenzanteils, eines (3) Aufmerksamkeitsanteils sowie eines (4) visuell-analytischen Leistungsanteils nahe legen.

Gütekriterium. Qualitative Angaben zur Aussagekraft und Leistungsfähigkeit eines Testverfahrens.

Hauptgütekriterien. Grundpfeiler zur Beurteilung der Testgüte: Objektivität (Anwenderunabhängigkeit), Reliabilität (Genauigkeit) und Validität (Gültigkeit). Es besteht zwischen den Hauptgütekriterien eine Ordnungsbeziehung: Objektivität ist eine notwendige Voraussetzung für Reliabilität, welche wiederum für eine hinreichende Validität vorausgesetzt wird.

Inkonsistente Erziehung. Erziehungsstil, der durch unstimmiges, widersprüchliches oder inkonsequentes Verhalten der Eltern gekennzeichnet ist. Ein solcher Erziehungsstil ermöglicht einem Kind wenig Orientierung und bildet ein hohes Risiko für die Entwicklung von Verhaltensstörungen.

Interne Konsistenz. Ausmaß, in dem die Bestandteile einer Skala (z. B. die einzelnen Testaufgaben) ähnliche Aspekte (z. B. von Intelligenz) erfassen. Ein hoher Grad an Konsistenz (häufiges Maß = Cronbachs Alpha) weist auf eine große Homogenität des Verfahrens und somit tendenziell auf eine erhöhte Messgenauigkeit hin.

Intelligenzquotient (IQ). Die Bildung des Intelligenzquotienten legt den Mittelwert mit 100 fest und skaliert den Bereich einer Standardabweichung mit 15 Punkten. Auf diese Weise sind Interpretationen wie unterdurchschnittlich ($IQ < 85$), durchschnittlich ($85 \leq IQ \leq 115$) und überdurchschnittlich ($IQ > 115$) möglich.

Interpretationsobjektivität. Bezeichnet das Ausmaß, in dem die Interpretation eines Testergebnisses unabhängig vom Anwender erfolgen kann. Die Interpretationsobjektivität kann besonders durch den Einsatz standardisierter Skalen (IQ-Skala, T-Skala, C-Skala) erhöht werden.

Intervallskala, Intervallskalenniveau. Qualitativer Aspekt einer Skala, der ausdrückt, dass nicht nur eine Ordnungsbeziehung, sondern zusätzlich konstante Differenzen zwischen den Messpunkten bestehen. Das Intervallskalenniveau ist eine formale Voraussetzung für viele statistische Operationen, zum Beispiel die Bestimmung von Mittelwerten (arithmetisches Mittel).

IQ-Skala. s. Intelligenzquotient.

Kategoriale Aussage. Zuordnung eines Testergebnisses zu inhaltlichen Kategorien (z. B. auffällig; in klinisch bedeutsamem Ausmaß depressiv, ängstlich).

Kinderneuropsychologie. Die Klinische Kinderneuropsychologie beschäftigt sich vor allem mit Hirnschädigungen infolge von prä-, peri- und postnatalen Einwirkungen (Krankheiten, Intoxikationen, Traumata). Es liegen differenzierte neuropsychologisch begründete Diagnose- und Therapieansätze vor.

Klinische Kinderpsychologie. Teilbereich der Psychologie, der sich mit psychischen Störungen des Kindesalters befasst. Die Klinische Kinderpsychologie kooperiert eng mit ihren Nachbardisziplinen (Kinderheilkunde, Kinderpsychiatrie, Kinderneurologie, Sonderpädagogik, Sozialpädiatrie).

Konfidenzintervall, Vertrauensintervall. Informationen über die Messfehlerbelastetheit und somit Genauigkeit von Testaussagen. Das Konfidenzintervall grenzt einen Wertebereich um einen gemessenen Wert ein, innerhalb dessen der wahre (messfehlerfreie) Wert mit einer bestimmten Wahrscheinlichkeit (z. B. 68 %, 80 %, 95 %) zu erwarten ist. Je größer dabei die angegebene Sicherheitswahrscheinlichkeit ist, desto größer wird auch der Wertebereich des Konfidenzintervalls und somit der Bereich, in dem sich der wahre Wert befinden kann.

Konsistenzanalyse. Statistisches Verfahren zur Bestimmung der internen Konsistenz einer Skala (= Skalenhomogenität). Wird eine hohe Homogenität angestrebt, dann ist hierüber ein Aspekt der Reliabilität bestimmbar.

Konstruktvalidität. Aspekt der Validität, der sich auf die vertiefende psychologische Analyse eines Testverfahrens bezieht. So kann zum Beispiel die Anwendung eines spezifischen Intelligenzkonzepts mit der Annahme bestimmter (unabhängiger) Komponenten der Intelligenz einhergehen, die sich dann in empirischen Studien (z. B. unter Bezugnahme auf die Normierungsstichprobe) abklären und im günstigen Fall nachweisen lassen. Um solche Komponenten zu identifizieren, wird als statistisches Verfahren häufig die Faktorenanalyse eingesetzt.

Kriteriumsorientierte Diagnostik. Hierunter versteht man ein an inhaltlich beschriebenen Kategorien orientiertes Vorgehen (z. B. „Grundrechenarten werden beherrscht", „Vorfahrtsregeln sind bekannt"). Die Vorgaben (90 % aller Schüler sollen eine besondere Rechenoperation beherrschen) werden empirisch überprüft; auf Testnormen wird verzichtet.

Kriteriumsvalidität. Aspekt der Validität, wobei ein Testverfahren mit Außenkriterien (z. B. andere Testverfahren, Selbst- oder Fremdeinschätzung) korreliert wird.

Kritische Lebensereignisse. Lebensereignisse beeinflussen in positiver oder negativer Weise den Entwicklungsverlauf. Hierzu sind neben Meilensteinen der normalen Entwicklung (z. B. Einschulung, Wohnortwechsel) auch Ereignisse zu verstehen, die in besonderer und nicht vorhersehbarer Weise erhebliche Belastungen darstellen (z. B. Tod eines Elternteils, Naturkatastrophen, Lotteriegewinn).

Längsschnittstudie. Form der Datensammlung, die bestimmte Merkmale einer definierten Stichprobe zu verschiedenen Zeitpunkten erhebt.

Leistungsprognose. Form der Entwicklungsprognose, die differenzierte Aussagen über zukünftige Leistungen in einem umschriebenen Bereich formuliert.

Leistungstest. Test, der in Abgrenzung zu Persönlichkeitsmerkmalen, Einstellungen oder klinischen Merkmalen die Leistungsfähigkeit einer Person (z. B. Motorik, Sprache, Intelligenz) erfasst. Um die Leistungsfähigkeit einer Person zu abzubilden, ist es oft sinnvoll, die Leistungsgrenzen festzustellen (testing the limits).

Lern- und Übungseffekt. Unerwünschte Effekte im Rahmen einer Testung, die aus der wiederholten Durchführung gleicher oder ähnlicher Aufgaben resultieren. Auf diese Weise können entweder durch das Erinnern von Aufgabenlösungen oder allein auf Grund der Kenntnis eines Aufgabentyps zu späteren Untersuchungszeitpunkten bessere Testleistungen als bei der Erstuntersuchung resultieren, die dann nicht mehr auf einen Leistungszuwachs zurückgeführt werden können, sondern durch Gedächtnisaspekte überlagert sind.

Multifinalität. Ähnliche Ausgangsbedingungen (z. B. Entwicklungsbedingungen, Risikokonstellationen) führen im Zeitverlauf zu deutlich unterschiedlichen Entwicklungsausgängen. Diese Annahme resultiert (unabhängig von konkreten Risikokonstellationen) daraus, dass bestimmte Entwicklungsprozesse in unterschiedlichen Lebensabschnitten erhöht „störbar" sind.

Nebengütekriterium. Aspekte der Testgüte, deren Bedeutung stärker als die Hauptgütekriterien von der spezifischen Zielsetzung des Verfahrens abhängig sind (z. B. Testfairness, Testökonomie, Normiertheit).

Normalverteilung. Spezifische Form der Verteilung, deren grafische Darstellung in Form der Gaußschen Glockenkurve erfolgen kann. Die Normalverteilung stellt eine Voraussetzung für verschiedene statistische Operationen (z. B. bestimmte Formen der Standardisierung) dar.

Normen, Normwerte. Gesamtheit der Datenbasis zur Erstellung eines Vergleichsmaßstabs für einen Test (Eichung). Zur Gewinnung von Testnormen werden größere Stichproben (Normen- oder Normierungsstichprobe) untersucht und deren Ergebnisse zur Einschätzung von Einzelbefunden (z. B. durchschnittlich, unterdurchschnittlich; unauffällig, auffällig) herangezogen.

Normenstichprobe, Normierungsstichprobe. s. Normen

Normentabelle. Darstellungs- oder Präsentationsform der Normwerte, die dem Anwender das rasche Auffinden relevanter Informationen ermöglicht.

Normorientierte Diagnostik. Die diagnostische Entscheidung basiert auf Informationen, die sich an empirisch gewonnenen Vergleichsmaßstäben (Normen) orientieren.

Nützlichkeit. Ein Nebengütekriterium eines Tests, das sich daran orientiert, ob der Einsatz eines Tests einen erkennbaren Ertrag bringt.

Objektivität. Gibt an, ob ein Test in der Durchführung, Auswertung und Interpretation unabhängig vom Testanwender zu vergleichbaren Ergebnissen kommt.

Ökonomie. Ein Nebengütekriterium eines Tests, das angibt, ob der Durchführungsaufwand (z. B. zeitlich, materiell) in vertretbarem Verhältnis zum zu erwartenden Informationsgewinn steht.

Ordinalskala, Ordinalskalenniveau. Eine solche Skala liegt zum Beispiel vor, wenn eine Person, die sechs Symptome eines Aggressionsfragebogens erfüllt, zwar aggressiver ist als eine Person, bei der nur drei Symptome vorliegen, aber deswegen nicht unbedingt „doppelt so aggressiv" sein muss.

IQ-Skala. s. Intelligenzquotient.

Paralleltest, Parallelform, Parallelversion. Ähnliche Formen eines Tests, die bei vergleichbarer Gestaltung und ähnlichen Aufgaben das gleiche Merkmal erfassen. Der Einsatz von Paralleltests bei Verlaufsuntersuchungen zur Kontrolle von Lerneffekten ist vorteilhaft, da Messfehler (z. B. Verzerrungen durch Erinnerungseffekte) reduziert werden können.

Persönlichkeitseigenschaften. Eigenschaften eines Menschen, die als relativ überdauernd beschrieben werden.

Perzentilwert. Angabe zur Testleistung, die sich an der Anzahl von Personen orientiert, für die bessere und schlechtere Leistungen zu erwarten sind. Das 10. Perzentil ist somit der Wert, den höchstens 10 Prozent der Merkmalsträger (z. B. Personen einer Normierungsstichprobe) unterschritten oder erreichten, während 90 Prozent der Personen diesen Wert überschritten.

Protokollblatt. Arbeitsmaterial zu einem Test, auf dem Testleistungen notiert werden können.

Prozentrang. Derjenige Anteil an Personen einer Referenzstichprobe (Normierungsstichprobe), der schlechtere oder höchstens gleiche Testleistungen erzielte.

Resilienz. Hierunter wird die psychische Robustheit (Widerstandsfähigkeit) verstanden, die aktiv im Umgang mit Anforderungen oder Belastungen von einem Kind erworben wurde. Resiliente Kinder sind gegenüber ungünstigen Entwicklungsbedingungen besser geschützt und weisen eine günstige Entwicklungsprognose auf.

Ressourcen. Kindbezogene Ressourcen bestehen zum Beispiel in einem günstigen Temperament oder effektiven Problemlösestrategien, familienbezogene Ressourcen bilden klare Erwartungen der Eltern in der Kindererziehung, Wertschätzung und Interesse am Alltag des Kindes.

Retest-Reliabilität. Ein Wert, der beschreibt, inwieweit bei wiederholter Erhebung (Testwiederholung) das erzielte Testergebnis bestätigt werden kann. Die Retest-Reliabilität zeigt sich besonders anfällig gegenüber Lern- und Übungseffekten.

Risikofaktoren. Faktoren, die die kindliche Entwicklung negativ beeinflussen können. Risikofaktoren wirken häufig nicht nur additiv, sondern erhöhen das Entwicklungsrisiko nachhaltig.

Rohwert. Ein Messwert (z. B. Anzahl gelöster Aufgaben), der sich unmittelbar aus den Antworten der Testperson ergibt. Um Rohwerte besser miteinander vergleichen zu können, werden diese häufig mithilfe von Normentabellen in standardisierte Werte überführt (z. B. IQ-Werte).

Schutzfaktoren. Diese Faktoren wirken positiv auf den Entwicklungsverlauf ein. Schutzfaktoren können Entwicklungsrisiken deutlich mindern.

Screeningverfahren (= Kurztestverfahren). Mit solchen Verfahren können Personen grob im Sinne von auffällig versus unauffällig klassifiziert werden.

Selbstorganisation. Gestalterisches Prinzip, das aus unterschiedlichen Ausgangsbedingungen auf ähnliche teilstabile Endzustände zustrebt. Diese Endzustände erscheinen oft als typische und prägnante Muster, zum Beispiel Symptomkonstellationen bei definierten Störungsbildern.

Sensible Phase. Zeitabschnitte, in denen spezifische Lernerfahrungen maximale Wirkung zeigen; sensible Phasen sind durch Stadien der Hirnreifung bedingt.

Sensitivität. Bezeichnung für die Zuverlässigkeit, mit der im Rahmen eines Screenings eine bestimmte Personengruppe (z. B. verhaltensauffällige Vorschulkinder) durch ein Testverfahren identifiziert werden können. Um die Aussagekraft eines Screenings einschätzen zu können, müssen sowohl Angaben zur Sensitivität als auch Spezifität vorliegen.

Skala. Bezeichnung eines Maßstabs, der einer Messoperation zu Grunde gelegt wird. Die Skalen eines Tests bestehen in der Regel aus einer Gruppierung von Aufgaben, wobei die Anzahl der gelösten Aufgaben oder ein aus den Aufgabenlösungen abgeleiteter Kennwert das Ergebnis (z. B. Ausprägung von Intelligenz) angeben.

Soziale Kompetenz. Verhaltensweisen und soziale Fertigkeiten (z. B. Einfühlungsvermögen), die nötig sind, um das Zusammenleben positiv zu gestalten.

Soziale Regeln. Bezeichnung für die kulturell und gesellschaftlich bestimmten Normen und Erwartungen, die das Zusammenleben regeln.

Sozial-emotionale Entwicklung. Teilbereich der Entwicklung, der sich auf die Veränderungen emotionalen Erlebens und Verhaltens bezieht und in sozialen Kontexten beobachtet werden kann.

Speed-Komponente. Die Testvorgabe unter strenger Zeitbegrenzung.

Spezifität. In der Testdiagnostik Bezeichnung für die Zuverlässigkeit, mit der im Rahmen eines Screenings eine bestimmte, unauffällige Personengruppe durch ein Testverfahren auch tatsächlich als unauffällig identifiziert wird. Um die Qualität eines Screenings einschätzen zu können, müssen sowohl die Sensitivität als auch die Spezifität angegeben sein.

Splithalf-Reliabilität (Testhalbierungs-Reliabilität). Aspekt der Messgenauigkeit eines Verfahrens, der angibt, ob eine Skala eines Tests in zwei inhaltlich gleiche Teile aufgeteilt werden kann und die beiden Testhälften auch äquivalent (vergleichbar) sind.

Sprachgebundenheit. Aspekt der Testfairness, der sich darauf bezieht, dass auch bei sprachunabhängigen Leistungen (z. B. sprachfreie Intelligenzaspekte) häufig dennoch Sprachkenntnisse (z. B. beim Verständnis der Aufgabeninstruktionen) notwendig sind. Dadurch besteht die Gefahr, dass die tatsächliche Leistungsfähigkeit (auf Grund von Sprachproblemen) unterschätzt wird.

Standardisierter Wert. Bezeichnung für transformierte Rohwerte, die eine bessere Vergleichbarkeit der erzielten Ergebnisse ermöglichen. Die häufigsten Stardardisierungen bestehen in Standardskalen wie der T-Skala, IQ- oder EQ-Skala, Z-Skala, C-Skala und Stanine-Skala (s. Abb. 9, S. 51).

Standardisierung. Durch eine Standardisierung werden Bedingungen bei der Durchführung und Auswertung eines Tests vereinheitlicht und damit seine Objektivität erhöht. Die Standardisierung bezieht sich besonders auf die Strukturierung der Situation (z. B. Mobiliar, Sitzordnung, Zeitbegrenzungen), die Vorgabe bestimmter Materialien, die exakte Formulierung verbaler Instruktionen sowie die präzise Anleitung und Beschreibung von Bewertungs- und Auswertungsoperationen (vgl. standardisierter Wert).

Standardmessfehler. Statistische Kenngröße, die das Ausmaß eines Messfehlers quantifiziert. Es ist grundsätzlich davon auszugehen, dass jede Testung mit einem Messfehler behaftet und somit das Messergebnis ungenau ist. Durch den Standardmessfehler kann man Vertrauensintervalle (Konfidenzintervalle) bestimmen, die um den gemessenen Wert einen Bereich definieren, innerhalb dessen sich der wahre Wert (die Merkmalsausprägung der Person, z. B. in Bezug auf Intelligenz) mit einer zuvor festgelegten Wahrscheinlichkeit (z. B. 80 %) tatsächlich befindet.

Standardskala. s. standardisierter Wert.

Statusdiagnostik. Bezieht sich auf diagnostische Aussagen über eine Person, die zu einem bestimmten Zeitpunkt gewonnen wurden.

Streuungsmaß. Ein statistischer Kennwert, mit dem die Streuung der Werte in einer Verteilung angegeben werden. Als häufige Streuungsmaße werden verwendet: Variationsbreite (Differenz zwischen dem größten und dem kleinsten beobachteten Wert), die Standardabweichung und die Varianz.

Testfairness. Aspekt der Testgüte, der Bezug darauf nimmt, inwieweit ein Test unabhängig von testfernen Eigenschaften einer Person ein zuverlässiges Ergebnis liefert. Ein Intelligenztest sollte zum Beispiel nicht in erster Linie Reaktionsgeschwindigkeit oder Konzentrationsfähigkeit messen, weiter sind kulturspezifische Voraussetzungen prinzipiell zu minimieren (z. B. Kenntnis von Personen oder Gebäuden). Häufig ist die Testfairness durch das Ausmaß der Sprachgebundenheit der Testaufgaben eingeschränkt.

Testhalbierungs-Reliabilität. s. Splithalf-Reliabilität.

Testkennwerte. Diese Bezeichnung wird in zweifacher Hinsicht verwendet: Erstens lassen sie eine Aussage über die verschiedenen Aspekte der Testgüte eines Verfahrens zu, zweitens wird dieser Begriff synonym für die Normen eines Verfahrens gebraucht.

Testmanual (Testhandbuch). Ein Manual enthält alle wichtigen Angaben zur Testentwicklung und -anwendung (inkl. der Normentabellen).

Testmaterial. Gegenstände, die von der untersuchten Person in irgendeiner Form verwendet oder bearbeitet werden sollen. Im weiteren Sinne zählen auch Protokollierungs- und Auswertungsbestandteile (etwa Protokollbögen oder Schablonen) zu den Testmaterialien.

Testmotivation. Bei der Testung von Kindern ist eine verringerte Motivation bei der Testdurchführung von Bedeutung, da sie die möglichen Testleistungen reduziert. Dieser motivationalen Lage kann durch attraktive Materialien, eine abwechslungsreiche Testdurchführung sowie eine günstige Interaktion zwischen Untersucher und Kind entgegen gewirkt werden.

Testpsychologie. Teilbereich der Psychologie, der sich mit der Konstruktion, Anwendung und Beurteilung von psychologischen Testverfahren befasst.

Tiefgreifende Entwicklungsstörung. Psychiatrische Störungen, die in der Kindheit beginnen und einen besonders ungünstigen Verlauf (zumindest über das Kindesalter) aufweisen und zusätzlich durch starke qualitative Beeinträchtigungen in der Kommunikation und sozialen Interaktion gekennzeichnet sind (autistischer bzw. desintegrativer Formenkreis).

Transformation. Umwandlung, Überführung, in der Testpsychologie häufig im Zusammenhang mit der Umwandlung von Kennwerten benutzt.

T-Skala. Häufig verwendete standardisierte Ergebnisskala mit dem Mittelwert (arithmetisches Mittel) von 50 und einer Standardabweichung von zehn Punkten (50;10).

Übereinstimmungsgrad. Ausmaß des Zusammenhangs zweier Merkmale, in der Regel quantifiziert durch Korrelationsmaße. In der Testpsychologie sind von besonderem Belang: Beobachterübereinstimmung (als Maß für die Objektivität), Testwiederholungs- oder Testhalbierungsübereinstimmung (Aspekte der Reliabilität) oder als Übereinstimmung eines Testergebnisses mit einem Außenkriterium (z. B. mit dem Ergebnis eines anderen Testverfahrens) als Aspekte kriterienbezogener Validität.

Übungseffekt. s. Lerneffekt.

Validität (Zuverlässigkeit, Gültigkeit). Aspekt der Testgüte, der darauf Bezug nimmt, ob ein Test auch tatsächlich das misst, was er zu messen vorgibt.

Validität, diskriminante. Aspekt der kriterienbezogenen Validität, der Bezug nimmt auf das Ausmaß, in dem sich ein Testverfahren erwartungskonform von Verfahren abhebt, die andere Merkmalsbereiche erfassen. Ein Beispiel: Bei einem Intelligenztest wird man zunächst keine allzu hohen Korrelationen zu einem reinen Aufmerksamkeitstest erwarten, vielmehr wäre eine geringe bis mittlere Korrelationen erwünscht und als günstig zu bewerten.

Validität, konvergente. Aspekt der kriterienbezogenen Validität, der sich auf das Ausmaß bezieht, in dem ein Test erwartungskonform ähnliche Ergebnisse liefert (z. B. bei konzeptuell vergleichbaren Tests). Zwei Intelligenztests, die zum Beispiel ein vergleichbares Intelligenzkonzept zu Grunde legen, sollten (bei gegebener Validität beider Verfahren) auch ähnliche Ergebnisse liefern.

Verlaufsdiagnostik. Datensammlung zu mehreren Zeitpunkten bei einer Person, wobei Veränderungen und somit zum Beispiel ein Entwicklungsverlauf (z. B. Krankheitsverlauf) oder die Wirksamkeit von Therapiemaßnahmen abgebildet werden können.

Verteilung. Bezeichnung für die quantitative und grafische Darstellung der Art und Variation verschiedener Merkmalsträger innerhalb einer Stichprobe. Verteilungen können unter anderem charakterisiert werden unter Bezugnahme auf die Anzahl ihrer Gipfel (eingipflig, mehrgipflig), Lagemaße (z. B. Mittelwert), Streuungsmaße (z. B. Standardabweichung, Varianz) oder ihre Schiefe. In der Testpsychologie ist die Werteverteilung bei der Berechnung von Normen und der Interpretation von großer Bedeutung.

Verteilung, empirische. Verteilung, die sich aus der Stichprobe der erhobenen Daten ergibt. Empirische Verteilungen weisen in der Regel Unregelmäßigkeiten auf. Aus diesem Grund muss man vor der Durchführung statistischer Operationen überprüfen, ob und inwieweit sich eine empirische Verteilung einer hypothetischen Verteilung (z. B. der Normalverteilung) annähert.

Verteilung, hypothetische. Verteilung, die sich aus idealisierten Annahmen ableitet und im Vergleich zu empirischen Verteilungen im Allgemeinen günstigere mathematische Eigenschaften aufweist.

Vertrauensintervall. s. Konfidenzintervall.

Vulnerabilität (Verletzlichkeit). Anfälligkeit eines Kindes gegenüber ungünstigen Entwicklungsbedingungen.

Z-Skala. Häufig verwendete standardisierte Ergebnisskala mit dem Mittelwert (arithmetisches Mittel) von 0 und einer Standardabweichung von 1 (0;1).

Verzeichnis der Testabkürzungen

AID Adaptives Intelligenz Diagnostikum (Kubinger & Wurst, 1985)

AID 2 Adaptives Intelligenz Diagnostikum 2 (Kubinger & Wurst, 2000)

APM Advanced Progressive Matrices (dt. Bearb.: Heller, Kratzmeier & Lengfelder, 1998)

ATK Abzeichentest für Kinder (Heubrock, Petermann & Eberl, 2004)

Bayley Scales of Infant Development II (Bayley, 1993)

Bühler-Hetzer-Kleinkindertests (Bühler & Hetzer, 1932)

BISC Bielefelder Screening zur Früherkennung von Lese-/Rechtschreibschwierigkeiten (Jansen, Mannhaupt, Marx & Skowronek, 2002)

BIVA Bildbasierter Intelligenztest für das Vorschulalter (Schaarschmidt, Ricken, Kieschke & Preuß, 2004)

BT Benton-Test (Benton, 1996)

BUEVA Basisdiagnostik für umschriebene Entwicklungsstörungen im Vorschulalter (Esser, 2002)

CFT 1 Grundintelligenztest Skala 1 (Cattell, Weiß & Osterland, 1997)

CMM 1-3 Columbia Mental Maturity Scale (Schuck, Eggert & Raatz, 1975)

CPM Coloured Progressive Matrices (dt. Version: Bulheller & Häcker, 2002)

DCS Diagnosticum für Cerebralschädigung (Weidlich & Lamberti, 2001)

DDST Denver Developmental Screening Test (Frankenburg & Dodds, 1967)

Denver-Entwicklungsskalen (Flehmig, Schloon, Uhde & Bernuth, 1973)

DES Diagnostische Einschätzskalen zur Beurteilung des Entwicklungsstandes und der Schulreife (Barth, 2002)

DMB Diagnostisches Inventar motorischer Basiskomponenten bei lern- und entwicklungsauffälligen Kindern im Grundschulalter (Eggert, 2000)

DTVP-2 Developmental Test of Visual Perception (Hammill, Pearson & Voress, 1993)

EEE U6-U9 Elternfragebögen zur ergänzenden Entwicklungsbeurteilung bei den kinderärztlichen Vorsorgeuntersuchungen U6 bis U9 (Petermann & Macha, 2003b)

ELFRA Elternfragebögen für die Früherkennung von Risikokindern (Grimm & Doil, 2000)

ET 6-6 Entwicklungstest sechs Monate bis sechs Jahre (Petermann, Stein & Macha, 2004a)

EVU Erweiterte Vorsorgeuntersuchung (Melchers, Floß, Brandt, Eßer, Lehmkuhl, Rauh & Sticker, 2003)

FEW Frostigs Entwicklungstest der visuellen Wahrnehmung (dt. Bearb.: Lockowandt, 2000)

FTF-K Frankfurter Test für Fünfjährige – Konzentration (Raatz & Möhling, 1971)

GES Griffiths-Entwicklungsskalen (Brandt & Sticker, 2001)

HAWIK-R Hamburg-Wechsler-Intelligenztest für Kinder, Revision (Tewes, 1983)

HAWIK III Hamburg-Wechsler-Intelligenztest für Kinder III (Tewes, Rossmann & Schallberger, 1999)

HAWIVA Hannover-Wechsler-Intelligenztest für das Vorschulalter (Eggert, 1975)

HSET Heidelberger Sprachentwicklungstest (Grimm & Schöler, 1978)

Jenaer Gedächtnistest (Wolfram, Neumann & Wieczorek, 1986)

K-ABC Kaufman Assessment Battery for Children (dt. Bearb.: Melchers & Preuß, 2001)

KFT 1-3 Kognitiver Fähigkeitstest für 1. bis 3. Klassen (Heller & Geisler, 1983)

KFT-K Kognitiver Fähigkeitstest – Kindergartenform (Heller & Geisler, 1983)

KVS-P Kreativitätstest für Vorschul- und Schulkinder (Krampen, 1996)

KTK Körper-Koordinationstest für Kinder (Kiphard & Schilling, 1974)

Lauttreppe synonym Moehring-Test (Moehring, 1938)

LOS KF 18 Lincoln-Oseretzky-Skala Kurzform (dt. Bearb.: Eggert, 1974)

LPS Leistungsprüfsystem (Horn, 1983)

Mann-Zeichen-Test (Ziler, 2000)

McCarthy Scales of Children's Abilities (McCarthy, 1972)

MOT 4-6 Motoriktest für vier- bis sechsjährige Kinder (Zimmer & Volkamer, 1987)

MFED 1 Münchener Funktionelle Entwicklungsdiagnostik (erstes Lebensjahr: Hellbrügge, Lajosi, Menara, Schamberger & Rautenstrauch, 2001)

MFED 2-3 Münchener Funktionelle Entwicklungsdiagnostik (zweites und drittes Lebensjahr: Hellbrügge, 1994)

Moehring-Test (Moehring, 1938)

NES Neuropsychologisches Entwicklungs-Screening (Petermann & Renziehausen, 2005)

OTZ Osnabrücker Test zur Zahlbegriffsentwicklung (Luit, Rijt & Hasemann, 2001)

Ordinalskalen zur sensomotorischen Entwicklung (Sarimski, 1987)

PDQ Denver Prescreening Developmental Questionnaire (Frankenburg, v. Doorninck, Liddell & Dick, 1976)

PET Psycholinguistischer Entwicklungstest (Angermaier, 1977)

POD Prüfung optischer Differenzierungsleistungen (Sauter, 1979)

POD-4 Prüfung optischer Differenzierungsleistungen bei Vierjährigen (Sauter, 2001)

RZD 2-6 Rechenfertigkeiten- und Zahlenverarbeitungs-Diagnostikum für 2. bis 6. Klassen (Jacobs & Petermann, 2005a)

Scenotest	(Staabs, 1997)
SETK-2	Sprachentwicklungstest für zweijährige Kinder (Grimm, 2000)
SETK 3-5	Sprachentwicklungstest für drei- bis fünfjährige Kinder (Grimm, 2001)
SON-R 2½-7	Snijders-Oomen Non-verbaler Intelligenztest (2½–7 Jahre; dt. Bearb.: Tellegen, Laros & Petermann, 2006)
SON-R 5½-17	Snijders-Oomen Non-verbaler Intelligenztest (5½–17 Jahre; Snijders, Tellegen & Laros, 1997)
SPM	Standard Progressive Matrices (dt. Bearb.: Heller, Kratzmeier & Lengfelder, 1998)
SSV	Sprachscreening für das Vorschulalter (Grimm, 2003)
TBGB	Testbatterie für geistig behinderte Kinder (Bondy, Cohen, Eggert & Lüer, 1969)
TDK 4-6	Test zum divergenten Denken (Kreativität) (Mainberger, 1977)
WET	Wiener Entwicklungstest (Kastner-Koller & Deimann, 2002)

Wie weit ist ein Kind entwickelt? (Kiphard, 2002)

WISC-III	Wechsler Intelligence Scale for Children (3rd ed.) (Nicholson & Alcorn, 1992)
ZAREKI	Testverfahren zur Dyskalkulie (v. Aster, 2001)

Sachregister

Abbruchkriterium 104
Abrufgeschwindigkeit 181
Abweichung 16, 21
Abzeichentest für Kinder (ATK) 176
Aggressivität 19, 44
Akalkulie 202
Alkoholkonsum 14
Alkoholmissbrauch 20
allgemeine Retardierung 185
allgemeines Verständnis 102
allgemeines Wissen 102
Alltagsbeobachtung 22
Alltagsgedächtnisleistung 193
Altersnorm 35
Altersspezifität von Diagnosen 21
Analogie 98
Analogieschlussdenken 117
Anamnese 22
Anfälligkeit 14, 15
Angstfragebogen 49
Angststörung 48
Anstrengungsbereitschaft 25, 161
Antizipation 143
Antriebsstörung 200
Antwortkategorie 38
Äquifinalität 14, 225
Äquivalenz 40
Arbeitsgedächtnis 181, 203
Arbeitsgeschwindigkeit 102, 104, 197–200
Arbeitsgüte 197–200
Armut 20, 21
Artikulation 99, 186
Artikulationsgenauigkeit 181
Artikulationsstörung 185
auditive Merkfähigkeit 94
auditives Gedächtnis 154
auditives Kurzzeitgedächtnis 93
Aufmerksamkeit 183, 185–187
Aufmerksamkeitsfunktion 26
Aufmerksamkeitsstörung 118, 120
Augenmotorik 93
Augenscheinvalidität 225
Ausdauer 162, 163, 165
Aussage
  – kategoriale 33
  – relative 33
Außenkriterium 42, 225
Auswertungsbestandteil 31, 32
Auswertungsobjektivität 38, 225
autoritativer Erziehungsstil 16, 225

Basisdiagnostik für umschriebene Entwicklungsstörungen im Vorschulalter (BUEVA) 185
Basisfertigkeit 72
Basisleistung 98
Bayley Scales (Bayley Scales of Infant Development II, 1993) 65, 147
Bayley Scales II 65
Benton-Test 193
Beobachterübereinstimmung 30, 169, 225
Beurteilerübereinstimmung 82, 88, 132, 140, 151
Beurteilungsspielraum 39
Beweglichkeit 161
Bewegungsdrang 55
Bewegungsgeschwindigkeit 171
Bewegungskoordination 163
Bewegungssteuerung 68, 69, 171
Bielefelder Screening zur Früherkennung von Lese-Rechtschreibschwierigkeiten (BISC) 180
Bildbasierter Intelligenztest für das Vorschulalter (BIVA) 98
Bilderergänzen 103
Bilderordnen 103
Bildungsniveau 16
Bindungsverhalten 15, 19, 225
biologischer Faktor 15
biopsychosoziales Entwicklungsmodell 11
Board-Form 120
Bodeneffekte 106
Bonner Longitudinalstudie 78
Breitbanddiagnostik 22, 23, 225
Bühler-Hetzer-Kleinkindertests 86

C-Skala 51, 52, 225
cerebrale Bewegungsstörung 161
Checkliste 43, 44
Coloured Progressive Matrices (CPM) 117
Columbia Mental Maturity Scale 186
crystallized ability 108, 113

Culture Fair Intelligence Tests (CFT) 113
Cut-off-Wert 33, 47–49, 225

Deckeneffekt 106, 119, 120
Denken
  – abstraktes 125
  – divergentes 138, 140
  – einzelheitliches 108
  – ganzheitliches 108, 109
  – konkretes 125
  – konvergentes 138
  – räumliches 117, 125
  – rechnerisches 102
  – schlussfolgerndes 97
Denkskala (SON-DS) 123, 124
Denktest 121
Denver Prescreening Developmental Questionnaire (PDQ) 61
Denver-Entwicklungsskala 58
Denver-Skala 58, 59
depressive Mütter 18, 19
Deprivation 12
detailgetreue Reproduktion 176
Diagnosticum für Cerebralschädigung (DCS) 190
Diagnostik
  – kinderpsychologische 22
  – kriteriumsorientierte 31, 72, 228
  – neuropsychologische 12, 26, 27, 106
  – normorientierte 31, 229
  – qualitative 164
Diagnostische Einschätzskalen zur Beurteilung des Entwicklungsstandes und der Schulreife (DES) 93
Diagnostisches Inventar motorischer Basiskomponenten bei lern- und entwicklungsauffälligen Kindern im Grundschulalter (DMB) 162
Differenzierungsfähigkeit 34, 50, 74, 160, 225
Down-Syndrom 89
Drehung 190, 191
Drehungsfehler 192
Durchführungsobjektivität 38, 226
Durchführungsökonomie 43
Dyskalkulie 202
Dyskalkulietherapie 177

Eheprobleme 19
Eichstichprobe 30, 226
eindimensionaler Begabungstest 120
eindimensionaler Matrizentest 117
Eins-zu-eins-Zuordnung 194, 195
Einschulung 16, 185
Einschulungstest 189
Einstiegsaufgabe 91
Einzelfallaussage 30
Elementarphase 68
Eltern-Kind-Interaktion 14, 15
Elternauskunft 59, 73
Elternaussage 64
Elternfragebogen 63, 87
Elternfragebogen für die Früherkennung von Risikokindern (ELFRA) 145
Elternstress 19
emotionale Beeinträchtigung 207
emotionale Wärme 16
emotionaler Bereich 207
emotionales Erleben 207
emotionales Problem 18, 207
Empfindlichkeit 15
empirische Verteilung 43, 44, 46
Entwicklung
  – emotionale 72, 73
  – grammatische 149
  – motorische 161, 167
  – kognitive 69, 72, 86, 87, 118
  – motorische 31
  – psychosoziale 90
  – sensomotorische 142
  – sozial-emotionale 21, 62, 86, 87, 230
Entwicklungsabfolge 11, 68
Entwicklungsabschnitt 18
Entwicklungsabweichung 14, 25
Entwicklungsalter 76–81, 83–85, 143
Entwicklungsauffälligkeit 64, 67
Entwicklungsausgang 25
Entwicklungsbegriff 12
Entwicklungsdefizit 57, 209
Entwicklungsdiagnostik 11, 22, 35, 57, 61, 67, 147, 208, 226
Entwicklungsgitter 90
Entwicklungsmodell 162
Entwicklungsneurologie 11, 26
Entwicklungsneuropsychologie 26, 226
Entwicklungsniveau 59, 142, 143, 195
Entwicklungsperiode 13
Entwicklungspfad 12, 14, 226
Entwicklungspotenzial 6, 22, 24

Entwicklungsprofil 72, 74, 86, 90, 91, 142
Entwicklungsprognose 6, 12, 21, 24, 25, 226, 229
Entwicklungspsychologie 11, 95
Entwicklungspsychopathologie 11, 226
Entwicklungsquotient (EQ) 76, 79, 226
Entwicklungsreihe 36
Entwicklungsrisiko 17, 149
Entwicklungsrückstand 68, 88
Entwicklungsschub 118
Entwicklungsscreening 57, 58, 67
Entwicklungssequenz 11
Entwicklungsstand 77, 82, 85, 88, 95, 210
Entwicklungsstörung 61, 91, 129, 175
Entwicklungsstufe 144
Entwicklungstest 5, 25, 35, 55, 57, 226
Entwicklungstest sechs Monate bis sechs Jahre (ET 6-6) 72
Entwicklungsübergang 16
Entwicklungsverzögerung 18, 95
Entwicklungsvorsprung 95
Ergebnisprofil 61, 69
Ergebniswert 47
Erinnerungsleistung 141
Ermüdungserscheinung 55
Erweiterte Vorsorgeuntersuchung (EVU) 62
Erziehungsverhalten 15, 19, 20
ethologische Entwicklungsdiagnostik 83
exekutive Funktion 26, 226
Explorationshilfe 5, 213
Explorationsverhalten 67, 68, 69

Fähigkeit
- intellektuelle 108, 118
- raumanalytische 176
- räumlich-konstruktive 176
Fähigkeitsprofil 111
Faktorenanalyse 100, 106, 112, 136, 144, 196, 226
Faktorenstruktur 227
familiärer Faktor 15, 19
familiärer Stress 20
familiäres Risiko 20
Familienklima 20
Fangtest 50
Fehlanpassung 14
Fehlentwicklung 20
Fehlernährung 20, 21
Fehlklassifikation 193
Feinmotorik 67–69, 93, 140, 145–147, 164, 171, 173, 190
Feinmotorik-Adaptation 58
feinmotorische Auffälligkeit 178
feinmotorische Geschicklichkeit 176
Fertigkeitenskala 108–111
Figur-Grund-Unterscheidung 130, 131
figuraler Matrizentest 117
Figuralgedächtnis 192
Figurenlegen 103
Finger- und Handgeschicklichkeit 93
fluid ability 108, 113
Flynn-Effekt 97, 128
Förderbedarf 12, 22, 23, 88, 194
Förderdiagnostik 89
Fördermaßnahme 25, 111, 118, 135, 144, 184
Förderplan 23
Förderplanung 89
Förderpotenzial 25
Förderprogramm 115
Förderung 13, 20, 21
Formerfassung 176, 178
Formkonstanz 130
Frankfurter Test für Fünfjährige – Konzentration (FTF-K) 186
Frostigs Entwicklungstest der visuellen Wahrnehmung (FEW) 130, 186
frühe Mutterschaft 20
Früherkennung 145, 180
Frühgeborenes 74, 157
Frühgeburt 15, 77
Funktionsstörung 26, 177

Ganzkörperkoordination 173
Gauß'sche Glockenkurve 44
Gebärde 122, 126
Geburtskomplikation 15
Gedächtnis 72, 86, 87, 93, 183, 190
Gedächtniseffekt 40
Gedächtnisleistung 97
Gedächtnisspanne 153–157, 181
geistige Behinderung 52, 106
Gelenkigkeit 162, 163, 165
Gemeinsamkeiten Finden 102
Generalfaktor 120
geringer sozialer Status 19
Gesamt-Entwicklungsquotient 78, 79
Gesamt-IQ 101, 102, 104, 107, 121, 123

Gesamtentwicklungsstand 63
geschlechtsspezifischer Effekt 18
gestalterische Ausdrucksmöglichkeit 213
Gestaltreproduktion 190
Gestaltspeicherung 190
Gestaltwahrnehmung 190
Geste 145
Gestenimitation 142
Gewalt 15, 20
Gewandtheit 171
Gewissenhaftigkeit 16
Gleichgewicht 69, 162, 163, 165, 171
Gleichgewichtserhaltung 162
Gleichgewichtswahrnehmung 93
Gleichverteilung 47
Grafomotorik 93
Grammatiktest 188
Greifalter 80
Greiffunktion 76
Grenzsteinprinzip 68, 72
Grenzwert 33, 34, 47–49, 64
Griffiths-Entwicklungsskala (GES) 65, 76
Grobmotorik 58, 67, 93
Größenvergleich 198
Grundintelligenz 113, 116
Grundintelligenztest Skala 1 (CFT 1) 86, 113
Gruppennorm 43
Gruppentest 43
Gütekriterium 37, 227

Haltungskontrolle 69
Haltungssteuerung 69
Hamburg-Wechsler-Intelligenztest für Kinder III (HAWIK-III) 101
Handanweisung 32
Handgeschick 90
Handgeschicklichkeit 83
Handgeschicklichkeitsalter 83
Handlungs-IQ 101, 104, 124
Handlungsplanung 94
Handlungsstrategie 72
Handlungstest 121
Handmotorik 72
Hauptgütekriterium 37, 42, 227
häusliche Pflege 20, 21
häusliches Umfeld 16
Hannover-Wechsler-Intelligenztest für das Vorschulalter (HAWIVA) 86
Heidelberger Sprachentwicklungstest (HSET) 86
Hirnfunktionsstörung 176
hirnorganisches Psychosyndrom 177
Hirnschädigung 26
Hochbegabtendiagnostik 138, 140
Hochbegabung 33, 52, 106
Hochrisikokind 17
Humor 16
Hyperaktivität 41, 45
Hyperaktivitätsfragebogen 46

Ideenflexibilität 138–140
Ideenflüssigkeit 138–140
Imitation 146
Informationsverarbeitung 198
- sequentielle 108
- simultane 108
inkonsistente Erziehung 21, 227
Instruktion 38
Instruktionsvermittlung 128
Instruktionsverständnis 124
Integrationsphase 68
Intelligenz 17, 101, 108, 140, 183
- allgemeine 115, 117, 132, 187
- analytische 120
- flüssige 108, 113
- kristallisierte 108, 113
- kulturfreie 113
- nonverbale 186
- praktische 140
- sprachfreie 113, 117
- sprachgebundene 97
- sprachunabhängige 121, 125
- sprachungebundene 113
Intelligenzdiagnostik 22, 97
Intelligenzentwicklung 130
Intelligenzkonzept 121
Intelligenzleistung 42, 148, 166
Intelligenzmessung 51
Intelligenzminderung 52
Intelligenzquotient 79, 97, 102, 113, 227
Intelligenztest 5, 30, 41, 48, 55, 97, 169
- allgemeiner 98
- kulturfreier 113, 120
- sprachfreier 124
- sprachunabhängiger 97
Intelligenztheorie von Cattell 108
Interaktion 53, 54

interne Konsistenz 40, 227
Interpretationsobjektivität 38, 39, 227
Intervallskala 227
Intervallskalenniveau 46, 227
IQ-Skala 51, 52, 227, 229
IQ-Wert 115

Jenaer Gedächtnistest 193

Kategoriale Aussage 227
Kategorisieren 72
Kauai-Längsschnittstudie 18
Kaufman Assessment Battery for Children (K-ABC) 108
Kausalitätsverständnis 69
Kennwerte von Testverfahren 37
Kind
- ausländisches 112, 115, 121, 166
- autistisches 89
- dysphasisches 157, 160
- entwicklungsverzögertes 185
- geistig behindertes 161, 169
- hörbeeinträchtigtes 127
- lernbehindertes 169
- sprachbeeinträchtigtes 97, 121, 126
Kinderneuropsychologie 12, 26, 177, 227
Klangähnlichkeit 181
Klappung 190, 191
Klappungsfehler 192
Klinische Kinderneuropsychologie 205
Klinische Kinderpsychologie 6, 11, 26, 27, 47, 177, 227
kognitive Fertigkeit 16
kognitive Leistungsfähigkeit 62, 102
Kohorteneffekt 36, 37
Kommunikation 19
Kompetenz 19
- mathematische 194, 201
- soziale 18, 230
Kondition 166
Konfidenzintervall 40, 227
Konsistenzanalyse 40, 228
Konstruktvalidierung 100, 226
Konstruktvalidität 41, 65, 71, 89, 112, 144, 228
Kontaktfähigkeit 94
Konzentration 55, 116, 140
Konzentrationsfähigkeit 55, 94, 196
Konzentrationsleistung 55
Konzentrationstest 188
Koordination 164, 166
Koordinationsfähigkeit 171
Kopfkontrolle 69
Kopfrechnen 198, 203
Körperbeweglichkeit 69
Körperbewegung 83
Körperbewusstsein 72
Körperdrehung 80
Körperkontrolle 90
Körperkoordination 93
Körpermotorik 72
Körperorientierung 94
Körperschema 94
Korrelationsmaß 38
Kraft 162, 163, 165
Kreativität 138, 139
Kreativitätstest für Vorschul- und Schulkinder (KVS-P) 138
Kriminalität 19, 20
Kriteriumsvalidität 228
kritischer Differenzwert 105
kritisches Lebensereignis 20, 21, 228
Kulturunabhängigkeit 42
Kurzform 107, 150
Kurztestverfahren 230
Kurzzeitgedächtnis 180, 181
Kurzzeitgedächtnisspanne 154

Labilitätsindex 192
Labyrinthtest 103
Lage im Raum 131
Längsschnittstudie 36, 228
Langzeitgedächtnis 180, 181
Lärm 20
Lateralität 93
Lautbildungsfähigkeit 94
Lautbildungsfehler 153
Lautdifferenzierung 94
Lautimitation 142, 146
lebenspraktische Fertigkeit 208, 209
Legastherietherapie 177
Leistung 76
- kognitive 67, 68, 129, 138
- kulturabhängige 97
- motorische 161, 174
- räumlich-konstruktive 176
- räumliche 121
- sprachliche 140
- sprachungebundene 108

Leistungsbereich 52
Leistungsbereitschaft 19
Leistungsdiagnostik 54
Leistungsfähigkeit 104
Leistungsprofil 101, 108
Leistungsprognose 21, 24, 228
Leistungsstörung 20
Leistungstest 5, 54, 55, 197, 228
Leistungszuwachs 36
Lerneffekt 35, 40
Lernbehinderung 133
Lernbereitschaft 20, 21
Lerneffekt 35, 39, 141
Lernen 86, 87
Lernfertigkeit 98
Lernproblem 145
Lernprozess 67
Lernschwierigkeit 93
Lernvoraussetzung 25
Lese-Rechtschreibschwierigkeiten 180, 182, 183
Lesefähigkeit 183
Leseleistung 133
Leseschwierigkeit 183
Lincoln-Oseretzky-Skala Kurzform (LOS KF 18) 167
logisches Schlussfolgern 117
Luria-Lerntest 193

Mann-Zeichen-Test 30
Mannheimer Längsschnittstudie 189
Mathematikleistung 183
mathematische Regel 197
McCarthy Scales of Children's Abilities 86
mehrgipflige Verteilung 47
Meilenstein 77, 210
Mengenbeurteilung 203, 204
Mengenerfassung 94
Mengenschätzung 197, 198
Mengenwissen 194
Merkfähigkeit 190
Messfehler 39
Messgenauigkeit 39, 40
Messwert 43
metrische Eigenschaft 46
Minderbegabung 187
minimale cerebrale Dysfunktion 174, 177
Missbrauch 20
Misshandlung 15
Mittel-Zweck-Beziehung 142
Mittelwert 51
– der Verteilung 51, 52
mnestische Hirnfunktion 190
Moehring-Test 186, 188
Morphologie 145–147
morphologische Regelbildung 153–156, 158
Mosaik-Test 103, 179
Motivation 25, 116
Motivauswahl 32
Motorik 62, 76, 86, 87, 93, 99, 129, 161
Motorikquotient 171, 173
Motoriktest 36, 42, 161, 169, 170
Motoriktest für vier- bis sechsjährige Kinder (MOT 4-6) 171
motorische Funktion 161, 185
Multifinalität 14, 228
Multiproblem-Milieu 20
Münchener Funktionelle Entwicklungsdiagnostik (MFED 1) 80
Münchener Funktionelle Entwicklungsdiagnostik (MFED 2-3) 83, 85
Münchener Pädiatrische Längsschnittstudie 80, 81

Nachzeichentest 74
Nebengütekriterium 37, 42, 229
neurokognitive Beeinträchtigung 18
neurologische Erkrankung 18
neuropsychologischer Test 55, 109
Neuropsychologisches Entwicklungs-Screening (NES) 67
Neurotizismus 16
niedriges Geburtsgewicht 15, 89, 157
Norm 36, 229
– geschlechtsspezifische 43
– Verfügbarkeit 37, 43
Normalbereich 52
Normalverteilung 44, 45, 229
Normalverteilungskurve 45, 52
Normenstichprobe 30, 229
Normentabelle 229
Normierung 48
Normierungsstichprobe 48, 49, 229
Normwert 25, 47, 229
Nützlichkeit 37, 43, 229

Objektivität 30, 37, 38, 39, 229
Objektpermanenz 142

Ökonomie 37, 43, 229
optische Differenzierungsfähigkeit 94
optische Differenzierungsleistung 134
Ordinalskala 46, 229
  – zur sensomotorischen Entwicklung 142
Ordinalskalenniveau 229
Oseretzky-Test 162
Osnabrücker Test zur Zahlbegriffsentwicklung (OTZ) 194

Parallelform 229
Paralleltest 40, 229
Paralleltest-Reliabilität 40
Parallelversion 35, 40, 229
Perseveration 190, 191
Persönlichkeitseigenschaft 16, 229
Persönlichkeitsmerkmal 140, 211
Perzentilwert 34, 35, 229
Perzeption 125
Perzeptionsalter 80, 83
phonologische Bewusstheit 94, 180, 181, 183
phonologischer Code 180
phonologisches Arbeitsgedächtnis 153–156, 158
positives Familienklima 16
Power-Komponente 198, 199
Power-Subtest 115
Prädisposition 17
Präferenzdominanz 93
Präventionsprogramm 180
Problemlösefähigkeit 100
Problemlösefertigkeit 17
produktiver Wortschatz 145–147, 149
Profildarstellung 144
Prognose 25, 41
Protokollblatt 229
Protokollbogen 104
Prozentrang 51, 229
Prozentrangwert 48
Prozess
  – diagnostischer 21, 22, 225
  – erfahrungsabhängiger 12, 13, 226
  – erfahrungserwartender 13, 14, 226
  – unbewusster 211
Prüfung optischer Differenzierungsleistungen (POD) 134
psychische Robustheit 229
Psycholinguistischer Entwicklungstest (PET) 186
psychosozialer Risikofaktor 18
Pubertät 16
Punktwert 47, 48
Puzzle-Form 118, 120

Qualitative Analyse 95, 135, 178
qualitative Aussage 142
qualitative Auswertung 136, 165
qualitative Beobachtung 173
qualitative Fehleranalyse 176, 178
qualitative Veränderung 39
quantitativer Leistungszuwachs 39
Querschnittsdiagnose 33

Raumlage 130
räumliche Beziehung 130, 131
Raumorientierung 176
Raven-Matrizentest 117
Reaktionsfähigkeit 171
Rechenfertigkeit 201, 203
Rechenfertigkeiten- und Zahlenverarbeitungs-Diagnostikum für 2. bis 6. Klassen (RZD 2-6) 197
Rechenleistung 196, 197, 205
Rechenoperation 199
Rechenstörung 198–200, 202, 204–206
Rechentest 175, 194
Referenzalter 123
Reflex 13, 142
Regelerkennen 117
Regelhaftigkeit 98
Regelverständnis 198
Regelwissen 154
Reifung 13
Reihenfolge ordnen 194, 195
Reliabilität 37, 39, 40
Reliabilitätsprüfung 39
Reproduktion 191, 192
Resilienz 14, 17, 229
Ressource 230
  – außerfamiliäre 15
Retest-Reliabilität 39, 60, 230
rezeptiver Wortschatz 145
Risikobedingung 12, 18
Risikobelastung 18
Risikoeffekt 15
Risikofaktor 14–18, 20, 24–26, 230

Risikokind 151, 180, 183
Risikoklassifikation 182
Robustheit 25
Rohpunktsumme 115
Rohwert 45, 47–49, 230

Satzgedächtnis 153–155, 158, 159
Satzverständnis 149, 153
Scenotest 5, 211
Schnelligkeit 161–166
Schreibfähigkeit 183
Schrift-Sprach-Verbindung 180
Schriftsprache 183
Schriftspracherwerb 180, 183
Schriftsprachproblem 183
Schulerfolg 18
schulische Fertigkeit 175
schulische Teilleistungsschwäche 111
Schulleistung 20, 21, 128, 175
Schulleistungstest 200, 201
Schulreife 95, 133
Schulreifetest 93
Schulungsvideo 67, 71, 72, 75–79, 98
Schutzfaktor 12, 14–20, 24, 25, 230
schwieriges Temperament 15
Screening 6, 22, 23, 58, 106, 107, 137, 150, 159, 160, 164, 175, 176, 189, 208
Screeningverfahren 21, 23, 24, 34, 50, 67, 230
Sehbehinderung 133
Selbstachtung 17, 18
Selbstkontrolle 16
Selbstorganisation 230
Selbstständigkeit 19, 83
Selbstständigkeitsalter 83
Selbstständigkeitsentwicklung 19
semantische Relation 154, 155
sensible Phase 11–13, 230
Sensitivität 50, 51, 65, 66, 160, 179, 230
Sensomotorik 90
sensorische Integration 95
sensorische Integrationsstörung 95
Sensumotorik 186
Skala 43, 46, 230
– intellektueller Fähigkeiten (SIF) 109
– sprachfreie 108, 112
Skaleneinheit 52
Skalenwert 52
Snijders-Oomen Non-verbaler Intelligenztest (SON-R 2 1/2-7) 121
Snijders-Oomen Non-verbaler Intelligenztest (SON-R 5 1/2-17) 125
Sonderschulbedürftigkeit 115
sozial-emotionaler Bereich 208, 209
soziale Fertigkeit 17
soziale Integration 207
soziale Orientierung 19
soziale Regel 230
soziale Verträglichkeit 16
Sozialentwicklung 72, 73, 81, 83
Sozialkontakt 58, 59, 90
Sozialverhalten 22, 135
sozioökonomische Bedingung 19, 20
Speed-Komponente 198, 199, 230
Speed-Subtest 115
Spezifität 50, 51, 65, 66, 140, 160, 179, 206, 230
Spielsituation 54, 207
Spielverhalten 80
Splithalf-Reliabilität 40, 231
Sprachdiagnostik 157
Sprache 58, 62, 67, 80, 86, 87, 90, 129, 145, 185
– aktive 83
– expressive 68, 186
– rezeptive 68, 186
Sprachentwicklung 69, 72, 145, 152, 157
– expressive 72
– rezeptive 72
Sprachentwicklungsrisiko 159
Sprachentwicklungstest für drei- bis fünfjährige Kinder (SETK 3-5) 153
Sprachentwicklungstest für zweijährige Kinder (SETK-2) 149
Spracherwerb 154
Sprachfreiheit 124
Sprachgebundenheit 43, 231
Sprachgedächtnis 94
Sprachleistung 145, 157
sprachliche Funktion 185
sprachliche Leistungsfähigkeit 101
Sprachproblem 148
Sprachproduktion 145–147, 152
Sprachscreening für das Vorschulalter (SSV) 158

Sprachstörung 43, 174
– expressive 185
– rezeptive 185
Sprachverarbeitung 153
Sprachverarbeitungsfähigkeit 151
Sprachverständnis 81, 83, 94, 102, 145–147, 152
Sprungkraft 171
Standardabweichung 33, 34, 51, 52
standardisierter Wert 47, 231
Standardisierung 231
– eines Tests 32
Standardmessfehler 231
Standardnormalverteilung 46
Standards für psychologisches Testen 30
Standardskala 51, 231
Statusaussage 33, 34
Statusdiagnostik 33, 231
Störung 14, 16, 21
– emotionale 20
– motorischer Funktionen 185
– neurologische 76
– neuropsychologische 26
– psychische 22
– räumlich-konstruktive 177–179
– visuell-räumliche 200
Stressbelastung 20
Streuung 51
– der Testwerte 40
– der Verteilung 52
Streuungsmaß 34, 231
– differenziertes 34
Stufenleiter 76, 77, 79, 81, 84, 91, 167
Stufenleiteranordnung 78
Stufenleiterprinzip 58, 80, 83
Subtest Nachzeichnen 74
Suchtest 50
Summenwert 38
Symbolsuche 103
Symptomcheckliste 43
Synapsenüberproduktion 13
Syntax 145–147
systematische Beobachtung 6, 22

T-Skala 51, 52, 232
Tastfähigkeit 164
Teilleistung 96, 185
Temperament 16, 17, 19
Testabbruch 59
Testbatterie 86, 97, 169
Testbestandteil 31
Testdurchführung 53, 54
Testfairness 37, 42, 231
Testhalbierungs-Reliabilität 40, 231
Testhälfte 40
Testhandbuch 31, 231
Testinstruktion 53, 54
Testkennwert 231
Testkurzform 59
Testmanual 31, 231
Testmaterial 32, 231
Testmotivation 38, 75, 120, 232
Testökonomie 75
Testpsychologie 5, 232
Testverfahren zur Dyskalkulie (ZAREKI) 202
Testwiederholung 35
Testwiederholungsgenauigkeit 39
theoretische Verteilung 44
tiefgreifende Entwicklungsstörung 232
Transformation 46, 47, 232
transformierter Ergebniswert 38
Transitionsphase 68
Trauma 20, 21

Übereinstimmung 30, 38
Übereinstimmungsgrad 30, 232
Übereinstimmungsmaß 38
Übungseffekt 35, 228, 232
Umrechnung 47
umschriebene Entwicklungsstörung 107, 161, 185, 187, 189
umschriebene Lernstörung 130
umschriebener Leistungsbereich 175
Umweltbelastung 20, 21
Umweltgestaltung 17
Untersuchungsraum 53
Untersuchungssituation 54
Untersuchungstermin 55

Validität 37, 41, 232
– Augenschein- 41
– diskriminante 41, 42, 232
– inhaltliche 41, 42, 100
– interkulturelle 120
– Konstrukt- 41, 42
– konvergente 41, 232

- kriteriengebundene 89
- Kriteriums- 42
- logische 41, 225
- prädiktive 42
- prognostische 71, 151, 174
- Übereinstimmungs- 42

Verbal-IQ 101
Verdachtsdiagnose 22
Vergleichen 194
Vergleichsdaten 35
Verhalten
- aggressives 20
- depressives 20
- normales 22
- problematisches 22

Verhaltensauffälligkeit 174
Verhaltensbeobachtung 69, 102, 106, 136, 199, 204, 212
Verlaufsaussage 33, 35
Verlaufsdiagnostik 34, 232
Verlaufsmessung 34
Verlaufstyp 14
Verteilung 43, 232
- der Normdaten 34
- empirische 43, 44, 46, 232
- hypothetische 233
- theoretische 44

Vertrauen 16, 53
Vertrauensintervall 40, 227, 233
Verzögerung 60
Videobeobachtung 30
visuell-figurale Merkfähigkeit 190
visuell-handlungsbezogene Leistungsfähigkeit 101
visuell-räumliche Verarbeitung 202
visuell-räumliche Wahrnehmungsfähigkeit 137
visuelle Analyse 97
visuelle Aufmerksamkeit 180, 181
visuelle Wahrnehmungsfähigkeit 112
visuelle Wahrnehmungsförderung 130
visuelles Gedächtnis 94
visuo-motorische Koordination 93, 114, 130, 131, 164, 186, 188
Visuomotorik 67–69, 86, 87
Vorläuferfertigkeit 69, 96
Vorläuferfunktion 176
Vorschulkind 131
Vorsorgeuntersuchung 23, 35, 62, 65, 67, 71, 145, 146, 208, 209, 210
Vulnerabilität 14–17, 233
- Phasen erhöhter 16

Wachstumsstörung 35
Wahrnehmung 67, 93, 129, 130, 162, 164, 165
- akustische 90
- auditive 163
- kinästhetische 94
- optische 90
- räumliche 142
- taktile 94
- visuelle 68, 69, 86, 87, 130, 133, 134, 163, 176

Wahrnehmungsbeeinträchtigung 130
Wahrnehmungsleistung 136
Wahrnehmungsorganisation 101, 102, 130
Wahrnehmungsschwäche 135
Wahrnehmungsstörung 117, 120
Wahrnehmungsstrukturierung 98
Wahrnehmungstheorie 130, 134
Wechsler Intelligence Scale for Children (WISC-III) 101
Wertpunkt 104
Wertpunktsumme 104, 105
Widerstandsfähigkeit 14, 17
Wiener Entwicklungstest (WET) 86
Wortbildung 153
Wörterergänzen 188
Worterwerb 149
Wortordnung 153
Wortproduktion 149
Wortschatz 102
Wortschatzgröße 149
Wortschatzspurt 149
Wortverständnis 149

Z-Skala 51, 52, 233
Zahlbegriffsentwicklung 194–196
Zahlen-Symbol-Test 103
Zahlenfolgegedächtnis 186, 188
Zahlenlesen 203, 204
Zahlennachsprechen 103
Zahlenschreiben 203
Zahlenverarbeitung 197, 202, 205
Zahlenverarbeitungsfertigkeit 205
Zahlenvergleich 203

Zahlenwissen 194, 195, 197
Zählfertigkeit 194, 195, 197
Zahlwort 194, 195
Zeichentest 177
Zeitfenster 12
Zeitkomponente 182
Zeitpunktgebundenheit 184
Zirkulärreaktion 142
Zurückweisung 20, 21
Zuverlässigkeit 39, 232